银行零售转型新逻辑

秦季章 / 著

中信出版集团 | 北京

图书在版编目（CIP）数据

银行零售转型新逻辑 / 秦季章著 . -- 北京：中信出版社，2024.8. -- ISBN 978-7-5217-6744-5（2024.8重印）

Ⅰ．F832.33

中国国家版本馆 CIP 数据核字第 2024138YZ5 号

银行零售转型新逻辑

著者： 秦季章

出版发行：中信出版集团股份有限公司

（北京市朝阳区东三环北路 27 号嘉铭中心　邮编　100020）

承印者： 北京通州皇家印刷厂

开本：787mm×1092mm　1/16　　印张：22.25　　字数：222 千字
版次：2024 年 8 月第 1 版　　印次：2024 年 8 月第 2 次印刷
书号：ISBN 978-7-5217-6744-5
定价：88.00 元

版权所有·侵权必究
如有印刷、装订问题，本公司负责调换。
服务热线：400-600-8099
投稿邮箱：author@citicpub.com

推荐序一

季章是我在招商银行工作时期的老同事，他先后在总行多个重要部门任职，也担任过分行行长，亲历了招商银行零售战略转型和零售业务大发展时期，参与过招商银行零售战略选择的决策论证过程，以及零售发展过程中许多重大创新的分析论证工作。他对招商银行零售的发展有比较全面的了解，从中也领悟到零售发展的逻辑和规律，这也是这本书体现的要点和亮点。翻看这本书，读到其中引用的招商银行零售发展的若干案例，重新唤起了我对那段难忘岁月的深刻记忆，当时的许多深刻思考、艰难决策、果断取舍历历在目。20多年来，招商银行在零售转型道路上初心不改、矢志不渝、持续创新、不断进取，克服重重困难，为打造与时俱进的零售银行而不懈努力。回过头来看，招商银行零售转型之所以取得成就并得到社会认可，至少有三点至关重要。

一是战略前瞻。近年来我国银行业愈发重视零售业务，但是20多年前招商银行提出零售银行战略转型，是艰难的"非主流"选择。当时，间接融资占社会融资总量的90%以上，利率市场化还没有真正实施，资本仍处于软约束状态，包括招商银行在内的商业银行普遍依赖批发业务、大客户、利差收入。我到招商银行工作之初，恰逢亚洲金融危机刚过，银行业所面临的风险和不良考验剧增，这也促使我们董事会和管理层思考招商银行未来发展的长远道路。"不知未来者无以评判当下，不知世界者无以理解中国，不知宏观者无以处理微观。"通过对未来、对世界、对宏观的深刻分析，我们认识到：融资脱媒、利率市场化、资本约束是大势所趋，银行传统的商业模式难以为继；居民财富以两位数的增速累积，对金融服务的需求越来越大；轻资本、弱周期的零售银行业务已成为国际银行业的发展重点，也是营收增长的重要来源。经过研究论证和沟通，我们于 2004 年正式提出"把零售银行业务作为未来发展的重中之重"。当时市场有质疑，内部也有一些不同意见，但管理层思想一致，也得到了董事会的支持。我们坚定地提出："不做批发现在没饭吃，不做零售将来没饭吃。"战略抉择不易，坚持更不易，招商银行零售业务之所以成为标杆，离不开 20 多年如一日、矢志不渝地保持战略定力和强大的执行力。

二是管理变革。零售业务点多面广，"海量客户—极致服务—有限成本"的"不可能三角"使零售业务成功的压力更加突出，不能套用传统的经营管理模式。招商银行的零售发展历程就是管理创新的探索历程：在服务理念方面，"以客户为中心"打造分层分类的客户服务体系和人才队伍体系，从"抓存款"转向"抓 AUM"；在管理机制方面，在以分行为利润中心的组织架构基础上，加强条线垂直化、专业化管理，打造纵横交错的矩阵式管理体系，极大提升了业务发展效率；在业务创新方面，在国内率先推出信用卡、金葵花理财、私人银行业务，引领行业之先；在产品创新方面，率先在银行业务发展和管理中广泛使用计算机，大力发展电子银行，"把银行当作 IT 企业来做"，以科技创新引领产品创新，打造了一卡通、一网通、手机银行等一系列市场领先、备受好评的产品，使招商银行在网点少的劣势下打造了特色化新优势。

三是文化塑造。零售业务"苦累细慢"，投入大、见效慢。在零售战略转型过程中，文化发挥了感召人、鼓舞人、激励人的重要作用。我们倡导"因您而变"的服务理念，打造"葵花朵朵向日倾"的服务形象，让优质服务成为竞争优势。我们弘扬"敢为天下先"的创新精神，在理念、产品、渠道、体制、机制等各方面打破传统，锐意求变，力求"早一点、快一点、好一点"。我们提出"点点滴滴，造就非凡"，让员工在"简单的事情重复做，重复的事情用心做"的过程中获得价值感。招商银行企业文化为招商银行零售构建了难以被模仿和超越的护城河。

零售战略转型不是一朝一夕的事情，也不是单点改造，而是体系化、持续化的变革。季章这本书，从自身工作实践和多年行业观察出发，系统总结了零售转型的十个重要方面，对于银行业零售业务转型具有重要的借鉴意义。

在中国银行业迈向金融高质量发展新阶段的伟大征程中，大力发展零售业务，既是践行"以人民为中心"价值取向的必然要求，也是银行在利率市场化、融资脱媒、资本约束形势下实现长期可持续发展的客观需要。可以预见的是，随着共同富裕战略扎实推进，人们对金融服务的需求将更加多元化、个性化。特别是在日新月异的信息革命时代，以人工智能、大数据为代表的科技创新也将深刻影响银行服务的形态、方式与行为，零售银行业务面临着巨大的挑战，但同时也拥有广阔的发展空间和创新空间。

只有抓住数字化、智能化、市场化的机会，以"满足客户需求"为基本价值观，坚持"因您而变，因势而变"，持续推进战略转型、管理变革和文化创新，才能应对挑战，实现零售业务可持续发展。

马蔚华

招商银行原行长

推荐序二

吉林银行董事长秦季章博士发来他的书稿，嘱我写一篇序言，我当即认真拜读。

习惯使然，我首先看的是书的框架结构。这本书逻辑性强、结构清晰、章节匀称、数据翔实、文笔流畅、内容扣题，是本好书。这样的说法似乎是老师评审论文的套话，却是我阅读后的由衷之言，且让我举例说明。

例如本书十章的题目，都是"什么"为"什么"，而且每一章的开篇都用树木作比喻，然后引出主题。第一章"客户为王"，将客户比作根基；第二章"服务为上"，将服务比作树干；第三章"AUM为纲"，将AUM比作树枝；第四章"资产为先"，将资产比作树枝；第五章"营收为重"，将营收比作树叶；第六章"成本为限"，将利润比作繁花；第七章"品牌为魂"，将品牌比作硕果；第八章"科技为器"，将科技比作阳光；第九章"队伍为本"，将队伍比作水；第十章"战略为基"，将战略比作土壤。这样的结构安排，这样系统的比喻，首先让我感觉是一部精心之作。

我与秦季章博士20年前相识于招商银行，当时他是招商银行的办公室主任。因为我与马蔚华行长走得比较近，因此与他的接触也比较多，我就直呼其名为季章。当时招商银行聚集了一批青年才俊，生机勃勃、欣欣向荣，季章是其中比较耀眼的一位。后来他到杭州分行当行长，我也专门去看过他。我很早就认为，他完全有能力胜任一家独立银行的领导职务，当然那时不会知道这个预言落到了吉林银行。他在这本书中对吉林银行落墨不多，但从中隐约也可得知一二。其实不用看数据，不用评估各种业绩指标，我凭着直觉都相信，以他的事业心和才华，吉林银行一定会有所进步。正巧在为这本书写推荐序期间，我看到中国银行业协会发布的2023年银行业100强银行，吉林银行以核心资本排在第44位。排名表上还列出了资产规模、净利润、成本收入比、不良贷款率等表示规模和效率的指标。按照季章在这本书中的观念，银行肯定不是核心资本越大越好，需要综合评价，而且非息收入很重要。遗憾的是，我一直没有看到各种评级机构和排名在评价银行时采用综合评价指标体系，国内外都是按照核心一级资本进行排名，就像按照销售收入对企业进行排名一样。我拿吉林银行的指标和排名第六的招商银行的各项指标相比，吉林银行显然还有很大的成长空间，我想这就是季章未来的价值空间。

季章在书中列举了很多招商银行的理念、方法、数据和案例。他同时说，由于时过境迁，招商银行的具体方法是不可以生搬硬套的。吉林银行用了新的方法来学习招商银行的文化和理念。季章几乎经历过招商银行所有重大的变革及发展过程。我在20年前协助过马蔚华行长对招商银行的企业文化进行梳理和提炼，至今对很多人和事记忆犹新。在读这本书的过程中，再看到这些案例，也感觉很亲切。在此，我愿意用一个小故事来佐证季章在书中说的领导者应当在转型过程中身先士卒、亲力亲为的理念。我在招商银行做企业文化项目时要访谈和调研很多中高层干部，在总行时就有干部向我推荐招商银行信用卡，到了分行也有干部劝我办理招商银行信用卡。当时我并不需要再开一张信用卡，因为我已经有了长城卡、牡丹卡，还有更早以前在中国没有信用卡时就办的维萨卡、万事达卡、运通卡，因此没有认真响应这些推荐。有一天我到招商银行北京分行访谈一位副行长，他也向我推荐招商银行信用卡，他看我不便拒绝，马上打电话叫来工作人员，协助我和我带去的一位助手填了表格，开了卡。后来我们回到总行，总行主要协助我们工作的干部知道后还"埋怨"我们为什么不在她那里办卡。这时我才知道，他们上至行长，下至基层员工，都有开卡任务，好像是每人平均20张卡。我开玩笑地跟她说，谁让你扭扭捏捏，没有人家那样毅然决然、说办就办呢？！当时的那位北京分行副行长现在已经是招商银行总行特别重要的领导。后来的事实是，20多年来我用的主要是招商银行的信用卡。有一次与马蔚华行长谈及此事，他说他曾为某位当红歌星开了一张卡，后来那位歌星说，自从有了招商银行的信用卡，一卡在手就足够。在写这个故事时，我想，下一次见了季章，一定要让他讲讲在吉林银行如何以身示范、身先士卒的故事。会不会比我说的当年的故事更生动？故事是企业文化最好的传播手段。

　　仔细读完这本书，我增长了不少关于银行的知识，以及对企业转型的理解。我觉得这本书的阅读对象如果仅仅是关心商业银行零售转型的读者，未免有些可惜。其读者范围还应该包括对银行运营感兴趣的人，或者想了解银行业务的人，也包括关心各种类型的企业转型的人。这本书以商业银行的零售转型为载体，讲述了企业转型的方方面面。

树可以近看，也可以远看。近看，看见了树干、树枝、树叶、繁花、果实，看见了阳光、水、土壤；远看，可以看见一棵完整的树，看见一棵四季变化的树，看见一棵不断成长的树。人和组织都是一棵不断变化和成长的树，在长大的过程中需要根据外部环境和内部资源的变化而进行转型成长。我相信秦季章博士不是为了写书而写书，而是在工作过程中，经过长期思考和实践积累，形成了这本书。他向我们展示了一棵大树顺应四季茁壮成长的年轮刻画。

中国的各行各业犹如一片茂密的森林，其生态离不开金融，离不开银行的大树小树。祝秦季章博士和他领导的吉林银行在这片充满希望的森林里别具一格，不断成长，造福多方。

何志毅
北京大学光华管理学院教授
清华大学全球产业研究院首席专家

自序

写作本书纯属意外，而意外的源头，是我四年前从深圳来到了吉林。

2019年10月，我应邀在深圳举办的商业银行高管研讨班上讲招商银行的品牌、服务与文化——在招商银行15年，主要负责这些方面的工作。

课间，和时任吉林银行行长陈宇龙先生交谈，被他激情满满的"打造吉林版招行"的设想所感染。21世纪以来的十余年是招商银行腾飞的辉煌时期，从名不见经传的小银行，到在国内外都享有良好声誉的头部股份制银行，资产从1 000多亿元发展到几万亿元，盈利能力、品牌形象和市值脱颖而出……作为有幸见证和参与这一壮阔历程的一员，我和许多昔日同事一样，对招商银行可谓"情浓于血"。虽然离开了招商银行，但情不自禁，一直不间断地关注、了解、复盘其成功实践。2016年调到招商局集团新筹建的保险公司任高管三年多之后，听到有人想做一个缩小版的招商银行，让我十余年的经验能够有些用处，不由得格外兴奋。我们相约到吉林银行一趟，我去讲讲课，做些指导。

2019年11月，陈宇龙先生升任吉林银行董事长，催我践约。正欲成行，恰好有一个参加中组部组织的第二十批"博士服务团"去吉林银行挂职的机会。我琢磨，挂职比讲课要有用得多，也有意思得多，于是，争取到了这个机会。因为新冠疫情，直到2020年4月才到岗，任吉林银行分管零售业务的副行长。

回头看，来吉林银行是众多巧合造就的一个意外：与陈宇龙先生在深圳的一面之缘，"博士服务团"覆盖省份首次扩大到吉林，吉林银行被纳入挂职单位名单，一个年过半百的老博士被获准挂职……

同样意外的是，两年后，我正式调来了吉林银行。起因是陈宇龙先生调往政府部门工作，时任行长王立生先生升任董事长，行长职位因此空缺，希望我接任。吉林银行当时正在"死亡线"上苦苦挣扎，总行高管限薪，与此同时，多家股份制银行、城商行邀我加盟，且不限薪，所以，好友亲朋几乎都反对我留吉林银行。但考虑到来吉林银行具备干事创业的条件，而且两年多呕心沥血主导的零售变革正在紧要关头，如我离开，极可能前功尽弃，于是最终下决心调来吉林银行。从2022年5月至11月，任行长几个月之后，我接任董事长。

到吉林银行的这四年，主要精力在推动零售变革。到长春的当晚，陈宇龙先生来我住的宾馆看我，坦诚地告诉我，吉林银行当下面临"爆雷"的巨大风险压力，当务之急是防止"爆雷"，但长远来看，必须靠改革发展化解风险，而改革发展的突破口考虑选择零售业务。其中理由，一则零售业务与贷款关联的利益关系比公司业务要少得多，改革的阻力较小；二则零售业务的涉及面广，与所有网点和大多数人都相关；三则带动作用大，招商银行等标杆银行展示的零售转型红利有目共睹。

招商银行号称"零售之王"，零售转型都学招商银行。而我长期在招商银行工作，很幸运有零售转型战略与操作层面的经历与经验。在招商银行总行12年，先后担任办公室副主任、主任、总监，所负责的战略、品牌、文化、服务管理及流程再造等工作，主要围绕零售转型；在招商银行杭州分行兼任行长"救火"（2012年"温州老板跑路"引发浙江银行业不良资产集中爆发）的近三年，我分管零售，带领此前连续多年在总行零售考核排名中倒数的一家落后分行，"逆袭"成了优秀分行，许多打法被总行认可并安排在全行分享。

招商银行的光环，个人的经历，让我当仁不让地担负起吉林银行零售转型的重任。为了强调改革的决心，我将其定义为"零售变革"，即一切可以推倒重来，而不是小修小补。挂职副行长分管零售业务的两年，自然专注于零售变革；任行长、董事长的两年，也没有间断对零售变革的跟踪、指导与督促，因为与招商银行等标杆银行十几年前开始零售转型相比，如今的难度要大得多，必须长期作为"一把手工程"，才可能成功。

零售变革是一场零售经营管理的彻底革命，要在吉林银行这样一家比较落后的城商行顺利推进，必须在全行统一认识、统一声音、统一行动。干部是决定性因素，首先需要改变干部队伍。在2020年6月正式启动零售变革后，吉林银行便组织干部训练营，反复宣讲零售变革的背景、意义、蓝图与路径；同时，通过社会招聘和市场化薪酬引进一批零售标杆银行的骨干人才，充当零售变革先锋。针对干部队伍的传导完成后，还要面向广大员工宣导，让大多数人认同和参与零售变革。常用的办法当然是培训，于是，一个接一个举办培训班，但我观察，效果还是有限。想到如今的年轻人更愿意通过手机来获取信息，便萌生开设一个微信公众号的想法，将自己想讲的关于零售变革的话，以这种方式传递给全行万余名员工，应该比文山会海更受待见一点儿。

2021年7月9日，微信公众号"零售新逻辑"正式上线，第一篇文章《回望来时路，再赴新征程》，回顾了零售变革一年来的历程，描绘了下一步的变革目标与举措。新事物果然能吸引更多眼球，这篇文章的阅览量超过一万人次，行内几乎所有人都看过，还有不少转给了行外的人。此后至今，"零售新逻辑"基本每周发表一篇文章，除了一些涉及业务细节的文章由相关同事起草初稿、我修改定稿，绝大部分都是自己早来晚走到办公室"爬格子"的结果。对于一个工作日程相当繁忙的人来说，这样坚持近三年，确实不易，不时会冒出搁笔的念头，但想到每期都有近十万人阅读（含同步新浪头条号的点击量），又打起精神打开电脑。

仍然意外的是，"零售新逻辑"在中小银行零售圈中的影响逐渐扩大，以至于不少同仁因此与我相识，并相约来吉林银行交流，前前后后已经不下30家。还有不少同业将我在微信公众号上发布的零售转型新逻辑的相关文章自编成册，作为内部的阅读与培训资料。无论是来访还是翻印，我都持真诚的欢迎态度。因为中小银行都有经营范围限制，与吉林银行几乎不存在竞争关系；即使本地同业若借鉴吉林银行的做法有进步，反过来也会促进吉林银行更进步。更重要的是，个人来自实践的一点经验，能够对那些正在零售转型的坎坷道路上孜孜以求的中小银行有所助益，从而惠及千千万万的零售人和老百姓，这是我这个年龄段的人最感幸福的事。

我看到过几家银行根据"零售新逻辑"公众号文章编印的资料，对内容感觉不太满意，一则编辑者的角度和理解有些偏差，二则微信公众号的文章受篇幅所限，语焉不详。正遗憾之际，多位朋友不约而同建议我扩写成书。于是，断断续续近一年时间，利用节假日"闭门造书"。初稿形成后，找谁出版呢？最先想到的是中信出版社，大学时代读了中信出版社大量管理财经类书籍，不知不觉对这家几十年保持卓著声誉的出版社产生了膜拜和信赖之情。

拙作从实践中来，纯粹是实践经验的总结，属于个人的一孔之见，更谈不上理论概括。然而，实践是千差万别、千变万化的，书中的许多看法与做法不一定适用于中小银行零售转型的现实，错误缺失在所难免，恳请读者不吝赐教。事实上，我更多的是期待本书起到抛砖引玉的作用，吸引更多的同仁一起切磋、探索，共同为中小银行零售转型提供更切实有效的实践指引。

这本意外之作得以面世，离不开众多领导、同事、朋友、家人的支持与帮助，在此一并表达由衷谢意。特别感谢吉林银行的同事李硕、杨静姝、严彪、齐雷、于林元、杨辰、汪淼、王亚辉、付爱婷、那佳、刘霏、杨小叶、刘隽良、贾国磊、刘翔衣、于世泽等，他们在资料搜集、数据整理、表格制作、文字校对等方面做了大量艰苦细致的工作，如果没有他们的助力，恐怕难以成书了。

目录

- 引言 -

零售转型的动因 _3
零售转型的挑战 _10
零售转型新逻辑 _20

- 第一章 -
客户为王

客户为王的内涵 _31
获客的主要方式 _37
客户经营的体系 _48

- 第二章 -
服务为上

服务为上的内涵 _59
服务渠道的升级 _64
队伍的服务水平 _72
服务管理的体系 _79

- 第三章 -
AUM 为纲

AUM 为纲的内涵 _87
源自储蓄存款的纠结 _93
理财产品的竞争力 _99
跨越理财营销难关 _106

- 第四章 -
资产为先

资产为先的内涵 _ 115
个人信贷发展策略 _ 128
信用卡发展策略 _ 141

- 第五章 -
营收为重

营收为重的内涵 _ 153
增加利息收入 _ 158
培育非息收入 _ 167
突破保险代销 _ 176

- 第六章 -
成本为限

成本为限的内涵 _ 185
成本收入比管控 _ 190
挖掘集中运营潜力 _ 205

- 第七章 -
品牌为魂

品牌为魂的内涵 _ 217
品牌战略规划 _ 224
品牌营销传播 _ 233

- 第八章 -
科技为器

科技为器的内涵 _ 245
金融科技能力建设 _ 250
中小银行金融科技策略 _ 262

第九章 队伍为本

队伍为本的内涵	_273
开拓型专业营销队伍	_280
管理队伍去官僚化	_292

第十章 战略为基

战略为基的内涵	_303
战略支撑保障	_310
科学管理变革	_322

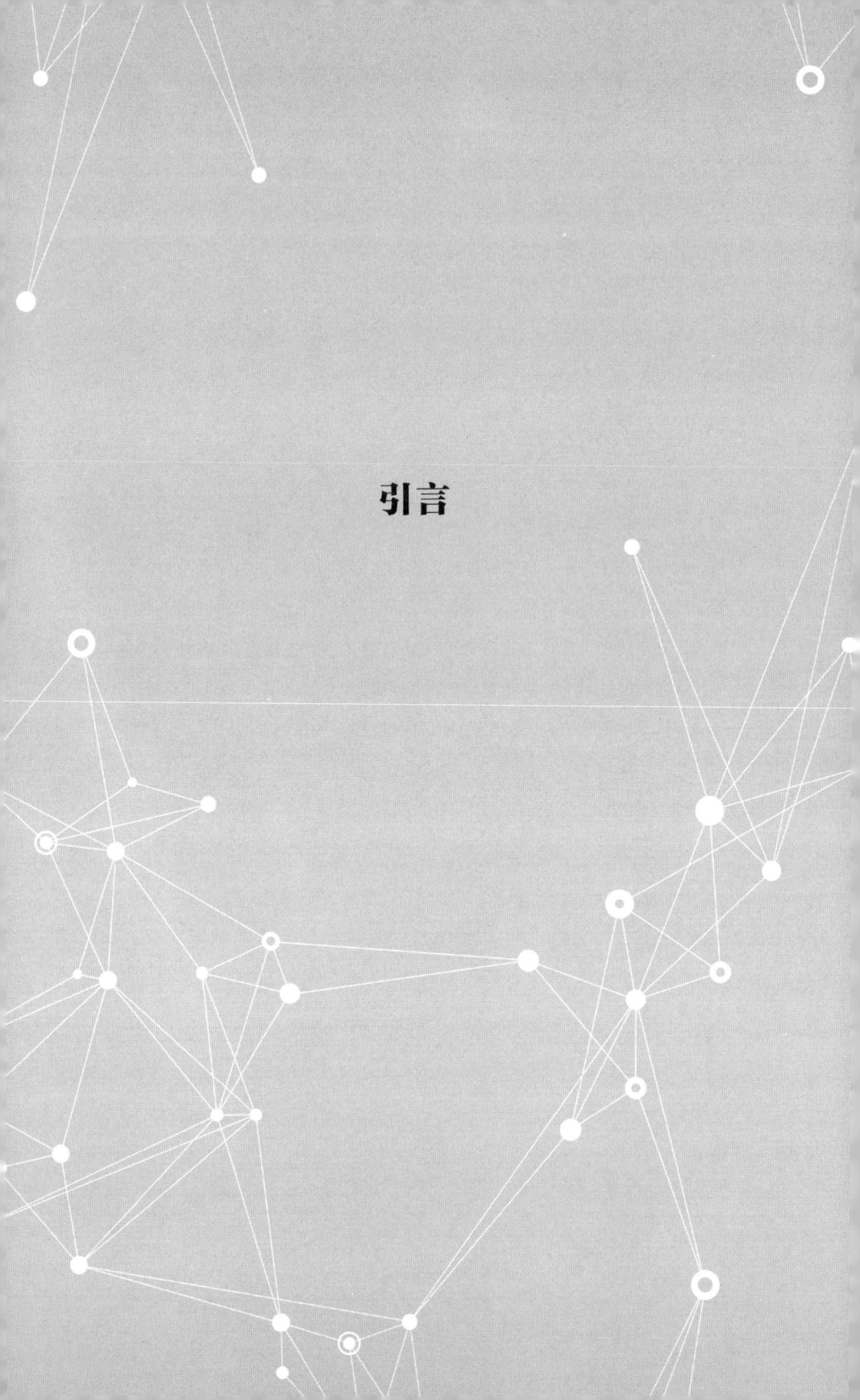

引言

近十余年来，我国几乎所有的商业银行，包括国有银行、股份制银行、城市商业银行、农村商业银行，都进行过或正在进行零售转型。所谓零售转型，就是提高零售业务和零售盈利占比，主要衡量指标包括存款与贷款、营业净收入、利息与非息收入、税前与税后利润等。有些银行在转型之初，这些指标对全行收入贡献占比不到10%；转型之后，逐渐提高到20%~30%；标杆银行则超过50%，零售业务成为其规模最大、盈利能力最强的业务。

零售转型的动因

商业银行为什么要开展零售转型?从宏观上看,主要是因为市场潜力巨大以及经营环境发生变化。

一方面,我国人口数量庞大,而且自改革开放,尤其是进入 21 世纪以来,居民财富迅速增加。这些都给我国商业银行发展零售业务提供了广阔的市场空间,不仅传统的个人存贷款与支付业务需求不断高涨,新兴的财富管理业务需求更是加速爆发。客户与市场需求如同指挥棒,商业银行因此纷纷重视零售业务发展,并随着预期的提高,或早或迟将其上升到战略层级进行规划和推动,即发动零售转型。

另一方面,在直接融资加快发展、利率市场化逐步推进、经济周期性波动加剧等因素的推动下,商业银行过去主要依靠公司业务的商业模式遭遇挑战。优质企业对贷款的需求逐渐减弱,贷款定价也趋于下滑,银行息差收窄,不良风险加大。穿越多轮经济周期,我国商业银行都有切身体会,每当经济遭遇严重下行,承担风险和损失的最终往往是银行。在公司业务经营环境发生重大变化的情况下，商业银行不得不考虑另找出路，逐步降低对公司业务的依赖。处于高速成长期的零售业务市场，自然为各家银行所瞩目，试图通过零售转型，在经济下行周期赢得生存和发展空间。

从微观上看，商业银行零售转型的动因，在于零售业务本身对于改善经营的独特作用，排在首位的是资本回报"高"。通俗地讲，需要的本钱较少，赚的钱较多，这无疑是一门好生意。

银行经营的好坏，最终以盈利水平——净资产收益率（Return on Equity，简写为ROE）的高低来评判，计算公式为净利润/平均净资产×100%。提高ROE的途径，归根结底是增加作为分子的净利润，因为作为分母的净资产在一定时间内是限定的。在风险水平和运营成本正常的情况下，增加净利润主要靠增加营业净收入，包括利息收入和非息收入（我们更多地称之为中间业务收入）。虽然非息收入及其占比有所增长，但我国商业银行营业净收入的主要来源仍是利息收入。相比公司业务，零售业务在资本约束条件下增加利息与非息收入，有得天独厚的优势。

就增加利息收入而言，零售信贷业务资本消耗少，同样的资本可以放更多贷款，从而增加更多利息收入。根据我国监管规则，个人信贷的风险资产权重总体上低于公司信贷，比如公司信贷一般为100%，而作为个人信贷主要品种的个人住房按揭贷款一般在50%以下，最低可到20%。这意味着，发放一般公司贷款所占用的资本，可以发放两倍以上个人住房按揭贷款。在定价相差不大的情况下，后者创造的利息收入将高得多。正因为如此，零售信贷占比高的银行，尤其是在全部贷款中超过50%的银行，一般经营状况都比较好。

就增加非息收入而言,零售业务基于借记卡、贷记卡支付收取的各种手续费,以及基于代销理财、保险、基金、信托等产品取得的佣金,几乎不依赖消耗资本的信贷业务,因而零售业务创造非息收入的空间十分广阔。正是这种近似"无本生意"的特征,使得资本市场对于零售非息收入占比高的上市银行,估值明显更高;股价未"破净"的上市银行,其非息收入占营业净收入的比重一般都在30%以上。

商业银行零售转型的动因,除了资本回报高,还有如下重要因素。

第一,风险水平低。商业银行之所以被定性为经营风险的行业,主要在于其最大的业务与盈利来源是信贷,而信贷业务必然面临有客户不能按时还款的信用风险。相比公司信贷,零售信贷的信用风险水平明显较低。一家银行零售信贷业务占比高,一般能降低整体信贷风险,反映在财务上,意味着风险成本较低,与资本成本较低一样,有利于提升ROE。

第二,带动作用大。零售业务做大做好之后,能够有效带动银行整体业务发展。例如,依靠财富管理壮大起来的管理资产规模(Asset Under Management,简写为AUM),不仅能支撑银行的资管、投行及同业等业务,还能助力传统公司业务——个人客户经理比公司客户经理更能赢得公司高管的信任。"私公联动",在零售转型成功的银行已形成机制,并产生明显成效。零售业务面向千家万户,最需要品牌做支撑,也最能沉淀品牌口碑,零售业务强的银行,必定拥有良好的品牌知名度和品牌美誉度,并积累品牌资产——商业银行最重要的无形资产。在社会责任方面，零售业务也具有明显优势，如通过财富管理为客户增加财富收入，通过个人贷款及信用卡助力消费及消费升级，通过手机银行等工具便利客户支付，通过多劳多得的激励机制提高员工收入，通过人力密集型的属性促进社会就业，等等。

第三，业绩波动小。银行的公司业务，包括投行业务，客户集中度高，容易大进大出，业绩起伏较大；尤其是投行业务，有"三年不开张，开张吃三年"之说。零售业务主要依靠客户、队伍及管理这三大基础，一旦夯实，则业绩稳定性强。零售客户规模效应达到后，能避免短期内出现大量流失的现象；队伍训练体系建立后，能源源不断为各岗位培养合格人才；管理体制机制形成后，能步入不断迭代优化的轨道。这三大基础，能大大降低零售业绩的短期波动。从更长周期看，零售业务的增长可持续性更强，更能成为商业银行经营的压舱石。而且，在零售转型过程中，将呈现"飞轮效应"，即转型初期业绩增长比较费力和平缓，几年之后增长将越来越快，并可持续多年。

概而言之，零售业务市场潜力巨大，而公司业务经营日趋艰难，这使得我国商业银行纷纷将零售业务作为战略选择，由此开展零售转型。同时，标杆银行率先零售转型成功，充分展示出零售业务具有资本回报"高"、风险水平"低"、带动作用"大"、业绩波动"小"的特点，让越来越多的银行增强了零售转型的信心与紧迫感，零售转型因而成为一个行业现象。

案例 0-1

招商银行如何走上零售转型之路?

2002年,在一片喝彩声中,招商银行在上海证券交易所成功上市,募集资金100多亿元,资本充足率超过17%。资本足,一方面意味着底气足,但另一方面也意味着面临较大的回报压力,于是招商银行开足马力放贷款——当时国内银行的收入90%以上靠存贷利差。

接近年底,其资本充足率陡然下降至13%点多。中国香港金融管理局时任总裁任志刚先生的签名信紧跟着送达,信中说:"我们注意到贵行的资本充足率正在快速下降,这一趋势如果延续下去,将接近10%的监管红线,提醒贵行关注并采取必要应对措施。"香港金融管理局之所以管辖到招商银行,是因为该行上市后即在香港设立了分行。

面对警示,招商银行并没有感到很困扰。因为上市获得如潮好评,他们认为未来通过资本市场补充资本应该比较容易。不久,董事会和管理层商定增发100亿元可转债,来应对资本充足率的下降,并等着市场热捧。

没想到,一盆冷水迎面泼来。当时市场容量小,100亿元算大盘,且市场不景气,招商银行增发消息一经公布,不仅其自家股票应声下跌,整个市场行情也变得低迷,市场上顿时充斥着一片怨言。在2003年年初的股东大会上,多家基金公司现场发难,宣读事先拟好的声明:"我们虽然无力阻止大股东通过融资方案,但我们仍要代表小股东严正抗议,并要求对方案做出修改。"后来,招商银行通过适当调整融资方案,与投资者反复沟通,全力处置负面舆情,加之市场好转,怨言终于得以平息。

百亿可转债风波,出其不意,来势凶猛,促使招商银行董事会和管理层进行反思:资本市场的逻辑和想象的并不同,不是想融资就能融资,哪怕你是优等生。所以,原以为上市后就能解决的资本困境难题,仍摆在面前,资本仍旧是制约发展的最大瓶颈。

路在何方?招商银行时任董事长(招商局集团董事长兼任)在2004年年中工作会议上接见与会代表时,一针见血地指出:"我们刚上市就要融资,而一融资,集团作为大股东只有两条路选择,一是掏钱,二是摊薄。但坦率地说,集团一不想掏钱,二不想摊薄。是不是不讲理?不是。看看发达银行,并不是这样——融完资放贷款,放完贷款再融资。我们不是志在与国际接轨吗?能不能在资本消耗上率先学学发达银行,远的不说,近的可以学学我们香港的银行。"

2004年8月,招商银行组团去香港银行业考察,先考察了渣打银行、汇丰银行,之后来到恒生银行。恒生银行时任CEO郑海泉先生介绍,恒生银行过去5年资产没有增长,但盈利翻了一番!招商银行的各位同事眼前一亮:资产不增长,意味着资本消耗少;盈利翻番,意味着内生资本多。不用融资,照样盈利,而且资本充足率还增长,如果招商银行能变成这个样子,那不就没有资本和融资的烦恼了吗?那时候恒生银行的资产规模和招商银行不相上下,简直就是为招商银行定制的偶像!

恒生银行怎样做到的?郑先生和他的同事做了详尽介绍,令人印象最深刻的是三个50%。

其一，零售业务占比超过50%。以传统的存贷款指标而论，恒生银行储蓄存款占全部存款、个人贷款占全部贷款的比重都超过一半，而招商银行当时才10%左右。在内地股份制银行中领先，但与恒生银行一比，差距巨大。

其二，非息收入占比超过50%。恒生银行的非息收入在全部营业净收入中的比重超过一半，主要来自零售业务结算、代销等产生的手续费或佣金收入。内地银行将非息收入称作中间业务收入，占比普遍较低，招商银行当时不到10%。

其三，中小企业业务占比超过50%。恒生银行过去也和内地银行一样，贷款等业务以大企业和政府项目为主，后来由于利率市场化的推动，中小企业业务占比提升至一半以上。招商银行风险偏好低，这一比例同样不到10%，明显低于其他股份制银行。

这三个50%，是恒生银行得以实现低资本消耗、高盈利水平的关键所在。零售业务和非息收入资本占用少，有的甚至零资本消耗；许多业务由银行主导定价，收益率包括个人贷款收益率都相对较高。中小企业业务虽然资本消耗较高，但其贷款定价大大高于大企业和政府项目，所以资本回报也不低。

与恒生银行的这次交流，无形中给招商银行指明了未来转型的三大方向，即零售业务、非息收入、中小企业业务。于是，招商银行在2004年年底确定了零售转型战略并召开分行行长座谈会动员；在2005年年初年度工作会议上正式部署，全面启动零售转型——其内部称为"一次转型"。

招商银行在资本压力之下，走上了零售转型之路。几年之后，

ROE不断攀升，用事实证明了零售转型的巨大红利——资本回报"高"。在全球金融危机爆发的2008年，招商银行ROE达到了28%，不仅在国内银行中高居榜首，据英国《银行家》杂志报道，在世界各银行中也位居前列。此后，得益于零售转型大获成功，招商银行的ROE一直保持领先，净利润高歌猛进，对其他股份制银行的首位度不断扩大，直至超过某些国有银行，并由此获得资本市场的格外青睐，市值跻身国内上市银行前三，超过多家大型国有银行，股份制银行更是难以望其项背。

零售转型的挑战

过去十余年来，我国商业银行零售转型真正成功的案例并不多。大多数银行虽然通过零售转型在一定程度上推动了零售业务的较快发展，但鲜有银行像招商银行、兴业银行、平安银行等零售转型标杆银行一样，零售业务占比接近或超过一半，成为主要的增长引擎。

为什么？因为零售转型对于一家银行的战略、战术、文化提出了诸多挑战，而大多数银行对此缺乏全面、正确的认识，因而在组织零售转型过程中，未能正确应对，出现缺失。

战略上的缺失

零售转型首先是战略行动，需要战略清晰并有效执行。战略被认为旨在解决"做正确的事"这一问题，比"正确地做事"更重要，但其实战略也强调"正确地做事"——从规划到执行，都需要采用正确的方法。然而，许多银行在零售转型战略层面并没有正确地做事，这是导致零售转型未竟全功的首要原因。

战略规划方面的问题

战略规划是零售转型的起跑线，不少银行因为管理层尤其是一把手偏于主观武断，输在了起跑线上。与公司、投行、科技、风险等专业相比，零售业务显得不那么高深，任何人尤其是银行管理者都不乏想法且自以为是——毕竟每个人都是银行的零售客户，至少可以从客户的角度发表点意见。因此，不少银行的零售转型战略规划，更多地来自管理层的主观意志，而没有进行深入调研，更没有结合自身实际来学习借鉴标杆银行的先进经验。这样制定出来的战略，目标符合管理层的愿望，并可能激动人心，但不一定切合实际；路径是一些零散举措的拼凑，被编成气势不凡的成套文字，但实质上不成体系，当然不足以指引零售转型这样的大变革。

战略定力方面的问题

零售转型成功至少需要 3 年甚至 5 年时间，而且初期投入大，所以特别考验战略定力。不少银行的管理层不能遵循投入产出规律，在零售转型的预期投入与产出上不切实际，不能保持定力。

- 有的银行"既要马儿跑又要马儿不吃草"，不愿多投入人财物资源，尤其是在人员投入上，没有充分认识到零售人力密集型的特点，无论是增加一线营销人员还是总分行管理人员，都不分青红皂白"卡脖子"，人员总量严重过剩的城商行、农商行，这方面问题尤其突出。

- 有的银行急功近利，不考虑零售的产出周期，比照成熟业务，投入资源即要求高回报，在不切实际的高目标压力下，一线员工不得不竭尽全力冲指标，顾不上夯实基础，导致动作变形。

- 有的银行左右摇摆，初期舍得投入，对产出的要求也不高，但一两年后，看到效果不明显，听到日渐增多的质疑声音，信心开始动摇，对零售转型战略的投入减少乃至断供，致使转型偃旗息鼓，直至不了了之。

- 有的银行在更换管理层后，不管过去零售转型战略效果如何，热衷于"重打鼓，另开张"，另行一套战略打法；同时，将原来的零售管理人员大面积更换，甚至配置不具备专业胜任能力的人员，零售转型当然不可能一以贯之。

战略执行方面的问题

战略执行比战略本身还重要。常有人说，一流的战略加二流的执行，还不如二流的战略加一流的执行。不少银行对战略执行管理不到位，无论是过程还是结果，都缺乏严密的跟踪、督导、反馈、修正机制，一旦战略规划与实际出现偏差（这是难以避免的），战略和战略执行就分道扬镳，战略被束之高阁，零售转型逐渐失去了战略引领。一些银行虽然注重战略引领，但没有将零售转型上升为"一把手工程"。从总行到分行再到支行的"一把手"，主要以会议文件部署落实，而非真正置身其中，没有及时了解、发现和解决转型中遇到的问题，没有寻找、激励和发展转型的追随者，没有预见、分清、排除不时遇到的各种变革阻力。而一些置身其中的"一把手"，无论是有意还是无意，都会受到经验主义或主观主义的影响，不遵循零售转型的规律，不尊重专业意见，致使零售转型战略一步步偏离正道。

战术上的缺失

零售转型战术千头万绪，全部做好很难，但一些关键环节如果做不好，零售转型很难顺利推进，正所谓"细节决定成败"。那些零售转型不成功的银行，在以下战术环节或多或少出了问题。

获客僵局

不少银行，尤其是城商行、农商行，客群结构多呈现"客户老、老客户"的特点，即客户的年龄普遍偏大，而且主要是老客户，新客户的增量及占比低。零售转型必须大量增加"新客户、新资金"，而很多银行未能为零售转型创造这一最重要的先决条件。这些银行要么没有想到，对获取新客的极端重要性认识不够，没有建立相应的管控体系；要么想到了但没有做到，单纯依靠零售条线而不是举全行之力获客，获取的新客特别是高端客户数量有限。

储蓄纠结

零售转型需要打破以储蓄存款为中心的老模式，转向以 AUM

为主要抓手的新轨道。很多银行，特别是对储蓄存款依赖性大的中小银行，担心零售转型发展理财、基金等业务，会冲击储蓄存款，带来流动性问题，因而迟迟下不了转型决心，或者转型大打折扣——试探性地做点各种非存款产品。由于非存款产品的量太小，AUM 的增长不明显，带来的获客与收入效应很有限，零售转型陷入"雷声大雨点小"的尴尬局面，容易受到质疑。

理财恐慌

零售转型应当以较高收益的理财产品为利器，带动客群及 AUM 快速增长。但一些银行从上到下都对大力发展理财产品存有不同程度的疑虑乃至恐慌：一则理财产品收益率不高，吸引不了客户，而高收益意味着高风险，一旦不能按预期收益率兑付，引起大量客户投诉，怎么办？二则未设理财子公司的银行资管业务被叫停，高收益理财产品从哪里来？三则客户习惯了存款，对理财产品的接受程度并不高，销售如何上量？虽然这些问题先行者都经历过并解决了，但事到临头还是不放心，不敢下决心干。

中收瓶颈

零售转型的最终目的是赚钱，尤其需要突破最有含金量的财富中间业务收入。在目前监管环境下，财富中间业务收入主要依赖保险、基金等复杂产品销售。而这些产品的销售难度比存款、理财等产品大得多，很多银行未能闯过这道难关，零售转型在这里受阻。这些银行的营销队伍不仅没有提升销售能力，连过去一些错误的认知也没有纠正，例如仍然认为卖保险、基金是为了完成任务，并不是为客户创造价值，甚至还有人认为是坑骗客户。

资产窘境

零售转型要求迅速大幅提高个人资产业务占比，但不少银行面临多方面窘境。例如，由于资金成本较高，对于定价较低的住房按揭贷款只能不做或少做，个人资产业务快速增长缺乏可靠的压舱石；由于数字化能力不强，个人消费贷款业务过于依赖外部平台及其流量，客群及营销与风控能力的自主性不强，难以获得持续稳健发展；由于缺少足够的规模效应，信用卡业务很难盈利，在投入上面临两难选择。

渠道包袱

脱胎于信用社的城商行、农商行，其网点数量在市场上占有一定优势。但不少网点布局不合理，有的区域网点过于密集，有的区域则还是空白，达不到就近服务客户的目的；网点形象陈旧，环境卫生不够干净整洁，而且装修管理缺乏统一规范，形不成品牌效应；网点分区不合理，缺少贵宾服务私密空间，在大厅多花时间服务高端客户，普通客户表达不满，结果无论是高端客户还是普通客户，其体验都不好；网点效能差异大，不少网点产出有限，成本不低，长期亏损。

科技掣肘

不少银行信息科技基础薄弱，手机银行、远程银行、网上银行等线上服务渠道业务不齐全，稳定性和安全性差，客户体验明显落后于同业；核心业务系统及管理信息系统残缺不全，经常出现业务实现不了、系统对接不了、数据提取不了、报表生成不了的尴尬情况。一些银行下决心加大投入以弥补科技短板，然而，很快发现投入巨大，但进步缓慢。

队伍短板

一些银行虽然增加了人员投入，但零售转型的效果不明显，原因是人力资源管理仍停留于落后的观念与模式。譬如，一线营销队伍未建立有足够激励作用的多劳多得机制、优胜劣汰的产能管理机制，以及符合人才成长规律的培养训练机制，在人员选聘上陷入盲目"学历崇拜"，而未能充分考虑候选人有没有意愿、是否适合营销工作。管理干部及管理人员的选育用留更是滞后，总分支行零售管理者的积极性未能得到充分发挥，其敬业度与专业度不能满足当前需要，即使花重金引进了一些管理与业务骨干，但"新人"与"老人"融合不好，作用发挥有限。

变革困境

零售转型并不是只关乎零售一条业务线的小改革，而是事关一家银行整体经营管理的一场大变革。不少银行对此缺乏足够认识，对零售转型未能实行科学的变革管理，致使其尚未走远即陷入困境。比较普遍存在的问题包括：对于标杆银行的先进经验，要么照搬照抄，要么不学不用，未能结合自身实际活学活用，创造性地制定转型策略；满足于一招一式"抓重点"，没有系统设计、系统推进各项转型举措；未能真正形成合力、及时排除阻力，特别是人力、财务、风险等资源权力部门配合不足，常常让零售转型"削足适履"。

文化上的缺失

零售转型的最终成功，有赖于企业文化的变革。不少银行零售转型归于失败，正是因为未能形成与零售转型要求相适应的企业文化。以下是一些常见的落后观念与行为习惯。

消极思维

零售转型需要大刀阔斧改革创新，意味着要干许多新事大事难事。一些银行的管理者抱持消极思维，面对零售转型中的新事大事难事，习惯性地说"不/因为"。在这种思维惯性之下，他们甚至不愿尝试，遑论做成？做不成新事大事难事，零售业务经营管理依然因循守旧，遑论转型？改革始于思想解放，管理层不从消极思维中解放出来，零售转型自然不可能推进。

贪图清闲

干零售业务可谓"苦累细慢"："苦"为体力苦，加班加点是常态；"累"为心力累，指标一年背到头；"细"为工作细，头绪繁杂琐碎；"慢"为见效慢，处处都需持久战。顺应零售业务的这些特点，必须培育多劳多得的"奋斗者文化"，才能推动零售转型。但在不少银行，少劳少得的"清闲者文化"成为主流，干部员工的工作压力和付出不大，收入也不高。由于不能变"清闲者文化"为"奋斗者文化"，这些银行的零售转型失去了成功的重要基础。

说过了事

不少银行零售转型战略得不到有效执行，与没有形成强有力的执行文化有关。对既定的战略目标举措，从上到下层层表态"请领导放心""一定尽力而为"，但往往说过了事，慢慢吞吞或偷工减料地做，甚至根本就没有做。同时，缺乏强烈的结果导向，一件事是否去做了、是否做到了、是否做好了，没有严格的检查、督促和问责，较真的人少；干得是好是坏，更多的不是用客观结果说话，而是凭领导者的主观印象，以致唯上不唯实愈演愈烈。

表面和谐

一些银行的管理层会商工作一团和气，按古板的程序程式发言，充满外交辞令，很少激烈地讨论问题，争吵更是极力避免。之所以如此，是因为：一则管理层没有充分意识到零售转型需要针对层出不穷的问题集思广益、专家决策，而是习惯于官本位，由领导拍脑袋决策；二则存在公生私仇、私仇公报的潜规则，即工作矛盾会导致个人恩怨，个人恩怨会招致工作恩怨，于是公开场合彼此当面给足面子，尽量不说带刺的话；三则地盘和圈子文化作祟，一些管理者热衷于搞地盘和小圈子，对于自己的地盘和圈子，不愿意别人插嘴插手，反过来也不去触碰别人的势力范围，心照不宣地维持"人不犯我，我不犯人"的格局。表面和谐的背后，是问题得不到充分揭示和讨论，思想得不到碰撞和集中，不能群策群力地开展零售转型，而且人际关系表面和谐，其实内里复杂,"公司政治"分散了大家干事的心思和精力。

前台弱势

能不能真正做到以客户为中心,决定零售转型的成败。而以客户为中心映射到银行内部,就是要以前台为中心,即前台部门要有话语权、要受到尊重、要心情愉快。然而,不少银行做不到这点,原因是高管层没有主动去改变中后台强势的地位。这些银行的中后台部门缺乏对经营业绩负责的意识,认为那是前台部门的事,因而不加区分地从严控制各种资源,不管"卡脖子"是否会制约前台部门完成业绩任务;对于前台部门的诉求,倾向于说"不",很少设身处地帮助其解决问题,满足业务拓展需要;无论有意还是无意,习惯从"人性恶"出发,对前台部门的业务和业绩挑刺多、鼓励少。由于受到中后台部门强力管控,前台部门无法扭转弱势和被压抑的地位,这些银行的零售转型举步维艰。

官僚作风

管理层特别是中高级管理层,未能戒除根深蒂固的官僚作风,是一些银行零售转型不能成功的重要原因。有些银行的管理者犹如封建社会的"官老爷",对上马首是瞻,对下颐指气使,等级意识无处不在,严防下级越级报告,习惯性揽功推过;犹如"算盘珠子",上级拨一下才动一下,把完成上级交代的有限的几件事当作全部履职内容,对所负责的工作不去通盘考虑和主动谋划,严重缺乏主动性、积极性、创造性;犹如"月宫嫦娥",人和思想都喜欢待在天上即总分行机关,高高在上,对于一线客户、同业、员工的状况漠不关心或知之甚少，经常"瞎指挥"或"乱指挥"；犹如"生产队长"，只负责吹哨吆喝开工、收工，对于下属到底该干什么以及该怎么干，则说不出来或说不清楚。

零售转型新逻辑

零售转型怎样才能争取成功？在总结了几家标杆银行的经验以及更多家银行的教训之后，我们提出，应当打破传统银行零售业务经营管理的理念与模式，按照全新的逻辑组织和推进转型。这就是本书重点阐述的零售转型新逻辑，我们将之概括为十大方面。

客户为王

大量获取并经营好客户，是零售转型的第一要务。这是因为零售转型的人财物投入巨大，需要足够大规模的客户形成规模效应，才可能分摊成本，实现盈利。其中，高端客群具有十分突出的二八效应，应作为重中之重；金融科技使得大众客群的长尾效应日益明显，也不容忽视。获取客户行之有效的方式很多，如客户转介客户（Member Get Member，简写为MGM）、公私联动、全员营销、市场外拓、链式输送、厅堂拦截、异业联盟、线上引流等。客户经营主要从两个层面进行设计：一是中高端客群的经营，有赖于构建完整的财富管理业务体系，重点在于客户分层、分户管户、集中经营三大环节；二是大众客群的经营，有赖于构建线上线下融合的经营服务体系，重点在于抓好大堂经理、运营柜员、市场外拓三支队伍及 DTOW 一体化模式——"D"即 Data，数据，"T"即 Telebanking，远程银行，"O"即 Outlets，网点，"W"即 WeChat，微信。

服务为上

持续提升服务水平，是零售转型的长久之计。零售转型初期不得不依赖高收益产品获取和经营客户，但长此以往，会走入高风险、低盈利的歧途。为此，必须从高收益产品依赖转向优质服务支撑，依靠优质服务获得溢价，即能卖出去收益率不那么高的产品。优质服务需要重点围绕三大要素精心打造：一是升级服务渠道，以极大改善客户体验为目标，物理网点注重布局合理化、分区私密化、运营智能化、细节人性化、维护常态化，手机银行和远程银行对标互联网公司，优化客户旅程与业务办理流程；二是提升服务队伍，让员工的形象气质、业务技能、服务态度等不断向高标准靠拢，并且确立服务价值观对抗服务疲劳，从让客户满意到让客户惊喜，再到让客户感动，不断追求服务高境界；三是构建管理体系，围绕服务标准、服务培训、服务考核、服务监测、服务投诉、服务改进、服务知识、服务文化等方面，健全相应的体制机制、制度办法。

AUM 为纲

迅速做大 AUM，是零售转型的基本纲领。要在较短时间内实现 AUM 的大幅增长，只能以理财作为突破口。为此，要过好"三关"：一是储蓄关，必须打破大力发展理财将冲击储蓄存款的落后观念，通过理财吸引新客户、新资金，进而利用理财产品衔接增加活期储蓄存款；二是产品关，必须平衡好理财产品底层资产的风险与收益以及客户收益与银行收益，确保理财产品收益率具有较强的市场竞争力；三是营销关，必须有针对性地消除客户经理担心理财风险大、客户不愿要等顾虑，明确考核激励机制，萃取和复制最佳实践，尽快提高员工销售理财产品的意愿及能力。

资产为先

优先发展资产业务，是零售转型的必然选择。一方面，零售转型投入产出周期长，而资产业务能立即带来利息收入，并且属于银行主动的"甲方"性质业务，相对容易做起来；另一方面，零售资产业务的整体风险水平较低，资本消耗较少，适合作为银行主要盈利来源——信贷业务的压舱石。零售资产业务包括零售信贷业务及信用卡业务，应当分别采取合适策略。零售信贷业务应合理确定住房按揭贷款、小微贷款、消费贷款的组合比例，积极运用数字化营销和风控技术，开发有较强市场竞争力的标准化产品，在自主控制好风险的前提下，全力以赴抢占市场。信用卡业务应采取分期先行、发卡紧跟的方针，突破规模效应差的劣势，借助分期业务的盈利，滚动投入发展所需的人财物资源；营销渠道应采用直销（Direct Sale，简写为 DS）与分支行双轨并行的模式，在总行以业务外包方式组建直销队伍的同时，加大对分支行分期及发卡的推动力度；信用卡是银行比较传统和成熟的业务，产品、运营、营销、风控都有现成的模式，应大胆实行"拿来主义"。

营收为重

重点管控营业收入,是零售转型的必由之路。零售转型在前3~5年,盈利及盈利增长都不明显,甚至可能亏损,必须重点管控营业净收入。营业净收入是盈利的源头,保持加速增长态势,零售业务未来才有可能盈利。为此,应主要关注利息净收入,针对零售资产业务,通过扩大规模、确保质量、提高定价,增加贷款利息收入;针对储蓄存款业务,通过抓代发、抓理财、抓支付,以及存款期限结构及定价,增加内部资金转移价格(Funds Transfer Pricing,简写为FTP)口径的存款利息收入。同时,应重点培育非息收入,针对财富中间业务收入,通过理财产品薄利多销、保险和基金等复杂产品难点突破,实现跨越式发展;针对手续费中间业务收入,通过抓客户支付主账户——本行信用卡及微信、支付宝等三方支付绑本行卡,以及商户收单主账户,促使客户与业务规模尽快上量,从而增加手续费议价能力;针对资管业务中间业务收入,通过做大业务规模,精选资产与合作机构,平衡好风险与收益,在保证高收益理财产品供应的同时,实现自身盈利;尤其要从借助外力赋能实现全员"破零"、全面提升自身保险销售能力、积极探索保险销售创新模式等方面入手,突破保险代销。

成本为限

能否突破成本限制,是零售转型的成败所系。检验零售转型成功与否的直接标准是盈利,而盈利无非增收节支,除了上述营业净收入的增长,还离不开成本节约,在某种程度上,后者更为关键。零售转型所需的成本投入巨大,而银行所能承受的成本投入是有限度的,因此必须增强成本管理的意识与能力,不断改善投入产出,才能保证零售转型顺利进行并抵达胜利彼岸。首先,明确零售盈利核算的基本框架,并保持相对稳定,以合理监测和评估零售收入、成本与利润的变动情况,寻找改进成本管理及投入产出的机会与策略。其次,引入全面预算管理的理念与方法,改进预算编制,严格预算执行,强化预算责任,切实加强成本管控。最后,以成本收入比为核心,区分业务条线、营销队伍、网点渠道、营销费用等维度,制定成本收入比测算标准和逐年提高的目标要求,督促推动相关管理部门研究并落实改善成本收入比的有效措施,通过深挖集中运营潜力,有效降低零售运营成本。

品牌为魂

持续塑造品牌形象,是零售转型的灵魂所在。零售业务同质化程度高,客户重叠严重,品牌因此成为制胜武器。一个好的品牌能够体现银行核心竞争力,差异化的品牌可以助推零售银行快速发展,同时零售转型的成功更能反哺银行品牌资产增值。建立一个具有知名度、美誉度的品牌,要基于银行实际情况,加强顶层设计,从明确品牌定位、专注价值创造、立足业务经营、注重外观形象、加强品牌管理五个维度入手,制定具有鲜明特色的品牌战略规划。应多管齐下塑造品牌:其一,广告营销,选好广告投放方式,建立效果评估机制,力求精准投放广告;其二,口碑管理,竭尽全力让客户体验好、让员工感受好,依靠客户和员工传播银行正面口碑;其三,新闻媒体,依托大众传媒进行正面宣传的同时，用好新媒体、自媒体，制作受众喜闻乐见的内容，实现广泛传播，借助专业公司加强声誉风险管理；其四，内部媒介，重视网点广告价值，充分发挥网点楼顶、门头、招牌、橱窗、易拉宝、显示屏等处的广告作用；其五，社会热点，寻求和强势品牌合作，借力重要协会、论坛、高校等影响力中心以及慈善公益活动，多角度展示品牌价值主张；其六，创意营销，策划客户广泛关注并参与的各种线上线下营销活动，力争打造独具特色的品牌活动；其七，形象代言，综合客户定位和品牌定位，选好形象代言人，全方位发掘其价值，以此撬动品牌声量（Brand Volume）及好评。

科技为器

加快弥补科技短板，是零售转型的重要利器。在技术进步、客户需求、市场竞争以及监管导向的驱动下，银行对金融科技的依赖程度不断加深，以至于被认为步入了金融科技时代。对零售转型而言，数字化转型既是其重要内容，也是其重要保障。中小银行应聚焦建设数字化客户经营体系、搭建数字化运营管理体系、提升数字化转型基本能力、打造数字化人才队伍和敏捷文化这四个方面，加强金融科技能力建设。基于自身所处位置和资源禀赋，中小银行的零售数字化转型应当采取三大策略：其一，性价比策略，在金融科技的创新应用上，无法同步领先银行，尤其在基础设施建设中，不能追"新"、追"先"，而应采用相对成熟与便宜的技术；其二，效益优先策略，在投入优先的情况下，优先考虑能较快较多产生效益的项目，努力形成利用当前产出滚动投入的良性机制；其三，开放合作策略，对于一些成熟业务，积极寻求与同业或三方公司合作，争取分润模式付费。金融科技催生的零售型模式本身是高度一体化的，底层技术及技术应用层面都十分庞杂，应从客户层、渠道层、产品层、营销层、员工层等主攻方面进行解读和把握，围绕客户服务闭环，进行全流程、端到端的审视，利用金融科技加以优化或重构，形成高效获取和经营客户的新模式。

队伍为本

精心锻造优秀队伍，是零售转型的根本保障。人力资源是第一资源，只有锻造出数量充足、素质优秀、精神振奋的营销与管理队伍，零售转型才能顺利推进并取得最终成功。要围绕以下重点环节打造开拓型专业营销队伍：其一，队伍组建，针对大堂、外拓、个贷、信用卡、财富管理等专业分别建立专职化队伍，为缓解人员编制压力，可部分或全部采用外包用工方式，并摆脱"学历崇拜"，打通外包员工转正通道，网罗一批营销意愿和技能较高的骨干；其二，产能管理，以此作为营销队伍的生命线，制定明晰的产能标准，将队伍分成多个梯队管理，加强考核并实行优胜劣汰机制，通过切产能尾巴，使整个队伍的产能不断水涨船高；其三，考核定级，明确各支营销队伍的等级序列、准入条件、考核指标、考核方式、薪酬待遇，定期考核评定，挂钩固定薪酬，尽量拉开差距；其四，多元激励，适当提高绩效薪酬占比，建立与业绩挂钩的分配机制，做到规则清晰、结果透明、兑现及时，在"分好钱"的同时，重视并开发各种不花钱或少花钱的激励手段，如愿望、荣誉、成长、归属、目标等激励方式；其五，有效训练，实行学习培训的革命，在培训规划、师课建设、办培训班、在岗训练、实战训练、营销战役等方面，借鉴同业异业训练队伍的先进经验，不断提高队伍训练能力与效果；其六，文化塑造，针对零售业务"苦累细慢"的特点，以及营销队伍中普遍存在并亟待解决的问题，确立相应价值观与愿景，教育引导员工热爱零售，为零售转型而艰苦奋斗。在管理队伍的建设上，要以去官僚化为核心，推动管理队伍成长进步。从内部选拔或从外部引进一批德才兼备的零售转型的追随者，发挥"鲇鱼效应"，打破官僚习气。同时，通过持续教育培训，使管理队伍在熟悉业务、组织推动、营销指导、思想作风、领导力等方面，发生明显变化。

战略为基

科学实施战略管理，是零售转型的最大基石。零售转型包括零售业务自身转型，以及由此带动整个银行业务转型双重任务，必须上升到最高战略层级及"一把手工程"来组织实施。应重点把握好以下环节：其一，战略规划，要遵循标杆银行零售转型揭示的规律，经过正确调研、创意择优，制定零售转型三年战略规划，按年度滚动管理，确保战略符合实际并得到有效执行；其二，组织架构，适应现代零售业务复杂精细的特点，构建强大的总分支零售管理体系，首先是健全总行管理部门，分设零售金融、财富管理、零售信贷、信用卡等业务部门，并将资管部纳入零售板块；其三，战略投入，至少三年之内加大对零售转型的人财物投入，并做好成本收入比阶段性上升的准备，同时预留一定额度的专项费用,用于支持零售转型的额外需求;其四,机构考核,立足零售业务的内在关联,对分支机构的零售客群、盈利、规模、质量、队伍、管理等进行全面考核,通过分组分类保证可比性,并保持考核指标体系的基本稳定;其五,"管理特区",针对人力、计财、风险等中后台管理为零售转型划出"特区",允许和鼓励顺应转型需要突破既有的条条框框,创新管理理念与举措,同时对零售条线充分放手授权,尽量让其自主决策;其六,变革管理,对零售转型打破固有利益与权力格局后将带来的各种阻力有所预见,排除阻力,形成合力,保持定力,对阻挡变革者,及时提醒、诫勉或调整岗位,同时梳理正面典型,建立跨部门协同机制,通过攻坚克难推动战略落地实施。

以上是零售转型新逻辑的基本脉络,旨在阐明零售转型将面对的主要问题,以及解决这些问题的策略与方法。这是基于对一些具有代表性的银行零售转型经验教训的总结,可谓"从实践中来,到实践中去",试图给那些为零售转型所苦、所惑、所困的中小银行提供一份零售转型的实操大纲。

上述零售转型新逻辑的十个方面并非独立存在,而是有紧密的内在关联,形成一个完整的体系。我们可以用一棵树来进行类比:客户犹如树根,服务犹如树干,AUM 和资产犹如树枝,营收和成本犹如树叶,品牌犹如花果,一起构成零售这棵参天大树;而科技是光,队伍是水,战略是土,为零售之树提供生存生长不可或缺的环境条件。

第一章
客户为王

"树高千尺,叶茂百围,根深十丈,源泉不枯。"这句话形象地描绘了大树的生长之道。大树之所以能够高耸入云,是因为它的根系深入肥沃的土壤,从中汲取充足的养分,为地面上的枝干和叶片提供源源不断的营养。对银行零售之树而言,稳固而广泛的客户就是其根基,是其赖以生长的生命之源。只有客户基础扎实,才能支撑零售业务像茂盛的树木一样欣欣向荣。常有人说,有什么样的客户,就有什么样的银行。确实,客户的特征、数量、质量及增长情况,直接决定了一家银行的经营状况和经营业绩。很多行业强调"渠道为王",认为渠道是连接客户和产品的桥梁,是获取市场份额的关键。对银行业来说,渠道虽然也很重要,但更重要的还是客户,只有大量获取并经营好客户,才能让零售之树枝繁叶茂、硕果累累。客户是零售银行经营的第一要素,零售转型应以客户为王。

客户为王的内涵

所谓客户为王,就是强调大量获取并经营好客户,这是零售转型的第一要务。那么,零售转型为什么要把获客和客户经营放在首位呢?我们可以通过三个众所周知的"效应"来加深理解。

规模效应

规模效应又称规模经济,简单理解就是因规模增大带来经济效益提高,但规模过大,反而可能产生"规模不经济",所以,经济学意义上的规模效应,更多的是指根据边际成本递减推导出的盈亏平衡点。

高度依赖规模效应,这是零售业务的一个鲜明特性。从投入端看,因为零售转型需要庞大的人财物投入,这些成本最终要分摊到客户头上,只有客户规模足够大,成本才能摊薄到可能盈利的水平;从产出端看,零售业务从每个客户身上赚的钱并不多,不像公司业务和投行业务,很难依靠少数客户赚足够多的钱,而是需要足够多的客户才能赚到足够多的钱。

以物理网点为例。物理网点占用银行成本最多，而且可以视为沉没成本，因为购买或租赁网点、装修网点、布放设备设施，以及配备运营、大堂及客户经理等人员所付出的费用，无法或者很难收回或减少。成本既然难以节省，那只能尽量增收。而银行归根结底是从客户那里赚钱，这就要求一个网点必须尽可能服务更多的客户，依靠更多的客户创收。从一些标杆银行的经验看，单就零售业务来说，一个人员配备为20人左右的网点，有效客户（一般以日均AUM 1 000元以上为标准）3万户以上达"脱贫"线，5万户以上达"小康"线，8万户以上达"富裕"线。所以，如果一个网点客户总数少、到店客户少，该网点领导及员工首先应该意识到，虽然自己每天在努力工作，但实际上业绩一直在拖银行的后腿，必须竭尽全力尽快大量增加客户，才能走出困境。

再以客户经理为例。一名客户经理管理多少客户，直接决定其产能，正如种植面积决定粮食产量一样。比如，一名客户经理管理AUM 50万元以上的客户数量一般达到500户以上，才可能创造100万元以上的财富中间业务收入。管户数量过少，产能不可能高，就像种的地少，即使是能手良田，也比不过广种薄收。那些产能低的客户经理，首先应该关注和解决的同样是客户数量不足的问题，否则，不得要领。不少管理者和员工正是因为没有认识到这一点，或者认识到了，但没有付出足够的努力，所以业绩提升缓慢。

还有金融科技。依托金融科技开发的线上渠道、产品与系统，用户数应多多益善。如大数据的基础是足够大的数据量——所谓"海量"，而零售可用的大数据源头是客户，即客户属性、标签、画像、视图、行为、交易等各种信息。再如手机银行，作为线上服务的主渠道，如果用户数过少，必然限制其迭代投入——哪家银行愿意做亏本生意？同时，也很难积累数字化经营所必需的各种交易与行为数据。

总之，同样一个物理网点服务几千客户还是几万客户，同样一名客户经理分管几百客户还是几千客户，同样一个线上平台经营几万客户还是几百万客户，效果是不一样的。后者增加的边际成本是微小的，甚至可忽略不计，但增加的产出是巨大的，可达数倍乃至数十倍，边际贡献十分明显。客户规模效应事关零售业务的生存和发展，没有客户规模效应，零售转型寸步难行。尤其是客户规模小或"客户老、老客户"的银行，必须把全力拓展新客户，快速扩大客户规模，同时深度经营好新老客户，作为零售转型的起点。

二八效应

二八效应也称帕累托法则，源自意大利经济学家维尔弗雷多·帕累托（Vilfredo Pareto）于1906年提出的关于意大利社会财富分配的研究结论，即20%的人口掌握了80%的社会财富。这个结论对于大多数国家的社会财富分配情况都成立，后来被应用到不同领域，并被证明其在大部分情况下都是正确的。

人们熟知的二八效应，在零售客群中尤为突出，80%的AUM来自不到20%的客户。在标杆银行，最高层级的私人银行（AUM起点在600万元到1 000万元不等）客户数量在零售客户中占比才千分之几，而其AUM贡献率在30%以上；AUM 50万元以上的贵宾客户数量占比百分之几，其 AUM 贡献率达到 70% 以上。

零售客户不仅 AUM 的集中度高，给银行带来的收入贡献也高度集中。这可以从两个维度来看。一个维度是 AUM 收益率。AUM 作为银行对客户负债形成的客户资产，与银行给客户贷款形成的银行资产一样，都能给银行带来趋于平均收益率水平的收入。既然 AUM 产生相对稳定的收入，AUM 的集中当然带来收入的集中。另一个维度是产品匹配度。AUM 高的客户更容易，也更需要进行资产配置，能够接受存款理财之外的保险、基金、信托等创收能力强的复杂产品，也更能获得银行的信贷及信用卡授信，因而能给银行创造更多收入。试想，对一个 AUM 不到 1 万元的客户，银行不太可能向其销售保险、基金、信托，他也难获批银行贷款；而一个 AUM 1 000 万元的客户，则一切皆有可能，关键看客户经理的经营服务能力。

另外，由于高端客户的圈层特征更加突出，对周围人群的影响力大，拓展和经营好高端客户，还能获得更多客户转介客户的机会，并有效促进银行品牌形象的提升。

正因为如此，在零售转型中，需大量获取和经营客户，力求规模效应，同时应当将高端客户摆在优先位置。可能引发疑问的是，标杆银行的客群结构呈现金字塔形，高端客户主要依靠提升中低端客户向上输送。但这是零售转型成功以后逐渐成熟的模式，零售转型过程中的银行难以效仿，应当两条腿走路：一方面增强中低端客户获客与经营能力，迅速扩大客群金字塔塔基，并构建客户向上提级输送的经营体系；另一方面实行直扑高端的策略，投入资源大力拓展 AUM 50 万元以上尤其是百万元以上的高端客户,同步建造客群金字塔塔尖。

有些银行的管理者和客户经理容易对高端客户产生一个误解,即获客与经营成本较高,因此望而却步。这是投入产出观念出现偏差的结果。事实上,越是高端客户,经营潜力越大,只要经营得法,虽然投入多一点,但其产出肯定多得多,高端客户在零售各客群中的投入产出是最合算的。二八效应和标杆银行的实践都表明了这一点,这些银行应该醒悟,在高端客户获客与经营上不应再吝啬必要的投入。事实上,不少聪明的客户经理在银行缺少投入的情况下,宁愿先自己花钱投入,也要维护好高端客户,最终赢得了好的业绩与回报。

最后,二八效应也蕴含规模效应的逻辑,高端客户要达到足够的规模才可能实现盈利,少量的高端客户对零售的价值贡献无异于杯水车薪。

长尾效应

长尾效应是指分布在正态曲线尾部即两边平缓部分的非主流、个性化、零散、小量的需求,其市场累加起来会形成一个比主流市场还大的市场,在需求曲线上体现为一条长长的"尾巴"。亚马逊公司就是一个典型的例子:其大约一半的销售额来自比较热门的商品,而另一半却来自相对不那么热门的商品。

长尾效应强调的是"小利润大市场",从一位客户身上赚小钱,从很多客户身上赚大钱。长尾效应同样蕴含规模效应的逻辑,而且要求客户规模更大。长尾效应变成现实,一个重要条件是科技进步与应用,因为单靠传统的人工方式很难覆盖足够多的客户。

在商品零售等行业，淘宝、京东、拼多多、美团等互联网平台正是应用大数据、云计算、人工智能等技术，创新出与传统零售业"开店雇人卖货"完全不同的商业模式，得以享受长尾效应红利，成为市场上的新霸主。

在银行零售业务领域，长尾效应付诸实践，也是始于阿里巴巴、腾讯等互联网企业。它们从当初银行看不上也做不好的小额支付、小额贷款、小额理财切入，依托庞大的客群，业务量由小到大，不断抢占市场份额，逐渐成为银行不可忽视的异业竞争对手，甚至在 C 端支付等领域占据银行望尘莫及的地位。来自互联网金融的激烈竞争终于教育和促动了银行，纷纷开展数字化转型，开始重视并利用金融科技经营长尾客户，其间还借鉴了互联网金融的不少理念与概念——月活、拉新、场景、用户、体验，等等。

以上历程表明，长尾效应在银行落地，和金融科技的发展与应用密切相关。大众客户户数多、户均产出少，将其像高端客户一样由客户经理分户管户，投入产出必然不合算，所以银行一直以来没有将大众客户作为经营重点。金融科技为银行触达和营销大众客户提供了低成本通道，才使得银行重新审视大众客户的经营价值——不仅能对业务及收入贡献不菲，对提升输送高端客户也作用明显。

长尾效应强调大众客群经营，而二八效应强调高端客群经营，二者是不是有矛盾？答案是没有。银行对客群本来就是分层经营的，对于大众客群，过去靠人工没有办法经营，现在靠金融科技有办法经营，理应培育新的增长点；高端客群集中度、贡献度高的规律永远存在，以人工经营为主的模式也没有因金融科技而改变，理应优先重点经营。当然，对于一家具体银行，还要做具体分析，应根据客群资源禀赋及自身条件能力，合理分配大众客群及高端客群的经营资源；对大众客群数量小且金融科技能力弱的银行来说，不宜投入太多资源经营大众客群，而应集中资源率先突破高端客群经营。

获客的主要方式

客户获取与客户经营如同一枚硬币的两面，很难截然分开。一方面，获取客户的同时实际上也是在经营客户，因为银行总是需通过给客户提供产品与服务来获客，而将产品和服务提供给客户正是经营客户的应有之义；另一方面，客户经营对于获客也不可或缺，客户经营好了，不仅能促进获客（最有效的方式之一是MGM），更重要的是能成就获客的意义——不能通过经营好客户为银行创造价值，获客就没有价值。

尽管客户获取与经营在本质上密不可分，但银行在组织管理上是有所区分和侧重的。本部分探讨获客问题。

任何进行零售转型的银行，首先必须解决获客问题，而要解决获客问题，首先必须在全行上下达成一个共识：迅速大量地获客，必须举全行之力，而不能仅靠零售条线自身力量。银行业内有一句广为流传的话，"零售业务批发做"，这主要指的是零售获客，即通过批量方式提高获客效率与效果。批量获客需要依赖银行的公司业务资源，而且各家银行在零售转型之初，零售条线自身的力量都相对薄弱，所以单凭其一己之力，很难实现获客的高目标。

那么，如何举全行之力获客呢？以下是一些被实践证明行之有效的方式方法。

公私联动获客

公私联动获客是指银行利用公司包括机构业务资源，拓展工资代发业务，批量获取个人客户。这是零售获客的首选方式。这种方式一方面是见效快，因为签约一家优质企业或机构的工资代发业务，一次性就能获取数百、数千乃至数万个客户，这比通过路边摆摊、商场驻点、等客上门或进企陌拜等方式零星获客，效率无疑要高得多；另一方面是质量高，因为工资是绝大多数人收入的主要来源，抓住了工资代发，就抓住了客户资金的源头，尤其是签约员工工资高的企业，能带来大量高价值高端客户。

抓好公私联动获客，应把握以下要点：

- 明确目标任务及考核激励。对总分支行公司业务条线的管理者及公司业务客户经理，下达工资代发企业数及个人客户数计划，明确相应的考核与激励机制，充分调动公司业务条线人员的积极性。
- 成为真正的"一把手工程"。从总行到分行及支行的一把手都要高度重视，经常关心和督促业务进展，及时协调解决联动中存在的问题，更重要的是时时处处以身作则，凡是见公司或机构客户，必然营销工资代发。
- 实施严密的过程管理。利用微信群等通道及时通报相关数据，树立先进典型并萃取先进经验推而广之，营造"比学赶帮超"的氛围。
- 零售条线协同配合到位。精心打磨工资代发客户服务与经营体系，给银行公司业务条线提供有力的竞争利器，给企业一个选择本银行工资代发的有说服力的理由。

过去，不少银行不看重工资代发业务，而如今，几乎所有的银行都十分重视工资代发业务，要求公司贷款等资源与企业工资代发挂钩，工资代发业务的竞争日益激烈。优质企业与机构的工资代发，更是成为各家银行争抢的对象。中小银行信贷投放有限，其他资源也少，在优质代发客户的竞争中处于劣势。怎么办？由易到难，开始以人数少、金额小、频次少的代发为主，逐步集中突破优质企事业单位工资代发。

案例 1-1

如何组织工资代发攻坚战？

招商银行各分行公私联动抓代发的惯常做法，是在对支行的平衡计分卡考核（采用多年的考核工具）中，对工资代发业务给予一定权重。由于需要考核的指标众多，代发业务能争取到的权重超过10%就算高的了。至于和奖金挂钩，应该算是间接的——根据总的平衡计分卡得分，将绩效奖金分配到支行，再由支行分配到个人。

A分行研究认为：由于代发业务考核权重不高，一些支行出于扬长避短的策略，可能放松甚至放弃，因此考核的"大棒"作用打了折扣；绩效奖金到支行，没有到个人，而且做多少业务到底能拿多少奖金并不明确，因此激励的"胡萝卜"作用也打了折扣。

A分行决定对症下药，切分固定的绩效奖金，对相关人员严格考核激励。比如，将支行行长的8万元年终奖、支行分管公司和零售业务的副行长的5万元年终奖、对公客户经理的2万元年终奖，与工资代发业务完成情况直接挂钩。真金白银且针对个人，激发了代发主力军的战斗激情和意志。

真实的战斗是残酷的。优质企业的工资代发已经被瓜分，而A分行过去多年信贷投放的重点又转向"两小"——小企业和小微企业，对大企业的筹码更是有限。必须面对现实，竭尽全力去拼抢，因为大企业代发是获取优质代发客户效率最高的方式。于是，A分行发扬拼搏精神，组织对大型优质代发企业的持续营销，并有所斩获。

同时，A分行也清醒地认识到，大企业不容易争取过来，不能把宝全押在大企业身上，必须将目光瞄向中小企业。于是，要求本行的干部员工不放过任何线索和资源，不嫌企业员工人数少，各显神通抓代发。有授信的客户当然是首选，毕竟有谈判筹码。于是，分行授信审批部帮助把关，原则上要求授信较多的客户必须将工资代发落在本行。

行内有人提出疑问，新增代发企业的代发人数不多，少的才十来人，会不会拉低代发业务发展质量？小企业代发当然比不上大型优质企业代发，但有总比没有好，更重要的是，行内员工营销代发业务的意识增强了，实战增多了，假以时日，队伍的能力一定能够提升，自然会去争取高质量代发业务——毕竟更快地完成任务，就会更多地得到奖励。果不其然，一段时间以后，户均代发人数与金额即开始上升，逐步达到之前的水平，并缩小了与系统内对标行的差距。

特别值得一提的是，A分行实施的公司客户发展策略——门当户对的战略客户，对于零售获客也起到了巨大作用。鉴于中小银行受资金实力及授信集中度等限制，并不能牵头满足大型企业的需求，大型企业很难成为中小银行实质上的战略合作伙伴。A分行决定寻找一批有成长性的中小企业作为真正的战略客户，全力扶持其长大，将这些客户作为公司业务最基础的客群。经过一年多时间，A分行拓展了近800户，并要求这些公司客户的工资代发都落在A分行。随着这些客户的快速成长，代发人数迅速增加，从几十人扩展到几百人的公司客户不在少数，还有的增加到上千人，有效助力了A分行的代发获客。

全员营销获客

全员营销获客是指银行利用员工的人脉资源营销"缘故"客户，主要获取中高端客户。银行在零售转型之初，零售条线的营销力量一般比较薄弱，动员组织非零售营销条线的广大员工开展全员营销，是获取中高端客户的主要方式。

全员营销的关键点在于以下三个方面。

其一，各级管理者应带头拓展私人银行与准私人银行客户。普通客户经理接触这些客户的机会及获得这些客户的能力一开始是有限的，而管理者尤其是中高层管理者，由于社会地位和可调动资源等便利，能接触到更多的高端客户，并对其有更大的影响力与说服力。管理者的自觉性至关重要，应当使他们懂得，其地位和资源是依附于银行的，用来为银行获客是理所当然的，这是责任，而不是负担。

其二，明确任务及考核激励机制。以总分行部门及支行为单元，依据管理者及非零售营销条线员工的人数，下达各层级客户全员营销任务。考核宜到机构，不宜到个人，毕竟银行实行专业化分工，获客并不是其他岗位员工（管理者除外）的分内事。奖金应有吸引力，主要兑现到个人。

其三，零售主管业务部门应做好辅助支持与过程管理。一般由财富管理部负责，应梳理产品、流程、服务等细节，并广泛宣导培训，及时解答员工营销过程中的疑问，必要时协助或陪同营销。对全员营销而来的客户，零售客户经理应做好后续对接服务，并与营销员工共享信息，确保客户和员工都有良好体验，从而促进全员营销的广泛开展。还应加强组织推动，如定期统计和通报相关数据、萃取和推广最佳实践案例、召开专门动员督导会议、营造"一把手工程"氛围等。

案例1-2

如何落实获客"一把手工程"？

"老大难，老大难，'老大'重视就不难"，这应该算是中国式管理的一个鲜明特点。对招商银行B分行来说，客群跨越式增长是"老大难"问题，理所当然应作为支行"一把手工程"。具体怎么做呢？

第一，明确目标。针对"及格线"（经测算为有效户3万户）以下的支行，设立有效户5 000户、8 000户、1万户、1.5万户、2万户、2.5万户、3万户等门槛，要求每个支行每年至少跨越一道门槛，鼓励多跨越几道——额外配置费用及奖金；对"及格线"以上的支行，也实行一行一策，如法炮制。

第二，落实责任。要求支行行长对获客指标负全责，作为其首要任务，增加考核权重，并实行评优晋升一票否决。考核是最大的指挥棒，由于实行了比较严格的考核，支行行长对获客的重视程度空前提高，认真组织全员营销包括公私联动获客。

第三，多元激励。运用考核之外的手段，激励支行行长全力以赴投身获客工程。这并不亚于考核的作用，在某种程度上甚至比考核还更起作用。事实上，越是优秀的管理者，越是注重挖掘关键绩效指标（Key Performance Indicator，简写为KPI）和奖金之外的激励手段——手段越多，管理越有效。B分行采用了以下激励方式。

督导激励。上级尤其是一把手直接、较真、密集地督导，犹如管理中"看不见的手"，能够成为推动工作的强大力量。B分行一把手每月甚至每周都关注各支行的获客报表，对于排名和进度落后的支行，或面谈，或电话，了解情况，分析原因，提出批评和要求。当一些获客不理想的支行行长求见时，对其使用激将法：获客任务完不成，不见。支行行长当然都不愿意被约谈，不愿意被拒绝见面，日常对获客工程自然抓得紧。压力就这样不打折扣地传导下去了，变成强大动力，各支行纷纷举全行之力获客。

荣誉激励。优秀的团队一定有极强的荣誉感，荣誉产生的动力胜过金钱。B分行不少支行行长的荣誉感一开始并不太强，这与招商银行其他分行为荣誉拼搏的状态反差较大。怎么去改变？以全行关注的获客工程为切入点，利用分支行的墙报、内部资讯平台，大张旗鼓地宣传，醒目标注先进支行与后进支行。在零售条线月度经营分析会上，首先通报获客情况，让先进支行上台分享好的做法，让后进支行上台报告改进措施。一些后进支行一开始不以为然，但几次三番后，发言逐渐务实起来，真正地找原因、想办法，会后认真落实。荣誉感终于被普遍地激发出来了，"比学赶帮超"的氛围越来越浓厚。而进入这种状态后，组织学习力与执行力必然不断增强，最终体现为工作成效。比结果更难能可贵的是，在此过程中沉淀了队伍凝心聚力同做一件事的"精气神"，极大增强了队伍未来攻坚克难的信心与勇气，而这正是优秀队伍成长之旅的起点。

赋能激励。管理一支队伍，首先应该明确"该干什么"，同时还应明确"该怎么干"。过去，B分行的各支行各自为战，作战方案、作战行动各行其是，作战成果自然参差不齐。于是，B分行要求零售管理部门在搜集了解支行获客方案的基础上，吸收好点子，制订统一方案，再由支行结合实际执行。这对原本就优秀的支行作用不一定很大，但对能力较弱的支行很有帮助，获客的效果得到明显提升。大多数支行能力都较弱，由此增加的产能汇集起来相当可观。当然，这对于B分行零售管理部门提出了更高的要求，像过去一样分指标、搞竞赛、发通报，是远远不够的。

分行的干部员工必须直扑一线，深入细致地研究获客工程中的各种问题与对策。经过实践锻炼，专业能力和服务意识得到不断提升。

市场外拓获客

市场外拓获客是指零售条线自身整合资源，走出网点、走向市场，获取各类客户。依赖公私联动或全员营销获客，长期（如三年以上）难以持续，容易引发抱怨，陷入疲态。因此，在举全行之力获客的同时，应重视培育零售条线自主获客能力。主要有两种方式。

其一，组织店周拓客。由网点领导负责，带领零售及运营条线员工，对网点周边的潜力客户实施网格化营销，包括小区、市场、商场、商铺、广场等场所。营销方式应依情况而定，陌拜扫楼扫街、摆摊驻点等笨办法必不可少，但应设法提高营销效果，如争取相关管理机构的支持进门，组织各种便民优惠活动吸引客户参加，通过客户中有影响力的人转介等。店周拓客主要利用现有的人力资源，有利于发挥物理网点的区位优势，应精心组织。

其二，组建外拓团队。零售获客不是一劳永逸的事，而是永远在路上，因此，有必要投入资源建立专职队伍，力争几年后在新获客中的占比达到50%以上。外拓队伍应以外包员工为主、正式员工协助、营销能力强的管理者牵头，配置到支行，初期可在分行或大的支行层面集中管理与作业。拓客方式应以商户收单及企业工资代发为主，不可长期停留在靠理财、信用卡等优势产品零星获客的阶段，否则，队伍的能力得不到锻炼，实现不了打造获客主力军的初衷。队伍的管理一开始就应该严格，低底薪、高绩效，优胜劣汰，同时健全培养体系。

链式输送获客

链式输送获客是指营销存量客户行外资金，从而提高客户层级并向上输送给相应层级客户经理，主要在财富管理条线内部完成。如前所述，零售转型的目标之一是形成从大众客户到私人银行客户的提级输送链条，成为中高端客群增长的主要来源。关键在于两方面。

一方面，应将客户提级作为理财客户经理的重要任务，明确每名客户经理年度、季度、月度的客户提级、流失与上送目标，随时抽查，要求每名客户经理都能说得清楚。定期严加考核，作为其职级评定、绩效奖金调整的重要依据。

另一方面，应加强对客户经理的过程管理与持续赋能，如下发潜在客户名单、明确产品策略与话术、追踪营销动作与效果、分享最佳实践等。对分支行的财富管理业务实行考核，也应将客户输送作为重点指标之一。

厅堂拦截获客

随着线上渠道与应用的迅速普及，来网点的客户越来越少，适当收缩网点，不失为可行的选择。但从总体上看，中小银行对网点的依赖并没有同步减少，仍须尽力发挥网点阵地营销作用。

具体着眼以下几个方面。

其一，应精心设计网点空间、环境、活动与服务，设法吸引客户来网点，做好面对面营销。

其二，大堂经理与柜面员工是厅堂营销主力，应明确考核激励与协同机制，做好话术尤其是一句话营销的演练。

其三，网点负责人是主心骨，应深入研究到店客群的特点与需求，探索实践合适的厅堂营销策略，不断提升联动效率与营销业绩。

其四，近年来，一些银行将柜员划到零售条线管理，保留少量高柜，将部分柜员安排在厅堂低柜办理非现金业务，同时加强营销，这条思路值得关注和探索。

异业联盟获客

与优质客户集中的异业平台合作，也是银行破解获客尤其是高端客户获客瓶颈的有效途径。比如，商会协会、高端医美、大型商场、品牌连锁、高级俱乐部等，都可与之结成双向获客联盟。关键在于抓住"三点"。

其一，抓住合作双方利益共同点，设计分享收益的双赢机制，以激励双方共享客户资源，把蛋糕做大。

其二，抓住易于挖掘的客户需求点，设计"钩子型"产品、服务与活动，以吸引客户关注参与，避免捆绑销售。

其三，抓住既有场景下营销切入点，设计触达、销售、售后端到端流程，以提高营销覆盖面及成功率，降低漏斗损耗。

线上引流获客

银行从互联网引流曾火爆一时，随着互联网经济步入下半场，应理性对待"流量"模式。一则随着所谓"90后"一代"互联网原住民"成长为银行重要客群，线上引流与经营客户是大势所趋，银行应该紧跟潮流，不能落伍于时代；二则借助强势互联网平台引流，逐利性客户居多，条件又比较苛刻，如缺乏有效的变现途径，应慎重合作，否则得不偿失；三则重点关注原有获客渠道的线上化改造，应仔细研究其目标客群、营销流程及关键成功要素，按照互联网营销规律加以改造，合理设置客户旅程与营销埋点，改善客户体验。

客户经营的体系

广义地说，银行的一切活动都可以称为经营，管理也是围绕经营展开的；银行经营的核心是客户经营，因为这是银行取得收益的最主要来源。因此，零售客户经营不仅与获客密不可分，与其他经营要素也密切关联。探讨零售客户经营，涉及面颇广，可以说零售转型新逻辑的十个方面都与此有关，或者说都以此为根本目的。

银行构建零售客户经营体系，总体分两个层面：一个是中高端客户，多数银行定义为AUM 5万元以上的客户；另一个是大众客户，即AUM 5万元以下的客户。

中高端客户经营

中高端客户经营的主要目标是增加财富中间业务收入,这是对银行来说最有价值的收入和盈利来源。中高端客户经营需要建立完整的体系,即财富管理体系,包括设置专门的组织架构、组建专职队伍、进行客户分层、引进各类产品、开展资产配置等。中高端客户经营体系庞大而复杂,关键在于打造客户分层、分户管户、集中经营这三大支柱。

客户分层

不同客群的特点与需求不同,越高端,差异越明显。对客户合理分层,是改善客户体验和贡献的必由之路。零售标杆银行的中高端客户一般细分为 AUM 5 万～50 万元、50 万～500 万元、500 万～1 000 万元、1 000 万～5 000 万元、5 000 万元以上等层级。针对不同层级,差异化配置队伍、产品、渠道等资源,使得服务的精细化与专业化程度大幅提高。一般针对 AUM 5 万～50 万元、50 万～500 万元、500 万元以上的客群,分别建立素质要求不同的理财经理队伍和含金量不一的增值服务体系。

中小银行在零售转型之初,中高端客户的数量与质量差距较大,可以适当简化或调整客户分层。如有的银行细分 AUM 20 万元、30 万元、100 万元、200 万元等客群,500 万元以上的客群则不再细分。一些中小银行虽然实行了客户分层,但相应的资源和服务并没有太大变化,差异化不够,失去了客户分层的固有意义,因而对于客户经营的作用有限。究其原因,主要是成本考量。针对不同层级客户组建专职队伍、组织客户活动、构建增值服务体系，都意味着增加投入——许多中小银行在这些方面的投入原本就相当欠缺。这类似于"先有鸡还是先有蛋"的问题，零售标杆银行的实践是先投入后产出。当然，中高端客户经营的难度大，不少银行投入之后产出不及预期。

也有银行试图从其他维度细分客群，如职业、年龄、学历、性别、区域、来源乃至爱好等，认为可以更好地体现客群的共同特征，有利于据此提高客群经营成效。这样复杂的客户分层有一定价值，但只有借助金融科技才能大面积实现。时至今日，几乎所有银行的财富管理体系仍然遵循 AUM 客户分层的逻辑，AUM之外的客群细分，主要还是作为客户标签辅助促进经营，尚未有银行将其作为客户分层的主体。

分户管户

中高端客户分层之后，每个层级的客户应由对应层级的专职理财客户经理分户管户，这是零售转型的必要条件。这不仅是实现一对一服务客户的必然要求，更是改善队伍管理与经营效益的必然要求。受人力资源制约，不少中小银行实行兼职管户及跨层级管户，这与零售转型背道而驰。其中道理显而易见，兼职导致精力不足，跨层导致专业不足，因而不能很好地服务客户，客户体验和客户贡献比专职分层分户管户的银行差得多。

专职分层分户管户，需要关注如何分配客户数量与质量，这从根本上决定着客户经理的产能。分给客户经理的客户就像分给农民的土地，如果差别过大，产出必定悬殊，不利于整个队伍的管理与成长。而且,客户数量和AUM多的客户经理,其产出的绝对量可能够高,但AUM的回报率可能并不高,实际上降低了对银行的整体价值贡献,某种意义上是银行客户资源的浪费,通俗地讲,就是客户经理占便宜而银行吃亏。所以,应明确基本的管户标准:一名客户经理,AUM 50万元以下客户管1 500户左右,AUM 50万~500万元客户管500户左右,AUM 500万元以上客户管200户左右。有的机构客户经理可管的客户数不够,可适当分配部分下层级甚至上层级的客户,但也应有上限规定。

客户经理执行分户管户,必须转变经营观念与行为。过去不严格分户管户,客户经理对客户营销更趋向于碰运气、"薅羊毛",不愿精耕细作,不利于实现客户与银行价值最大化。应让客户经理树立长期服务和经营客户的观念,首先下功夫做好客户的关系营销,即在分户管户范围内,将生客变熟客,将熟客变朋友。不少人有一个模糊认识,认为与客户培养情感的关系营销无关紧要,对客户销售产品的专业营销包打天下。实际上,这是在为不愿开展关系营销找借口,对队伍和业绩的成长是有害的。客户经理对客户的关系营销,与其生活中的人际交往有很大的差异——后者可以根据彼此是否有好感而有所取舍,前者却不能局限于此,不管是否相互喜欢,都必须和客户建立并维护良好的关系。而且,真正做好客户关系营销,需要持续投入时间、精力乃至费用,比一次性销售产品难度大得多。无疑,这些都不在客户经理的舒适区之内,并不是客户经理心甘情愿做的事。然而,"做生意先交朋友"的万能营销法则,同样适用于银行业,关系营销和专业营销同样重要,越是在专业营销能力薄弱阶段,越是要靠关系营销来

第一章 客户为王　51

弥补。因此，应在加强客户经理专业技能训练的同时，通过有效管理与教育引导，让客户经理充分认识到关系营销的意义，并艰苦细致、持之以恒地用心践行。

集中经营

对高端客户集中经营，是零售转型十分重要的举措，要想零售转型成功，就要将高端客户集中到财私中心（财富中心与私人银行中心）经营。网点的环境与条件有限，客户经理素质参差不齐，网点分散经营高端客户，不利于提高客户体验和经营成效。

将高端客户集中到财私中心经营的银行，经营成效明显高于那些财私中心辅助网点经营而非直接经营的银行。零售标杆银行财私中心业务与盈利贡献在财富管理条线占 1/3 以上，而其客户经理占比约 1/10；客户经理财富中间业务收入平均年产能超过 500 万元，超过 1 000 万元的也不在少数，顶尖的甚至超过 3 000 万元。因此，应建设高品位财私中心，招聘高素质客户经理，将高端客户集中起来服务与经营。当然，集中率不可能做到 100%，但可以逐步提高，如第一年实现 70% 左右，第三年实现 90% 左右。

真正做到高端客户集中经营的银行并不多，不少银行走过"回头路"。主要原因是网点和客户经理受客户资源私有化潜意识的支配，不愿意输送高端客户给财私中心。为此，一方面，应讲清道理和明确规矩：客户是银行的客户，不是哪一个人的客户，谁有权力将客户资源私有化？如果离开了银行，以个人名义，谁能获得客户？高端客户集中经营，对客户和银行都有利，谁有理由不执行？另一方面，应设计好利益分配机制，高端客户所有业绩可以双算给网点，这等于网点不花钱雇人做业务，网点负责人明白这个道理之后一般容易接受。个人计价的绩效可以在3、5年期限内按一定比例分配给原有的客户经理或营销人员，其间如岗位调整则取消，这意味着银行需要多付出一些成本，但由于初期客户和业务规模小，是可以承受的，与将来集中经营能增加的收入相比更是值得。

打造好了客户分层、分户管户、集中经营三大支柱，中高端客户经营即财富管理体系的主体框架就基本搭建起来了。当然，这个体系要高效运转，还涉及组织、队伍、产品、业务、渠道、科技、管理等诸多要素，这些在后文相应部分将分别论及。

大众客户经营

大众客户经营的主要目标是提升客户的AUM，成为提升中高端客户源源不断的"蓄水池"。零售标杆银行一般将日均AUM 1 000元以上的客户界定为有效客户，这是因为经验数据表明，日均AUM 1 000元以下的客户成功提级的比例大幅下降，以至于投入产出明显不合算。

大众客群经营和中高端客群经营有一个明显的不同，不依赖客户经理与客户一对一的紧密关系，至少依赖程度低。如果说中高端客群的经营更多体现为关系经营，那大众客群的经营更多体现为流量经营。此外，大众客群的经营与获客更多地融为一体，即通过相对简单的储蓄或理财产品销售以及短平快的促销活动，在获客的同时即使其转为有效客户，如以上提到的厅堂拦截获客就是典型场景。正因为如此，一些银行实行"开户即达标"策略，要求员工主要是网点柜员和大堂经理，在客户开立借记卡账户的时候，说服其转入1 000元以上资金。这种策略当然对提高银行的经营效率有利，但需要平衡好客户体验和监管要求，毕竟客户不转入1 000元以上资金也应允许开户并享受优质服务。

不像中高端客群经营形成了比较规范一致的财富管理体系，大众客群的经营涉及面广，各家银行的模式多种多样。从零售标杆银行的实践看，重点在于抓好三支队伍及建立一个模式。

大堂经理队伍

大堂经理队伍既是银行服务大众客户的形象窗口，也是经营大众客户的主力军之一。大堂经理在分流引导客户、协助客户自助办理业务、照顾客户排队等待的服务过程中推介和促成相关产品成交，对客户的营销往往寓于服务之中，因此，应当将服务摆在第一位，服务好客户，让客户满意。如果客户对服务不满意，营销就无从谈起，即使勉强营销，效果也不会好。为缓解正式员工编制的压力，许多银行采用业务外包方式配置大堂经理，客户与费用资源丰富的网点配置多名大堂经理。他们中的大多数学历背景不一定有优势，但经过科学的训练和管理，完全能够在服务好客户的同时，进行客户营销。不少优秀大堂经理的产能并不逊色于理财客户经理，不仅手机银行、信用卡及关联还款等功能性产品的业绩在全行的占比能够超过1/2，储蓄、理财、保险、基金等财富产品的业绩占比也能够接近或超过1/4。根据合规要求，大堂经理对开户及财富管理产品只能推荐给运营柜员或理财经理办理，所以，需要精心设计并打磨联动营销与利益分配机制。特别是利益分成应能充分调动双方积极性，不能出现有人内心不满的情况。管理者应当制定并明确大家都赞同的相关规则，包括员工之间友好协商机制，并及时发现和消除不和谐的现象与声音，营造协同营销的良好氛围。

运营柜员队伍

运营柜员在客户心目中是银行的当然代表，最受客户的信任，具备客户营销的最有利条件，银行应当充分挖掘柜员进行大众客户营销的潜力。首先，建立柜员营销激励考核机制，对柜员营销各类产品给予有吸引力的计价，如有条件加大激励力度，可对柜员柜面营销业绩进行一定权重的考核，将其专业序列评定、绩效等级、奖金与营销业绩挂钩，对总分支运营管理部门及负责人也明确相应考核激励办法，各种荣誉表彰体系覆盖运营条线的机构与个人；其次，加强对柜员的营销赋能，组织分支行专项集中培训和网点晨夕会培训，提高柜员营销及产品知识技能，设计推广"一句话"营销流程与话术；最后，畅通柜员职业生涯通道，建立柜员转零售营销队伍主要是理财经理队伍的机制，督促柜员积极参加相关专业培训和银行、基金、保险从业资格考试以及 AFP、CFP 等证书考试。

市场外拓队伍

正式员工加编外员工组成的市场外拓队伍在做好获客的同时，应针对细分客群深度经营。一是代发客户深度经营，鉴于传统进企摆摊设点方式效率越来越低，应考虑借助信息科技手段，在开发功能强大的代发工资业务系统之外，可整合人力、财务、办公、供应链管理等信息系统，为中小企业提供系统集成服务，以此绑定中小企业，并通过线上渠道触达和经营其员工；二是店周客户深度经营，在增加与价值客户联系频次以及深化客户关系的基础上，整合周边商户资源，尝试构建围绕客户生意或生活的生态圈，以客户资源为筹码取得商户优惠、便利、让利客户；三是场景客户深度经营，针对收单商户、校园等细分场景获取的客户，深入研究并针对其需求与痛点，开发有竞争力的产品与服务，促活客户，增加 AUM。

DTOW 模式

随着金融科技的进步及客户金融消费行为的变化，经营数量众多的大众客户，越来越需要利用 O2O（Offline to Online，从线下到线上）模式。特别是不少城商行与农商行拥有庞大但不活跃的大众客群，迫切需要借助 O2O"活客"。可考虑构建 DTOW 一体化经营体系：一则强化大数据用例，针对潜力较大的细分客群，建立和完善客户画像、客户数据与营销模型，实行大数据营销；二则建设强大的远程银行，在做好传统坐席咨询服务的基础上，依托数据尤其是手机银行客户行为数据，实时推送给客户经理开展精准营销；三则优化网点营销流程与方式，无缝承接线上推送或引流到线下的客户，智能化挖掘到店客户的信息与商机，提高客户营销成功率及交叉销售率；四则将客户导入企业微信，构建自主私域流量，利用统一平台解决客户资源私有化、随客户经理流失以及合规销售等问题，培育效率更高的新的营销渠道。

第二章
服务为上

朝华之草，夕而零落；松柏之茂，隆寒不衰。无论是古木参天，还是茂林修竹，树干作为树木的身体骨架，不仅承托整棵植物，用木质部运输水分和营养，还用年轮记录着树木的每一岁成长。没有一个挺拔强壮的躯干作为支撑，树木绝不可能高耸入云、问鼎苍穹。于银行零售业务而言，好的服务就如同苍劲挺拔的树干一样，不仅能为银行有效获客带来坚强保障和信心，还能为银行的留客、活客和黏客提供长效支撑。所谓服务，是银行整合各种资源，通过各支队伍，借助各种渠道，将各种产品提供给客户的过程。从广义上看，银行属于服务业，所有经营管理行为都可称为服务。从狭义上看，服务是指面向客户的信息交流及产品交付行为，涉及服务渠道、服务队伍、服务管理以及产品与增值服务等诸多要素。这里探讨的服务，主要针对关系客户体验的部分，产品与增值服务更多偏重营销性质，故不专门探讨。客户服务是零售银行经营服务的支柱，零售转型应以服务为上。

服务为上的内涵

所谓服务为上，就是强调要在零售转型中将提升服务水平作为长久之计。中小银行的零售客户多为老客户，不少还是在信用社时期开拓的，客户忠诚度比较高，对银行服务比较满意。从这个意义上说，中小银行的零售客户服务水平起点并不差。但是，随着零售转型后客群的增加，特别是高端客群的增加，以及财富管理体系的建立，中小银行的客户服务面临诸多挑战，需要通过有效管理，夯实服务基础，形成服务口碑。

服务溢价

银行的客户普遍关心银行能够给其带来的利益，只不过敏感程度略有差异。比如，都希望存款利息和理财收益高一点儿，贷款定价低一点儿，各种优惠和礼品多一点儿。面对客户的逐利性，银行或多或少都要让利给客户，银行同业之间在这方面的同质化竞争不可避免。

实践表明，服务优质的银行在价格战中可以享受到溢价，即收益率低于同业的财富管理产品,或者利率高于同业的个贷或信用卡产品,同样能够实现销售并享有较高的市场份额。如此,这些银行就可获得高出同业的收益,提高盈利能力。

优质服务之所以能够产生溢价,就在于优质服务本身对于客户的价值。银行主要是客户经理提供优质服务,离不开通过热情周到贴心的各种服务,给客户好的体验和感受;送给客户满意的礼品,或者安排客户参加各种优惠活动;帮助客户解决问题,包括银行业务之外的问题。这些服务不仅能给客户带来实在的利益,而且能给客户带来心理的满足与愉悦感,并与客户建立"人情"关系。我国是一个"人情"社会,且注重礼尚往来,因此,银行客户经理在服务客户过程中与客户发展出来的"人情",能够促使客户接受收益率较低的财富管理产品或者利率较高的贷款产品。

优质服务的溢价也是有限度的,超过了一定的限度,"人情"抵不过利益。以理财产品为例,有银行曾进行过这样一个沙盒测试:在手机银行上将几只理财产品的收益率逐次减少 5bp(Basis Point,基点),观察其销量,最后发现销量下滑的拐点出现在下调 25bp 之后。由此得出结论,优质服务溢价在 20bp 以内,即当本行理财产品收益率比同业低 20bp,其销量能够维持在正常水平。

按照服务溢价为 20bp 测算,一个理财规模达 1 000 亿元的银行,通过改善服务获得服务溢价,即可以增加 2 亿元的利润。由此可见,优质服务不仅有利于银行获取和留住客户,还能直接给银行带来盈利,银行以服务为上理所当然。

服务替代

在零售转型初期，中小银行获取和经营客户尤其是中高端客户，不得不依靠高收益产品。以招商银行为例。其 2005 年开始零售转型，就是利用理财产品获取金葵花客户（AUM 50 万元以上）。当时，同业几乎都没有发行理财产品，招商银行的理财产品与存款竞争，收益率优势自然十分明显，因此获得了大量中高端客户。2007 年，招商银行在启动私人银行业务后，也是依靠信托产品获取私人银行客户（AUM 1 000 万元以上）。当时，信托产品不仅风险小，而且收益率高，对高净值客户很有吸引力。短短几年时间，招商银行的私人银行客户数量即超过国有银行，雄踞国内银行业第一。据粗略统计，2007 年之后的 10 年间，招商银行给私人银行客户提供的这类信托产品发行量上万亿元，余额 4 000 多亿元，给客户创造收益数千亿元。不仅招商银行如此，其他银行在零售转型之初，同样依靠各类高收益产品获取和经营客户，可以说没有例外。

然而，银行从业者一般都懂得这样一个基本道理：商业银行是经营风险的行业，靠承担风险获取收益，而收益与风险是匹配的，低风险意味着低收益，高收益意味着高风险。给客户提供高收益产品，意味着相应的底层资产风险也高。虽然按照资管新规，这类产品属于代客理财，风险应当由客户承担，银行应当打破刚兑，但实际上，客户仍预期银行刚性兑付。而银行，尤其是品牌与实力较弱的中小银行，顾虑自身信誉及可能引发危机，不得不尽力避免出现产品亏损。所以，银行开发高收益产品，本应配置高风险资产，但不能提高风险偏好。这样一来，客户希望高收益而不愿承担高风险，银行期望低风险但不得不给出高收益，结果只能是银行让渡收益，银行的盈利能力得不到保障。不仅如此，随着同业竞争和优质资产荒加剧，银行低风险的愿望事实上也渐行渐远，被动走向高风险、低盈利的困境。这与零售本身所具备的低风险、高盈利的潜力是背离的，长此以往，银行非但不会成于零售转型，反而会毁于零售转型。

出路何在？只有一条路，那就是靠优质服务替代高收益产品。如上所述，优质服务可以让银行享受到服务溢价，产品收益率比同业低还能维持销量。这有利于银行组织资产时平衡风险与收益，并有利于平衡客户利益和银行利益。从走出高收益产品致命陷阱的角度看，银行也应该以服务为上。

服务属性

众所周知，银行所属行业为服务业。银行的服务业属性，决定了银行必须把优质服务摆在首位。

服务业包括哪些？根据我国产业划分，农业为第一产业，工业为第二产业，服务业为第三产业，涵盖工业与农业之外的所有行业。另据世界贸易组织统计和信息系统局（SISD）的国际服务贸易分类表，国际服务贸易分为11大类142个服务项目。这个分类表基本上包括了服务业的主要范围：商业服务、通信服务、建筑及有关工程服务、销售服务、教育服务、环境服务、金融服务、健康与社会服务、与旅游相关的服务，以及娱乐、文化与体育服务、运输服务。

服务业一般包括三个特征：第一，无形性，不像农业、工业生产的产品，服务在体验之前是看不见摸不着的；第二，依赖性，服务依赖于服务人员，甚至可以说服务与服务人员是统一而不可分离的；第三，不确定性，不同的人甚至同一个人的服务质量是不一样的。对银行服务而言，这些特征更加鲜明。

正是由于服务的这些特点，要保证好的服务质量并不是一件容易的事情。也正是由于不容易，一旦哪一家做到了优质服务，就能发展为核心竞争力。在服务业，要想成为佼佼者，服务质量好是必不可少的条件。很多脱颖而出的优秀企业，成功的奥秘就是拥有比同行更好的服务，如日本的7-11便利店、美国的西南航空公司、中国的海底捞等。

在银行的核心竞争力中，服务同样是最重要的选项。没有任何一家好银行的服务差，服务差的银行不可能成为好银行。客户是否选择一家银行或留在一家银行，排在首位的因素是这家银行的服务质量。银行产品同质化程度很高，即使有新产品问世，同业很快就会模仿跟进，用不了多久即回归同质化竞争。而服务由于其无形性、依赖性、不确定性等特征，很难被完全复制，即使做到了形似，也难以做到神似。从某种意义上来说，银行做到服务好，比做到业绩好还难，需要立足自身客群、队伍、渠道、产品等实际，通过体系化设计并精细化落地，假以时日，沉淀为核心竞争力。

银行的服务业属性，决定了银行之间的竞争首先是服务的竞争。一家银行只有做到优质服务，才能立于不败之地。服务竞争不如业务那么直观直接，服务管理不如业务那么立竿见影。正因为如此，不少银行管理层对于服务的意义、特点并未准确把握，对于服务的重视与投入不够，这是零售转型中应当着重解决的问题。优质服务做到不易，保持更不易，必须始终坚持问题导向。

服务渠道的升级

客户对银行的第一印象来自渠道，要改善服务，首先应当对各服务渠道进行升级。从现实情况看，物理网点、手机银行和远程银行是三大服务主渠道，是渠道升级的重中之重；个人网银、微信银行虽然是后兴起的线上渠道，但随着金融科技的进步和用户行为习惯的改变，已逐渐成为辅助性渠道；离行式自助设备随着手机银行及三方支付的普及，使用率越来越低，正在被裁撤。

物理网点升级

步入金融科技时代，基于到网点的客户锐减这一现实，国外不少银行为降低成本、增加效益，纷纷大量裁减网点，减少1/3、1/2的不在少数，有的甚至裁减2/3。国内银行，主要是一些网点多的国有银行、城商行、农商行，近年来也在裁减部分网点，但由于成本压力和成本管理与国外银行相比差距较大，裁减数量少得多。基本可以确定，在可预见的将来，国内银行服务客户最主要的渠道还是物理网点，因此不太可能大规模撤并网点。

适应零售转型需要，中小银行物理网点需要从以下方面实现更新升级。

网点布局"轻型化"

过去，大多数银行"财大气粗"，对网点面积和租金的控制较松；而如今，网点成本越来越成为银行沉重的包袱，因此，对于大面积、高租金以及产出不高的网点应逐一分析。产出偏低且潜力不大或过密区域的网点应坚决撤并，这样既能减少网点固定成本，又能缓解柜面人员紧张。新设网点应轻型化，除少量旗舰网点之外，应大幅减少网点面积，大多数网点可控制在200~400平方米；还可尝试与社区或商业伙伴合作，利用其免费或低租金场地设立非持牌的金融便民服务点，达到服务触角的低成本延伸。如果在不增加甚至减少成本的前提下，能增加多种类型的网点或服务点，并合理布局，这对于提升零售业务竞争力无疑大有益处。

网点分区"私密化"

很多中小银行原有网点分区不合理，没有针对中高端客户设置私密的服务空间，只设有VIP窗口或者非常简陋的VIP室。随着零售转型发展财富管理业务，客户经理需要一对一服务中高端客户。由于网点没有设置私密的服务场所，客户经理不得不在大厅与中高端客户交流，结果客户存有戒心，不可能充分互动，而且在排队时还容易引起普通客户的不满，以致各方都尴尬。另外，许多网点设置多个现金窗口，但由于到店客户越来越少，银行减少柜员配备，窗口不能全开，通常不开的比开的还多，同样容易让排队的客户产生抱怨。因此，顺应网点由交易向销售转型的大趋势，应最大程度减少现金柜台，重点突出财富管理，设置针对中高端客户的私密服务区域及组织客户活动的空间。

网点运营"科技化"

在金融科技时代，物理网点同样需要应用金融科技提高业务效率，改善客户体验。从叫号机到自动取款机（Automated Teller Machine，简写为ATM），到智能柜员机（Intelligent Teller Machine，简写为ITM），再到远程视频柜员机（Virtual Teller Machine，简写为VTM），各种智能自助设备不断迭代更新，中小银行应当在财力支撑的情况下适当引进与增配，同时加强大堂经理和柜员的考核管理以及客户分流动线管理，提高设备使用率和柜面替代率。值得注意的一个相关问题是，对员工引导客户自助办理业务不能过分考核激励，否则容易让员工和客户都不满意。着眼更高层面，应探索实现O2O无缝衔接。对于一些需要来网点办理的业务，可以进行线上预办理，比如预填单，以节省客户和员工的时间；还可以通过大数据事先精准触达客户，开展营销，并提出对客户到网点后的交叉销售策略建议，推送网点相关岗位员工执行。

网点环境"美观化"

不少中小银行的网点比较陈旧，装修设计理念落后，给客户的直观感受和先进同业不在一个档次。应当学习借鉴同业标杆网点视觉形象识别系统（Visual Identity，简写为VI）的最新成果，制定网点VI规范并确保执行，提升网点整体形象品位与档次。在设施、软装、用品等细微之处体现客户关怀，营造美观温馨的氛围。同时，加强网点日常维护，定期或者不定期检查，确保硬件环境的一致与整洁，防止脏乱差给客户带来不好印象。

实践证明，网点环境的改善对业绩提升有明显促进作用。一方面，能吸引更多的客户，特别是愿意来网点的老年客户，从而获得更多客户与营销机会；另一方面，能让员工增加愉悦感和自豪感，进而提振信心和士气。

手机银行升级

手机银行日益成为银行服务客户的主渠道。中小银行的老年客户较多，使用手机银行的比例较低，但经受新冠疫情冲击之后，这种状况将发生改变，更多的老年客户将成为手机银行用户。适应客户行为习惯的改变和同业之间的竞争，并考量渠道成本的优化，中小银行应当投入资源，运用先进金融科技，不断创新迭代手机银行版本，提高客户满意度和使用率。

作为后来者，中小银行手机银行创新迭代应综合考虑并顺应以下趋势。

便捷化

立足于提高柜面业务替代率，将客户高频办理的柜面业务有计划地在手机银行上开发上线。在安全可靠的基础上，应追求极致客户体验，以此促进客户更多地使用手机银行。为此，需要穿越客户旅程，针对客户使用操作中的每个节点和细节精心打磨，实时监测客户体验，及时改进客户服务断点、痛点、槽点，尽可能让客户感到方便、快捷。针对一些数量庞大的客群，如老年客群，可考虑推出定制版本。同时，还需要不断拓展和改进手机银行与其他渠道的连接，方便客户联系网点、客户经理、远程银行、ATM、ITM等，使手机银行成为客户获取银行服务的首选。

智能化

运用大数据和人工智能技术，快速提升手机银行精准客户营销的数字化经营能力。对客户细分，力求千人千面，在不影响客户体验的前提下合理设置埋点，智能推荐或推送合适的产品、服务与权益。上线智能客服、智能搜索、智能引导等功能，开发智能化存款、贷款、理财等产品，让客户体验到比网点更方便多样的服务。甚至可以尝试5G和元宇宙等技术，利用3D建模、智能交互、智能语音语意识别等手段，在手机银行上搭建虚拟营业厅，实现业务办理、营销活动、投诉建议等高度仿真的营业厅服务内容。

场景化

完善手机银行支付功能，打通或依托三方支付，智能化拓展各种场景，如智慧校园、智慧食堂、智慧物业、智慧社区等，打造覆盖客户衣、食、住、行等领域的非金融高频服务生态圈。同时在手机银行上打造分支行服务专区，赋能分支行开展属地化线上营销活动，提升场景化获客与活客能力，助力网点店周经营。

开放化

一是开放账户，手机银行支持他行账户相关服务，从而增加对他行客户触达营销的机会，以扩充客户来源。二是开放场景，手机银行大量引入外部小程序，进一步丰富场景资源，逐步构建本行场景生态。三是开放产品，推广电子账户开立，针对电子账户部署专属的产品及相应的活动与权益，扩大线上自主获客能力。四是开放营销，针对重点产品与高频功能做成小程序、H5，支持客户和员工随时通过微信好友和朋友圈分享到客户。

手机银行迭代优化应当学习互联网客户体验管理的理念与方法，聘请专业机构，科学开展用户访谈和竞品分析。用户访谈可采用问卷、电话或人工调查法，辅之以若干由专家组织召开的真实客户的小型焦点访谈，以获得有价值的用户建议。竞品分析可采用R-BOX分析模型（"R"即Resource，资源层；"B"即Business，商业层；"O"即Operation，运营层；"X"即Experience，体验层），解构竞品的优劣势，进而确定本行赶超策略。

手机银行的推广应用也十分关键。要以大堂经理、外拓经理、理财经理、网点柜员等队伍为重点，推动手机银行的下载工作，对于新增客户争取全覆盖，对于存量客户不断提高覆盖率。要配备必要资源，不断提升手机银行月活跃用户人数（Monthly Active User，简写为MAU），同时促进MAU向AUM转化，避免片面追求MAU而导致客户逐利化。

此外，要合理规划手机银行与信用卡App，资源允许可分开运营，资源不足则宜合二为一。

远程银行升级

远程银行介于线上渠道与线下渠道之间，在中小银行零售转型构建O2O服务与经营模式中占有特殊位置。一方面，远程银行通过人工坐席为客户提供咨询或业务办理服务，作为网点服务客户的延伸，更多体现为线下渠道特性；另一方面，远程银行利用大数据和人工智能技术，通过智能外呼触达客户并开展营销，辅之以部分意向客户人工促成销售，则更多地体现为线上渠道特性。远程银行的成本同样介于线上渠道与线下渠道之间。对中小银行来说，不仅传统物理网点成本高企，手机银行等线上渠道建设初期也需要巨额投入，而对远程银行的投入相对能够承受，因此，应当优先考虑。

中小银行的远程银行业务普遍薄弱，只开设少数坐席人员接听电话，可从以下方面升级。

传统服务

中小银行的远程银行业务一般比较弱小，有的银行甚至全部或部分外包。应健全远程银行业务办理功能，在控制风险的前提下，覆盖尽可能多的柜面业务，并不断迭代系统和流程，最大限度便利客户。同时，适当补充坐席服务人员，建立有效的培训体系，实行专业化、人性化管理，合理考核激励，营造良好文化，提高处理客户咨询投诉与业务办理的效率和质量。运用人工智能、大数据等金融科技，借鉴客户喜闻乐见的视频直播等模式，创新服务客户方式，以更少的人力服务更多的客户，给客户更好的体验。

流量营销

出于投入产出考虑，大众客户不可能像中高端客户一样由人工一对一经营，通过远程银行触达营销是很多银行的选择，尤其是随着智能机器人外呼技术的进步与广泛应用，远程银行流量营销更受重视。可组建专门销售队伍，从客户信息确认、信用卡分期、理财产品、个贷催收等做起，由易到难，逐渐扩大销售范围与产能。一些中小银行的实践证明，远程银行实现的理财等较易销售产品的总销量与人均销量，可以达到其中等分行的水平；有的银行还与保险公司合作，销售难卖的保险产品，效果也比较可观。

客户经营

对于 AUM 5 万~50 万元客户的经营，标杆银行一直以来采用客户经理一对一服务模式，但对中小银行来说，按照管户标准需要配备大量客户经理，而其产出有限，连人工成本可能都覆盖不了。这主要由于客户经理的职业素质和客户质量难以和标杆银行相提并论，而且越来越多的客户习惯线上服务。鉴于此，以远程银行为主来经营 AUM 50 万元以下的客户，不失为值得探索的解决方案。一些银行尝试过远程坐席客户经理线上一对一管户，但成效不佳，因为通过电话取得客户信任和建立密切关系殊为不易，时间成本比线下高得多；而对这些客户进行流量销售，基于大数据，尤其是从手机银行获取的客户行为数据，分析客户的购买意向，适时推送相关坐席人员，开展相应产品的精准营销，绩效明显提升，人均产能甚至可以达到网点优秀客户经理的水平。

训练基地

在网点流量客户日益减少的今天，银行更加需要通过电话访问邀约客户来网点，因此，电话访问是客户经理甚至可以说是银行全员应知应会的一项基本技能。电话访问技能的训练简单依靠课堂培训与演练是远远不够的，需要在岗实战训练，即参训人员开展真实客户电话访问，培训师针对名单筛选、策略制定、话术准备、异议处理、事后复盘等环节当面辅导督促。初期需要聘请专业公司，但成本高昂，不可能大面积覆盖，有必要让远程银行中心承担此项职能，成为电话访问技能训练基地。

技术保障

远程银行技术近年来加速更新迭代，基于大数据与人工智能等金融科技，语音服务、文本服务、视频服务能力不断提升。中小银行应构建具备良好延展性的远程银行系统开放架构，持续迭代智能语音助手，提高客户服务、业务办理、外呼营销效率；持续迭代智能文本系统，打通手机银行文本 AI，实现文字、语音、视频随时切换，业务场景一键触达；持续迭代视频客服平台，助力智慧厅堂建设，赋能基层厅堂及外拓营销服务。此外，质检系统也应智能化，优化质检模型，拓宽应用范围，保证服务质量与合规营销。

队伍的服务水平

银行服务质量的决定性因素是人，客户体验和满意度最终取决于客户服务队伍。打造优质服务金字招牌，渠道、产品、活动、场景、生态等要素都需要一并改进。但这些方面的短板往往一时难以补齐，可选择服务队伍作为突破口，以点带面带动客户服务水平的较快提升。推动队伍服务水平向优质服务靠拢，需要从服务意识、服务境界、服务形象、服务技能、服务精神五个维度入手。

服务意识

银行从事零售服务的员工，主要包括大堂经理、运营柜员、理财经理、个贷客户经理、信用卡客户经理、远程银行人工坐席等，他们首先要增强服务意识，这是做好服务的前提条件。而增强服务意识，关键在于正确认知自己的岗位性质，将自己与客户的关系定义为服务与被服务的关系，牢记不遗余力服务好客户是职业的首要准则，尤其在面对某些客户需要放下身段、承受委屈时，能够平心静气、习以为常，而不会有"凭什么要我这样对他"等愤愤不平的念头。应当使员工认识到，工作中与客户相处和生活中与人相处最大的不同是，自己与客户的关系是不对等的，要像很多服务行业倡导的那样，客户就是我们的上帝，客户永远是对的，即使错了也是对的；和客户能够讲的唯一道理，就是服务好客户是我们的天职。当然，这是总体的要求，当个别客户蛮不讲理、无理取闹时，银行也应当有效地保护员工。

服务境界

从客户体验角度，银行员工服务层级可细分为三重境界：第一重境界是让客户满意，员工对客户的服务热情礼貌、贴心周到，让客户感到宾至如归、如沐春风，没有明显感受不好或挑剔不满之处；第二重境界是让客户惊喜，客户体验再好的服务，时间久了，难免习以为常，甚至产生体验疲劳，因此，需要不断有创新之举，让客户耳目一新，感到意外和惊喜，从而吸引和留住客户；第三重境界是让客户感动，"满意""惊喜"还只是停留在客户的表层感受，"感动"即触动客户的情感和内心，才是更强烈持久的深层感受，一旦达到了这种服务的最高境界，客户关系就能实现质的飞跃，与客户成为朋友乃至知己。很多成功案例的经验表明，感动客户往往"功夫在诗外"，除了给客户提供良好的金融服务，更重要的是帮助客户解决金融服务之外的难题，包括其本人和其家人工作或生活中的各种困难。

服务形象

爱美之心人皆有之，作为服务业的从业人员，首先要给客户带来美的感观。客户眼中的美当然首先与颜值相关，因此，对直接接待客户的岗位员工的身材，尤其是气质等条件应有一定要求，在招聘时把好关。招聘和培养银行服务岗位的员工的"后天气质"也尤为重要。日常生活中经常见到，一个人整体给人美感，银行应该照这样的样板去塑造员工的形象。其中，妆容装饰、衣着打扮、言谈举止都很关键。银行应制定专门规范，通过有效培训、监测、考核及日常督促，让员工始终以良好形象气质展现在客户面前。这里牵涉很多细节，细节决定成败，要使成百数千乃至数万人日复一日坚持把细节做到位极不容易，但要向优质服务水平靠拢，别无选择。

服务技能

客户对银行服务的感知,首先是网点的环境面貌与员工的形象态度,但最后还是离不开业务本身。如果一家银行的员工办理柜面交易等常规业务效率低下、差错频出,涉及财富、个贷、信用卡等专业性强的复杂业务则一问三不知,那客户对银行服务的评价肯定够不上优质服务的等级。为此,应梳理各岗位员工服务客户的操作性知识与技能,开发通俗易懂的实用课程,建设模拟作业环节,持续组织岗前培训及在岗训练,并通过"比武""抽查""考评"等手段,督促员工认真学习训练,提高办理常规业务的效率与准确率,减少低级差错;对于处理复杂业务所需的专业知识和技能,包括产品特性、市场走势、经济形势,以及客户邀约、寒暄赞美、异议处理、业务促成、售后服务等,要选择有丰富实战经验的好老师,尤其是本行最佳实践的创造者,按照符合岗位人才成长规律的学习路径有计划地授课辅导,经过持之以恒的艰苦努力,逐步提高员工的专业素质和专业能力,最终靠专业增加客户的信任。

服务精神

银行服务并不复杂,但需要重复做,而简单的事情重复做十分考验人,不少人都容易产生疲劳感。例如,保持良好的形象与状态,热情问候和对待每位客户,不厌其烦地解答客户的问题,天天都要如此,就很难做到。另外,一线员工天天面对数量众多、个性迥异的客户,时时承受业务差错与客户投诉的巨大压力,处于高度紧张状态,更容易加剧服务疲劳。员工难以避免的服务疲劳是优质服务的大敌，如何克服？单靠考核检查的压力是远远不够的，根本在于精神力量的支撑。应对员工反复宣传银行的服务理念，让全员知晓并发自内心认同，形成强大精神动力对抗服务疲劳，不断追求服务的高境界。另外，建立员工心理疏导机制也很有必要，特别是对远程银行、投诉处理、不良催收等机构或岗位，可聘请心理咨询师，及时对在服务中严重受挫或心理比较脆弱的员工给予辅导援助，以免这些员工长期压力积累损害健康，影响整体服务质量。

案例 2-1

如何打造优质服务金字招牌？

招商银行 C 分行在 20 世纪 90 年代中后期，通过创新提升客户服务水平，促进业务发展，成为全行乃至国内银行业优质服务一面经久不衰的旗帜，一直为招商银行内部及同业所学习借鉴。

C 分行重视服务，在一定程度上是被"逼"出来的。那时，东北地区国有企业改制分流、关停并转，银行公司业务市场急剧萎缩，作为新成立的分行，靠公司业务难以生存，时任行长认为只有发展零售业务一条路，而发展零售业务，首先要抓好服务。

经过深思熟虑，C 分行行长认识到：抓服务的关键在于抓队伍，抓队伍的关键在于转变观念。于是，他反复给员工讲道理："客户来网点不是来麻烦我们的，是来送工资奖金的，他们是我们的衣食父母，我们理所当然要服务好他们。"针对当时银行"门难进、脸难看、事难办"的现状，要求员工站立服务、微笑服务、热情服务，即使客户投诉或发难，也要保持良好服务态度。

同时，该分行在许多服务细节上精心打磨，广受客户好评，并形成口碑广为传颂。

实行新的装修规范，要求网点宽敞明亮、干净整洁，包括卫生间，都要达到星级酒店水平，并在营业区摆上鲜花。冬天有员工在门口给客户扫鞋，以免雨雪天大堂泥水满地，不仅影响美观，客户还容易摔倒。网点环境焕然一新，一下子就拉开了与同业的差距，赢得了客户的好感和好评。

网点给客户提供免费牛奶，一时成了全市市民热议的话题，连出租车司机和乘客聊天时也会提到。其间还有一些小插曲。有的网点员工发现，早上一开门就有客户带着油条来，什么业务也不办，就要一杯牛奶解决早餐。于是员工向上反映："是不是停供牛奶？这样下去，全市的人都来网点喝牛奶，怎么负担得了？"分行行长洞察人性，说人终归是好面子的，多喝几次就会办点业务，成为我们的客户，所以不用担心，坚持上牛奶。免费牛奶让 C 分行赢得了广泛关注和大量客户，事后看来，这比花钱做广告或引流客户的成本要低得多。

一到下雨天，就让员工在门口给路过的行人免费发放雨伞。雨伞颜色鲜红，只印着招商银行的标识，因为批量定制，价格也不贵。这样，不时出现大街小巷都是招商银行的移动广告的壮观景象，给招商银行带来了一般广告所不及的品牌传播效果。此后 20 余年至今，招商银行全行一直都在用这款曾经为该行品牌营销立下汗马功劳的大红伞。

彼时客户到网点办理业务都要填写纸质单据，一般银行的填

第二章 服务为上　　77

单台上，签字笔磨损严重，出水不畅，而且担心被人拿走，用一根脏脏的绳子拴住。C分行则用小号的木质笔架插上干净的新笔，消除了客户不好的感受，让客户感觉到招商银行与其他银行不同，处处在用心对待客户。同样出现过有客户顺走笔架和笔的故事，分行索性打上标识作为宣传品，客户喜欢即可赠送。

银行最愿意比存款。原先C分行的存款任务完成情况在全行排名靠后。一段时间后，其排名不断前移，而且非常稳定。了解原因，是其存款中储蓄存款占了大头，而不是像其他分行一样公司存款占比较大。怎么做到的？就是通过优质服务迅速获客，大量发"一卡通"。

榜样的力量是无穷的。当时，招商银行刚刚推出后来被誉为里程碑式的革命性产品"一卡通"，要求各分行发卡，但各分行并没有真正重视。一则认为靠发卡增加储蓄存款很慢，效果远远不及公司存款，那时的"万元户"就是很有钱的人；二则很多客户还是习惯纸质存折，对于银行卡还存有疑虑，而且用卡环境也不完善，使用起来不方便。但C分行的成功表明，发"一卡通"抓储蓄潜力很大，不仅能提升存款规模，而且能稳定增长，更重要的是，不像抓公司存款那样高度依赖人脉关系。无须总行号召，很多分行自行到C分行组团取经，不久即在全行掀起了大发"一卡通"、大抓"储蓄"的热潮。全行的零售业务由此比其他银行更早起步，为几年后的零售转型奠定了宝贵的基础。

在各分行向C分行取得的真经中，影响最深远的是：零售的关键在于优质服务，而优质服务的关键在于抓好队伍。

服务管理的体系

随着零售转型的推进,银行的客户以及网点和人员会大量增加,客户服务质量将面临下降的压力。一方面,客户投诉即使比例不上升,客户量大增必然导致投诉量大增,并反映在银行高层、监管、媒体等重要渠道上的投诉案例陡然上升;另一方面,新员工即使培训到位,业务的熟练程度及处理客户问题的能力常常不如老员工,整体服务质量自然有所下降。

如前所述,零售转型需要以服务为上,向标杆银行的优质服务水平靠拢,但零售转型本身会给服务带来巨大挑战。怎么办?银行服务面广泛,服务网点众多,如管理不到位,无法保证服务品质,"运动式"地抓服务管理,短期可能见到成效,但长期并不可靠,必须依靠体系化推进。只有建立比较完整的服务管理体系,从根本上夯实服务管理的基础,才能不断发现各种瑕疵加以改进,或萃取创新经验加以推广,从而确保服务质量稳步提升,尽快达到并持久保持优质服务水平。

构建服务管理体系,首先要保证必要的组织和人力资源配置,如在总分行设立专门机构或专门岗位,在支行网点明确兼职管理人员。具体而言,以下八大体系对于服务管理至关重要。

服务标准体系

许多中小银行只有一个通用服务标准,明确着装、妆容、举止、迎送等要求,但服务远不止于此,要贯穿客户来去的全过程。应细分大堂经理、柜员、理财经理等所有服务岗位,针对整个服务流程，分别制定服务标准，将原有基本服务规范纳入其中。

服务培训体系

依据服务标准开展服务岗位全员培训，从服务标准最佳实践员工中选拔老师，细分总分支三级，配套考核激励。顺应年轻人喜好，运用动漫、短视频等方式，解读和示范服务标准。外请酒店、航空等行业服务标杆老师授课，跨界学习先进服务理念与做法。

服务考核体系

在涵盖消费者权益保护监管要求的基础上，制定服务质量评价指标体系，纳入总行对分行、分行对支行的绩效考核；如可分配的权重或分数过少，可采用倒扣分方式。考核结果应与分支行绩效奖金挂钩，并实行机构评优一票否决。

服务监测体系

依据服务质量评价指标，列出现场检查清单，聘请三方公司组织神秘客户调查，注意防止内外串通，确保数据真实有效。总行按季、分行按月，内部开展抽查，采用现场与非现场相结合、分支行间交叉派人等方式，缓解人手不足困难。

投诉管理体系

实行量化管理，采用客户投诉48小时响应率、5个工作日结案率两个指标，慎用投诉发生率指标，因为数据太小且容易诱发造假。投诉问责应避免过度，力求合情合理：对确有过错的员工给予必要惩处，对没有过错的员工免予处罚，对受委屈的员工加以心理疏导。优化投诉处理流程，对员工现场平息客户投诉给予礼品等支持，对涉及环节多的投诉，纵向从网点到支行、分行、总行，横向跨相关管理部门，清晰界定各方职责要求及会商协调机制。畅通投诉渠道，远程银行、手机银行、官网、微信公众号及网点现场等，都应方便客户投诉。

服务改进体系

建立总行、分行服务评审会制度，至少按季召开会议，基于服务监测以及客户投诉，梳理客户心声，研究部署改进举措，同时推广先进单位或个人在服务与服务管理方面的创新经验。网点应将服务纳入晨夕会重要内容，点评问题，督促整改，分享好的做法。健全消费者权益保护机制，明确涉及事项以及事前事中事后各环节控制要点，认真落实。

服务知识体系

系统梳理各岗位客户服务专业知识，用于员工学习培训，督促员工熟练掌握。利用内部通信工具、微信群等信息平台，及时给员工提供服务相关动态资讯。开发知识管理系统，整理各种服务场景下的常见问题及应对流程、话术，供员工线上即时调用。

服务文化体系

确立高于消费者权益保护的服务价值观，表述注意接地气、力戒假大空。各级管理者应将服务摆在头等重要位置，不厌其烦宣导服务价值观，并言行一致、以身作则。制定服务荣誉体系，隆重表彰服务先进机构与个人，并广泛宣传，现身说法。组织具有仪式感的内外部活动，不断强化全行上下对服务的高度重视与庄严承诺。

案例 2-2

如何构建服务监督管理体系？

招商银行 2005 年正式开展零售转型，转型后的前三年，每年客户增加上千万人、员工增加上万人、网点增加百余个。随之而来的问题，就是服务质量不稳定，客户投诉增加。面对零售转型后服务质量不稳定的压力，总行最先尝试在零售条线内部解决问题，要求零售条线加强服务管理。不久后发现，零售条线将主要精力放在了完成高额指标任务上，而长远重要但眼前不那么紧急的服务工作，被有意或无意地置于次要位置；另外，客户服务涉及运营等零售条线之外的部门，零售条线难以统筹。

2007 年年中，总行管理层决定成立单独的服务机构——服务监督管理中心，作为总行二级部，归口推动服务管理。同时，考虑到在总行行长室层面有利于形成合力，还决定成立服务监督管理委员会，由行长任主任，分管零售的副行长任执行主任，服务监督管理中心由其分管。由于服务监督管理中心的工作方式以挑零售条线的刺为主，如果分别由不同的高管分管，容易形成经常扯皮的僵局，而归属一位高管管理，则能避免。毕竟在高管的心目中，服务对于零售业务的转型发展是极端重要的，在其掌控下挑出刺来，是完全必要和可接受的。事实证明，这对于该行服务监督管理体系顺畅运转起到了关键作用。

成立服务监督管理中心后，如何定位和开展工作？经过深思熟虑，管理团队认识到，该中心是对招商银行整体客户服务质量，而不是对个案客户服务质量负责。后者是各业务条线的责任所在，而中心的任务目标就是要迅速扭转服务质量下滑的局面，并不断提升服务水平，确保招商银行优质服务金字招牌永不褪色。为此，必须体系化地加强服务管理。靠头疼医头、脚疼医脚的零星举措，或看似热闹的活动是远远不够的。构建服务管理体系，首先应当给予必要的组织和人力资源，在分行建立与总行对应的二级部建制的服务监督管理中心，配置少而精的业务骨干，在分支行明确兼职服务管理人员，保证在落实总行服务管理的部署要求时能够"一竿子插到底"。

在领导、组织、人员保障到位的前提下，招商银行一年左右就基本搭建起了服务管理的八大体系。在服务标准方面，细分岗位制定了20余个将妆容形象、言行举止与需求挖掘、业务办理等融为一体的操作手册。在服务培训方面，建立总分支三级服务内训师队伍，尽量多选拔落实服务标准的标杆员工，除传统培训外，注重运用动漫、游戏、短视频等新的训练手段。在服务监测方面，综合运用三方监测公司、交叉检查、非现场检查等方式，提高监测频次和挑刺水平。在服务考核方面，采用倒扣分制度，并实行对机构评优和干部晋升的服务一票否决机制。在投诉管理方面，建立48小时响应率、5个工作日结案率的考评及员工小额现场赔付、分级成立跨部门投诉处理小组等机制,将投诉率及客户不满意率较快地降了下来。值得一提的是,后来将投诉发生率指标纳入考核,果然发生了内部公关少记投诉的数据造假现象,该指标因此被取消。在服务改进方面,通过总分支三级服务评审会,及时发现服务中的重大问题并督促改进,同时推广分支行服务中的好的做法,保持服务创新活力。在知识管理方面,组织业务部门梳理各岗位常规业务涉及客户服务的应知应会知识,以员工在服务中常见问题为线索编排,开发系统实时调用。在服务文化方面,评选服务明星并隆重表彰和宣传,以榜样传播服务理念,持续举办面向客户或员工端的与服务相关的活动,反复宣导服务的价值和价值观。

服务监督管理中心成立两三年之后,招商银行服务质量下滑的势头得到了有效遏制。从此后十余年的实践看,八大体系一直是该行服务管理的基本框架,具体方式方法、工具手段与时俱进不断迭代,使得该体系的功能越来越强大,成为其优质服务历久弥新的必不可少的支柱。当然,这是和服务渠道、服务队伍等方面齐头并进的结果,并非服务管理一方面之力所能奏效。

从 1995 年左右两大分行从队伍、渠道和细节入手创新提升服务水平,成功打造全行系统乃至整个银行业优质服务口碑,再到 2005 年左右总行建立完整的服务监督管理体系,使得招商银行 C 分行的客户服务迈上了里程碑式的新台阶,成为客户乃至同业高度认可的服务最好的银行,其中的经验,值得中小银行借鉴。

第三章
AUM 为纲

大树高耸入云，枝繁方能叶茂。树枝不仅承载着树叶和果实，也为大树提供着养分和支撑。树枝能分担树干的重量，减轻对树干的压力，因此在树木的生长和繁殖中发挥着不可或缺的作用。它还是鸟类、昆虫等小型动物的栖息与觅食地，在生物链中起到重要作用。在银行零售转型中，AUM 就如同树枝一样，承载着零售业务的繁荣和成长。正如树枝不断延伸能帮助树木吸收更多的水分和养分，AUM 扩大意味着银行的客户基础和业务范围将变得更为稳固和广阔，这不仅能为银行带来稳定的收入和利润，也能有效提升银行的竞争力和抗风险能力。AUM 是零售银行经营的基本资源，零售转型应以 AUM 为纲。

AUM 为纲的内涵

AUM 为管理资产规模（Asset Under Management）的英文缩写，是指银行通过各种金融产品和服务为客户管理的资产总额，包括储蓄、理财以及基金、保险、信托、贵金属等代销业务。AUM 综合反映一家银行零售业务的规模与效益，同时也体现了客户的忠诚度和黏性，应当作为零售转型的纲领。纲举目张，零售转型千头万绪，抓住了 AUM，就能理出头绪。

零售转型需要 AUM 跨越式增长

零售转型需要充分发挥零售业务的规模效应，这可以从两个逻辑角度来理解。一个角度是业务逻辑，即我们所说的客户为王，零售业务的规模与效益根本上是由客户的数量、质量及经营效率所决定的。另一个角度是管理逻辑，即从管理和管理者的视角看，AUM 支撑零售业务的规模与效益，因为所谓的客户价值，无论是客户对银行的价值，还是银行为客户创造的价值，都离不开 AUM。有客户却没有 AUM，是没有意义的，AUM 小也意义不大，零售转型需要实现 AUM 跨越式增长，这是 AUM 为纲的核心要义。

一方面，AUM 跨越式增长能带来大量新客户和新资金。这里存在一个简单而重要的逻辑，即客户是 AUM 产生的根源，AUM 的增长离不开客户数量和质量的提升。换句话说，一旦银行将关注点放在 AUM 的快速增长上，就必然采取两个主要措施——大量获取新客户和大量增加现有客户的钱包份额。一般而言，为迅速做大 AUM，银行必须提供优质的财富管理产品和服务，这有助于银行品牌声誉的提升，为银行赢得更高的市场认可度和客户口碑，从而吸引更多客户的关注和兴趣，最终带来新客户和新资金的涌入。而当银行拥有了更多、更优质、更忠诚的客户和资金之后，就会有更大的动力和信心去开发更符合客户需求、更具市场竞争力的产品和服务，从而助力获取更多的新客户和新资金。这样，AUM 与新客户和新资金增长就形成了良性循环，零售业务得以通向可持续发展之路。

另一方面，AUM 跨越式增长能为银行带来源源不断的收入。银行经营的本质是"钱生钱"，就像资产业务能够带来收入一样，AUM 也能够带来收入，前者主要以利息收入为主，后者则以中间业务收入为主。AUM 中的非存部分，即储蓄存款之外的部分，由销售或代销理财、保险、基金、信托、贵金属等产品所形成，每种产品都按一定比例提取佣金，这是银行渴求的财富中间业务收入。AUM 中的储蓄部分，表面上体现为银行对客户的存款利息支出，但实际上对银行有利息收入贡献。目前，我国银行仍主要靠利差盈利，即以一定水平利率吸收资金，以较高水平利率发放贷款或进行投资。储蓄是银行，特别是中小银行贷款与投资资金的重要来源，因此对银行利差的取得不可或缺。正因为如此，银行一般通过FTP利息收入来衡量储蓄的价值贡献。AUM除了产生财富中间业务收入和FTP利息收入，还创造间接收入：如降低获客成本，一旦银行借助AUM与客户建立了合作关系，客户通常会倾向于与银行保持长期联系，使用更多的服务和产品，而维护一个老客户的成本比获取一个新客户的成本要低得多；再如分摊运营成本，我们所说的客户规模效应，即更多的客户分担银行的成本，要通过客户对应的AUM来实现，AUM为零的客户起不到作用。

理财是AUM跨越式增长的突破口

要尽快尽量做大AUM，必须以理财作为突破口。分析AUM的构成，比较容易得出一个结论，那就是做大理财业务的难度，要比做大其他业务的难度小得多。

其一，储蓄市场的竞争格局相对难以改变。在储蓄领域，各家银行提供的产品基本一致，竞争相对激烈。由于储蓄产品的本质是保值和流动性，其收益率有限，难以吸引更多客户将资金集中存入，不太可能在短期内实现储蓄存款倍增，依靠储蓄业务实现AUM大幅增长相对困难。

其二，基金和保险销售的难度较大。基金和保险产品需要较高的专业知识和资质，以及良好的风险管理能力。银行需要投入大量资源培养和提升团队的专业能力，包括投资顾问、理财顾问、产品经理和客户经理等，这都需要足够的时间和成本。因此，基金和保险业务规模扩张速度相对较慢，难以成为快速做大AUM的首选。尤其是保险业务，中小银行要达到几个亿的规模需要花费多年，超过 10 亿元就是了不起的成就。

其三，信托产品的供应受到抑制。十几年前开始零售转型的银行，高收益信托产品是做大 AUM 尤其是高端客群 AUM 的利器，但已经不可复制。过去几年我国针对信托业务陆续出台严格的监管政策，要求对信托产品进行更严格的审查和审核，同时限制了新产品的推出和销售，这使得中小银行开展信托业务举步维艰，主要依靠信托业务实现 AUM 的快速扩张已经不太现实。

此外，贵金属和其他另类投资产品更难以实现大规模增长，无法支撑 AUM 的快速提升。因此，迅速做大 AUM，突破口就只有理财业务可供选择。相比较而言，理财业务更容易做大规模，主要取决于下述因素。

第一，较高的市场需求。随着居民收入水平的提高和消费观念的转变，越来越多的客户对理财产品有着强烈的需求和兴趣，尤其是在利率市场化和金融去杠杆背景下，客户对于高收益、低风险、灵活便捷的理财产品有着更加迫切的需求。相比储蓄业务，理财产品通常具有更高的收益率，能够吸引更多客户参与投资。大部分中小银行，尤其是中西部地区的银行，理财占比远远低于行业平均水平，存量客户和资金转化为理财的潜力和空间都很大。

第二，较强的竞争优势。相比于其他非银行金融机构，尤其是问题频发的某些所谓财富公司，银行具有庞大的客户基础、广泛的网点覆盖、较高的信誉度、丰富的产品线、专业的团队、完善的风控体系等优势，能够为客户提供更加安全、可靠、优质、便捷的理财服务。

第三，较大的发展空间。随着资管新规的出台和实施，对于理财业务的监管将进一步完善，理财业务将从通道业务向真正的资产管理业务转型，从规模导向向效益导向转变，从单一产品向多元产品转变，从简单销售向综合服务转变，为银行理财业务的创新和发展提供了新的契机和动力。

综上所述，做大 AUM 的关键在于做大理财业务规模。银行在追求 AUM 快速增长的过程中，应关注以理财业务为主的非存 AUM，将工作重心放在理财业务规模的扩大上，以实现规模和利润的双提升。

中小银行应下决心做大理财业务规模

零售转型要以 AUM 为纲，但中小银行下决心做大理财业务规模并不容易，最让人担心的是，如果理财产品收益率无法达到客户预期，将可能失去客户信任，危及银行经营的根基。尤其是 2022 年年底理财市场遭遇"黑天鹅"，理财产品出现"破净潮"，更是增加了一些中小银行的担忧。

其实，完全不必顾虑。理财业务在我国已经发展了快 20 年，大型银行和许多中小银行都已经开展了多年，涉及数以亿计的客户和数十万亿元的资金，如果是洪水猛兽，怎么能延续至今？"破净潮"引发的恐慌正如过去股票、基金、信托下跌亏损一样，是前进道路上必经的波折，迟早会过去，不会改变理财业务发展的大趋势。事实上，自 2023 年下半年以来，许多银行的理财产品销售开始恢复到之前正常水平，理财业务规模浮出水面，全年实现了正增长，预计未来几年将稳定增长。

应当认识到，中小银行快速做大理财业务规模不仅是零售转型的需要，也是改善整体经营状况的需要，更是应对资本难题的必然选择。当前和未来一段时期，中小银行普遍面临资本补充难、优质资产荒的经营困境，一个有效的解决办法就是将一部分储蓄转化为理财。银行吸收存款、缴纳存款准备金之后，主要通过贷款或投资等方式加以运用，而这是需要消耗资本的。理财则不占用银行资本金，将一部分储蓄变成理财，有利于降低资本消耗，缓解资本补充压力。另外，还有利于中小银行实行资产跨区域多元化配置，从而降低信用风险，因为理财产品的底层资产可以是债券、股票、基金、信托等各种金融工具，也可以是实体经济领域的项目或资产，主要依托于全国证券市场，不仅具有较好的流动性，而且整体风险水平优于许多中小银行在受限地域内的信贷资产。

还需要指出的是，中小银行迅速做大理财业务规模有一定后发优势，这就是初期能够发行较高收益率产品。鉴于理财产品定价由银行自主决定，中小银行可以根据客户需求和竞争需要，及时调整产品结构和收益率，通过让渡更多利益给客户，开发收益率高于国有大行和股份制银行的理财产品，以吸引更多客户购买。之所以能够采取高定价策略，不仅是因为中小银行将理财作为战略业务，理应将减少的盈利作为战略性投入，更重要的是因为初期理财业务规模小，减少的收益有限，银行完全可以承担；而且理财产品收益率透明，即使高于市场水平，也不必高太多，一般不会造成亏损，更可以接受。

源自储蓄存款的纠结

怎样实现理财业务的跨越式发展？过好"储蓄关"是重中之重。许多中小银行对全力发展理财业务犹豫不决、瞻前顾后，根源除了如前所述的担心"伤客户"，还担心"伤储蓄"。众所周知，中小银行对储蓄的依赖度通常都很高，凡是可能对储蓄有影响的决策必然慎之又慎。不能解开这个纠结，就不可能迅速做大理财业务规模。为此，需要解决三个方面的问题。

纠正认识偏差

从西方发达国家银行业的发展历程来看，个人理财业务因为规模大、覆盖范围广、风险较低以及收益相对稳定等优势，得以占据重要地位。自20世纪70年代以来，在金融创新浪潮的推动下，商业银行个人理财业务得到快速发展。尤其在进入21世纪后，美国银行业的个人理财业务展现出较高的盈利能力，年平均盈利增长率达到12%~15%的水平。同期，在我国香港，个人理财业务也成为各家银行竞争的焦点，花旗、汇丰、渣打、恒生、东亚等银行均推出了各自的理财产品组合，针对不同收入群体提供差异化服务，从而推动香港个人理财业务取得长足进步。

我国一般将2004年称为"理财元年"。当年，光大银行先后推出了外币理财产品"阳光理财A计划"、人民币理财产品"阳光理财B计划"。此后，开始零售转型的各家银行纷纷发行各自的理财产品，抢夺中高端客户，个人理财业务市场规模持续扩大，成为银行新的业务和盈利增长点。

历史经验表明，银行发展理财业务需要纠正对于理财与储蓄关系的认识偏差。国外银行的情况不得而知，但国内银行在发展理财业务之初担心冲击储蓄业务，曾经是普遍现象。以招商银行为例，2005年开始细分客群，划分出AUM 50万元以上的VIP客户，对该客群销售理财产品。在讨论经营计划与考核时，出现了两种不同意见：一种主张大力发展理财业务，对储蓄业务不下任务、不考核；一种主张不能弱化对储蓄业务的任务和考核，否则，储蓄和流动性不保。经过激烈争论，管理层最终决定支持第一种意见，并做好储蓄规模大滑坡、在股份制银行中垫底的准备。之所以做出如此决定，一方面是认为理财是客户所需，银行应该顺应客户需求；另一方面是储蓄在存款中的占比当时才10%多，即使下滑，对整体存款和流动性的影响可控。

到2005年年底，不足一年时间，招商银行理财业务蓬勃发展，而储蓄规模不降反增。这个结果，既在意料之外，又在情理之中。其中道理并不复杂：其一，用理财去竞争储蓄，具有降维打击的效应，能大量吸引行外资金，在此基础上，通过主动设计产品衔接期限，一般有10%以上的理财资金可在月末、季末、年末转化为存款；其二，客户经理借助理财业务，给客户创造更多收益，能密切客户关系，掌握客户资金状况，进而增加营销储蓄的机会。

依靠理财业务，不仅能迅速做大AUM，而且相比硬拼储蓄，效益上不可同日而语。银行想超常增长储蓄规模，就不得不和同业拼利率或费用，效益不大，甚至亏损。而理财带来的储蓄是最有价值的活期存款，理财带来的收入是最有价值的财富中间业务收入。理财业务还有另外一个非做不可的理由，那就是在激烈的竞争环境下，同业都在做，一家银行如果不做或者做得不够好，那么现有的客户和存款迟早会被挖走。

总而言之，中小银行零售转型践行 AUM 为纲的新逻辑，必须转变"发展理财必然影响储蓄"这一被许多同业多年实践证明是错误的思想观念，下定决心并坚定不移迅速发展理财业务。

兼顾理财和储蓄

招商银行的高管回忆：别的银行还在拼命拉储蓄存款的时候，我们已率先在分支行取消了储蓄存款考核，转用 AUM 指标来替代，这个决定其实是不容易下的，是我们在商业银行盈利与客户利益最大化中取得的一个平衡。

不考核存款，是不是不要存款？不是。存款立行一直是银行经营的基本原则，因为银行主要靠贷款或投资获取收入，贷款或投资必须先有资金，而资金来源主要依赖存款。大力发展理财业务并没有改变这个基本原则，只是对于拓展存款，准确地说，拓展储蓄存款的方式有所转变，即通过高收益理财产品吸收行外客户与资金，进而沉淀存款。这看似取消了存款考核，其实只是换了一种形式抓存款。

招商银行是一家完全由企业法人持股的股份制商业银行，缺乏对公客户资源，在对代发、社保、养老等财政源头资金的争夺中没有优势，只能倒逼自己发展零售业务，利用储蓄存款资金弥补公司和机构存款资金不足的劣势，这也是招商银行做零售的内在动因之一。面对海量的个人客户，想吸引其从他行转入资金，首选的是高收益理财产品。如果单靠储蓄业务，显然竞争不过品牌、网点、人员实力强得多的国有银行甚至一些地方银行。正是得益于走理财拉动储蓄的新路，招商银行自2005年大力发展理财业务开始，储蓄存款规模一路领先股份制银行，而且首位度不断扩大，在行内存款中的占比不断提高。到2022年年末，招商银行储蓄存款余额3.1万亿元，为浦发、中信、兴业、民生等银行的2~3倍，在行内存款占比达到42.6%。可以肯定，如果没有走理财拉动储蓄的新路，招商银行的储蓄规模不可能实现如此惊人的增长。

根据标杆银行的经验，理财拉动储蓄有一个重要前提，这就是理财增量要大幅超过储蓄增量，一般达到两倍以上。反之，理财增量不大，理财拉动储蓄的效果将十分有限，甚至理财冲击储蓄的担忧可能成为现实。其原因在于：理财多增，必须从行外吸收资金；理财少增，必然是行内资金倒手。

综上所述，中小银行在零售转型中要做大理财业务规模，在计划与考核上应考虑理财和储蓄的平衡。在转型之初，不应过分追求储蓄业务规模的高速增长，以免影响理财业务的突破和发展。当然，除非有特殊情况，也不宜降低储蓄业务的正常增速。理财业务规模高速增长，储蓄业务规模正常增长，这能够也应当同步做到。

跳出储蓄抓储蓄

到底怎么抓储蓄？中小银行对此都有比较成熟的套路，如分指标、给费用、给奖金、给荣誉、发通报、严考核、严督导、搞竞赛等。再如在客户层面，结合不同市场和客群的需求与偏好，提高利率、定制产品、加大宣传、组织活动、赠送礼品等。这些做法历经多年，行之有效，需要延续和完善。但在零售转型中，还需要跳出储蓄抓储蓄，采取多方面举措。前文已经提到，通过抓获客、抓理财来增加储蓄；后文还将论及，通过抓代发、抓支付来增加储蓄。这里重点从渠道的角度做些讨论。银行的物理网点无疑是揽储的最主要渠道，线上渠道直接揽储的作用有限。如何提高网点的揽储效率？以下几方面因素值得关注。

网点形象

实践证明，网点美观整洁有利于增加储蓄，因为这是银行吸引客户、赢得客户好感，激发员工工作热情与士气的重要因素。应按照统一的网点 VI 规范，加强硬件设施建设，做到门头牌匾活泼醒目、硬件设备现代智能、动线设计科学合理。各项设施、设备、用品等要充分考虑人性化，尤其老年客户多的网点应考虑适老化，网点环境要整洁干净，自助设备简便易用，让客户到网点后能够时时处处感受到银行的关爱，提升客户到网点办理业务的意愿。员工形象也是网点形象的重要组成部分，每位员工不仅要形象端庄、举止大方，更要充满朝气、细致周到，给客户宾至如归的体验，让客户来了愿意进、进了愿意等、走了还愿意来，进而创造更多营销机会，提高成功率。

网点管理

让每一个网点发挥最大营销效能，离不开有效的网点管理。

除人员考核、晨夕会等内部管理机制外，最重要的是做好厅堂联动营销。大堂经理、柜员、理财经理、网点领导都是联动营销的主角，要从进门时的客户识别、分流等候时的铺垫介绍，到业务办理时的一句话转介、理财队伍的专业切入，再到网点领导的适时到场，乃至客户离行后的跟踪服务，形成客户服务营销闭环。为此，要精细化梳理联动营销的流程工具、考核激励，并重视培训赋能，通过实战和复盘，持续提升营销效果。值得借鉴的是，随着柜面替代率的不断攀升，一些银行尝试保留尽可能少的高柜，让柜员到厅堂低柜为客户办理非现金业务，进而加强营销。

网点创新

尽管金融科技时代的号角已经吹响，以手机银行为主的线上渠道在银行经营中不可或缺，但毋庸置疑，传统银行在相当长时期内仍将以网点为依托展业，线上渠道不可能大规模替代线下网点。然而，银行传统网点人员与费用投入大，在盈利水平不断下降的经营环境下，许多银行都被迫采取缩减网点的策略。如何实现网点扩张与成本控制的平衡？一些中小银行尝试在乡村建立惠农服务站、在城区建立社区服务站的"双站"模式，收到了较好的成效。这些银行选择人口密度较大、经济发展水平较高并有合格的站点经理的乡镇或村屯，开办惠农服务站，通过稳定的激励机制和持续的赋能机制，推动站点经理不断做大客户与储蓄规模。针对网点覆盖不足、服务渗透不深的城区重点区域，则与社区合作开办社区金融服务站，通过与社区管理者有效联动实现拓展客户，与就近网点有效联动实现业务办理，与社区志愿者有效联动实现客户经营，从而建立起银行与社区的新型邻里关系。"双站"不需要银行租赁场所，也不需要大量增加正式员工，因而可以低成本大范围延伸网点渠道触角，是中小银行弥补网点空白的可行之路；其产出初期以获客和储蓄为主，成熟后可开展贷款、理财、保险等业务综合化经营，盈利贡献有望逐步提升。

理财产品的竞争力

迅速做大 AUM 要靠理财跨越式发展，理财跨越式发展要靠高收益理财产品。在零售转型的最初阶段，为了实现理财倍增的高目标，不可避免地依赖高收益理财产品。零售标杆银行都是遵循这样的发展路径，可以说概莫能外。招商银行于 2005 年开始发展理财业务的时候，理财市场刚刚兴起，竞品不多，主要是和储蓄业务比收益率，比较容易抢占市场；到后来竞争日趋激烈的时候，招商银行在较长时间内保持理财产品收益率市场领先，特别是自 2007 年开始，为了实现私人银行客户数量赶超中国工商银行的高目标，主要靠代销收益率更高的信托产品开路。中小银行要大力发展理财业务，如何看待和保持理财产品的竞争力呢？

正确认识产品收益率

当前的理财市场已经趋于成熟，对中小银行这样的后来者而言，并不具备客群、品牌、队伍等方面的营销优势，有效的竞争武器就是高收益理财产品。因为客户在考虑是否将资金从其他银行转移过来时，主要考量的是理财产品收益率。如果收益率不高，至少对新客户而言，很难吸引他们选择中小银行。所以，采取理财产品高定价策略，是中小银行不得已的选择，否则，AUM为纲乃至零售转型都无从谈起。

吉林银行在零售转型伊始，就明确理财产品收益率必须在区域市场保持第一，并且开发"新客理财"等爆款产品。仅用3年时间，理财AUM增长了3倍，50万元AUM以上客群增长了2倍，财富中间业务收入增长了10倍，跃升至同业第一。如果没有高收益理财产品，是不可能实现如此高速增长的。未来几年，理财AUM计划再增长几倍，仍需维持理财产品高定价策略。

与此同时，中小银行需要认识到，理财产品高定价策略只应当作为零售转型最初几年的阶段性策略，不能长期实行。其中原因，在第二章中已经提到。事实上，标杆银行在成功进行零售转型后，都转向培育卓越的服务、品牌价值和优秀团队等优势，逐步减少对高收益理财产品的依赖，从而使理财业务获得了一定的溢价。针对特定客群或在特定时期，它们也可能会利用高收益理财产品营销，但这并不是常态。

总而言之，我们应全面和客观地认识高收益理财产品的作用：它是零售转型初期必不可少的工具，但是零售转型成功后就应减少依赖。用一个不太恰当的比喻，如果将零售转型比作治病，那么高收益理财产品就是治疗过程中的药物。就像生病必须吃药一样，虽说"是药三分毒"，但为了治病，不得不服用药物，等到病情好转后，就不能再继续服用了，否则有害无益。在零售转型初期，为了迅速做大AUM，必须用高收益理财产品把优质客群及其资金吸引过来，一旦客户基础总体稳固后，就应当适当调整产品结构，防止产生"抗药性"甚至"药物中毒"。

保障高收益理财产品供应

保障高收益理财产品供应，对中小银行提出了不小挑战。从产品背后的收益构成逻辑来看，可以概括为主动管理带来的 α 收益和基于市场判断带来的 β 收益。因此，提升主动管理能力和市场交易能力，是破解高收益理财产品供应的关键，当然风险管理能力是基础。

提升主动管理能力

对中小银行资管业务而言，固收类资产是理财产品中最大品类的资产，是投资组合的重中之重，可以增厚理财产品的安全垫。在固收类资产中，随着监管对非标资产的严格管控，高收益非标资产不可持续，因此，无法像过去一样依赖非标资产来保障高收益理财产品的供应。债券资产已经成为银行理财产品底层资产的主角。要不断优化信用主体白名单，挖掘不同区域、不同行业、不同类别资产的信用价值，提升对高收益资产的获取能力。同时，利用对本地企业了解的优势，通过表内外信息联动及共享，积极配置处于价值洼地的授信企业的企业债，也是快速补充高收益资产的有效途径之一。

在筛选债券资产中，城投债作为中小银行的主攻方向之一，要分清城投的性质，对于有现金流的真正的经营主体，可以适度下沉，通过拉长久期，适量配置。过去几年，正是依靠增加城投债投资，不少中小银行的资管支撑了高收益理财产品的开发和供给，并获取了可观的收益。但在当前政府"化债"的大背景下，城投债收益率呈断崖式下降，银行迫切需要寻找替代类资产。为此，要加强团队培养，加大对产业债的研究分析和信用挖掘，选择配置优质产业债，避免延误投资时机。要精选优质管理机构，借力同业机构先进做法及经验，建立管理人的优胜劣汰评价机制，加快提升投研成果转化，通过做管理人的管理人，共享"超强大脑"，提升底层资产的收益水平。要提前布局权益资产，未来单一债券资产无法持续保障理财产品的高收益水平，应积极发行混合及权益型理财产品，以满足对风险承受能力强、收益要求高的投资者的投资需求。

提升市场交易能力

基于对基本面、政策面和资金面的整体判断，根据市场表现进行择时交易，博取价差收益，是中小银行资管业务必不可少的能力。尤其是在后疫情时代，货币资金供给宽松，融资需求整体偏弱，导致"资产荒"再度出现。中小银行应结合自身的投研能力，通过杠杆策略、骑乘策略、一二级价差策略，在市场波动中寻求交易机会，获取价差，增厚产品组合收益。

提升风险管理能力

中小银行的资管业务必须高度重视体制机制建设，防控市场风险、信用风险、合规风险、道德风险等各类风险。一则建立全面风险管理体系。可以由风险条线派驻风险总监，双线汇报与考核，明确其风险管理第一责任人的责任，并保证其独立性，从机制架构、制度流程、系统工具等方面建设风险管控防线，加强对前台业务风险管理的全流程监督指导和风险人才队伍建设，提升风险管理前瞻性和主动性。二则加强市场风险管理。充分研判市场风险，完善监测机制，多维度量化分析市场行情及风险情况，实现精细化、多层级市场风险监控和管理，在统一管理框架下，优化资管业务市场风险限额设定与分配方案。三则加强信用风险管理。加快内评与预警系统建设，实现风险由人防向技防转变，对企业债券投资业务，严格白名单准入、内评、审核和动态调整机制，充分开展尽调和同业交流，紧跟政策变化调整投资策略。四则加强合规风险管理。坚持内控优先、合规为本的经营理念，夯实基础管理，常态化开展内部自查，及时发现制度流程缺陷、管理漏洞，补齐业务和管理短板，加强外部审计合规审查与违规问责处理力度。五则加强道德风险管理。利用行内外的相关案件开展常态化警示教育，督促引导员工廉洁从业，同时梳理道德风险隐患，完善制度流程并严格执行。

在练好以上基本功的基础上，从两方面入手增加高收益理财产品的供应。一方面，在负债端，对投资者进行精准定位及画像，开发新客理财、定制化理财、分层理财等多样化产品，使产品设计更符合投资者风险偏好及心理需求；在资产端，对匹配产品期限的资产按收益高低排序，将收益较高的资产优先配置在特色化理财产品中，保障特色化理财产品的供给及高收益，助力零售获客。另一方面，针对当前中小银行理财规模受控、自营理财规模供给不足的问题，充分利用理财投资经验，筛选适当的管理人及资产，选择开发基金中的信托（Trust of Funds，简写为 TOF）、资管计划等代销产品，设法增加理财产品供给及规模。这些产品的负债端为合格投资者，风险承受能力较高，因而可以通过进一步扩大债券白名单、增配衍生品与权益资产等多策略投资方式，提升整体收益。

打开产品代销的大门

自 2018 年金融监管部门印发《关于规范金融机构资产管理业务的指导意见》以来，目前已有 30 余家银行理财子公司获批开业，理财业务公司制改革取得积极进展。《中国银行业理财市场年度报告（2023 年）》显示，截至 2023 年年末，理财公司存续产品只数 1.94 万只，存续规模 22.47 万亿元，较年初上升 1.01%，占全市场的比例达到 83.85%。且全部为净值型产品，已发展成为市场的主力军；与此同时，银行纷纷参与产品代销，有 491 家银行代销了理财子公司发行的理财产品，理财子公司理财产品由母行代销金额占比整体呈现下降态势。

中小银行的资管业务受到监管限制，无法持续扩大规模，面临自营理财产品不足的考验，他行理财产品虽然收益率不能完全满足需要，但仍不失为重要补充。中小银行代销他行理财产品有如下优势。

其一，可为客户提供更多选择。客户对理财产品的需求多样化，中小银行可通过代销他行产品填补空白，尤其是本行期限、收益率断档的品种，以此丰富本行产品线，满足客户的不同风险偏好和资产配置目标。例如，如果客户想购买权益类或混合类的理财产品，而本行只有固收类的理财产品，那么客户就可通过代销渠道购买其他机构的产品来满足需求,这样可以增加客户黏性,促使客户继续使用本行的其他产品和服务。

其二,可增加收入来源和竞争压力。代销他行理财产品,可以获得销售佣金,增加财富中间业务收入的来源。一般而言,由于代销产品的定价稍低,其佣金比例高于本行产品。这一无形的竞争,将促使本行资管部门更好地平衡资产的风险和收益,创设更有吸引力的自营理财产品以及与证券、基金等机构合作的产品。

其三,可提高理财客户覆盖率。理财子公司产品的一个重要优势是可线上做风险测评,中小银行可借此扩大新客首次销售,进而将更多存款客户转化为理财客户,扩大理财产品覆盖面。

对于自营理财受限的中小银行而言,如果不打开代销他行理财的大门,那就无法做到 AUM 为纲,零售转型就难以顺利推进。实践表明,队伍和客户对代销他行理财有一个适应过程,最初会遇到一定的阻力,但只要日常坚持加强投教、宣导、培训、考核与管理,把控好代销产品的风险与收益,力求与自营理财实现互补,代销理财应该能走上快车道。特别需要注意的是,代销他行理财产品涉及市场风险和法律合规要求,必须遵守相关法规,确保产品适合客户,并充分揭示风险,提供专业的投资建议,具体应把握以下要点:

- 提升理财经理的业务能力和专业素养,确保全面、准确了解代销产品,投资建议专业、合规。
- 完善全流程销售管理体系,规范代销产品的甄选、引入、推广、赎回等环节,保障代销业务的安全和合规。

- 搭建完备的产品筛选体系，按照客户需求引入相适配的产品，避免引入不好的产品，提高代销产品的差异化和竞争力。
- 与产品发行方密切沟通和协作，建立长期稳定的合作关系，互惠互利地共享市场信息和资源，妥善应对由不可避免的产品收益率不及预期造成的客户不满。

跨越理财营销难关

在大力推动理财业务发展之初，中小银行都普遍面临一个难题：如何打破队伍和客户对储蓄的固有认知，让他们愿意接受理财产品？这是一个涉及思想观念、销售能力、激励机制、产品创新等多方面的系统性问题，需要银行从战略到执行，从内部到外部，从长期到短期，进行全方位的谋划和应对。

扭转模糊认识

客户确实习惯在中小银行储蓄，而对中小银行的理财产品持有一定疑虑，毕竟中小银行的实力和品牌与大型银行差距很大，尤其是在2022年年底理财"破净潮"之后的一段时间，许多客户更是谈理财色变。所以，难免会遇到财富队伍这样的反馈：客户只相信储蓄，不要理财。客户是靠队伍营销的，要让客户转变对理财的态度，首先要让队伍转变观念。这是践行AUM为纲新逻辑的必由之路。

要利用培训、会议及个别交谈等各种方式，针对"客户不要理财产品"的模糊认识，给理财客户经理讲清楚道理。其一，正因为客户"不要",我们才有机会。客户从前不要,不等于现在不要;客户不要这款产品,不等于不要另一款;这个客户不要,不等于另一个客户不要。其二,正因为客户"不要",我们才有价值,否则,理财产品在网上热卖不就行了吗?哪里需要一支营销队伍!其三,正因为客户"不要",我们才能成长,否则,我们怎么提升营销能力,怎么锻炼出营销高手?!正是将客户一开始"不要"的产品和服务,通过挖掘客户需求成功售卖,这才叫营销,这才是营销队伍该做的事!

行胜于言,身边和自身的成功营销案例,更能让客户经理接受和践行正确的理念。为此,管理者要以身作则,利用自身人脉或营销技能销售理财产品,给客户经理树立榜样。同时,要帮助客户经理"破冰",指导其筛选合适的目标客户,实现理财销售零的突破,从而增强信心。事实上,不仅仅是理财产品,各种产品首次销售的成败,对客户经理的心态都有重大影响,在相当长时期和相当大程度上决定其销售积极性和业绩。作为管理者,尤其是客户经理的直接管理者,应当特别关注,竭尽全力贴身辅导客户经理,力求首次销售成功,为今后的销售注入正能量,而不是相反。

多维度赋能

将客户经理的观念扭转后,还需多维度赋能,持续提升其理财销售能力,使他们能够更好地挖掘和满足客户需求,不断提高理财产品销量,并建立良好的客户关系。总分行财富管理部门应从以下维度着手赋能。

其一,整理有效的销售流程及话术,组织培训,人人通关,并由管理者督促实践。可参考如下一般销售流程：

1. 向客户展示理财产品和储蓄账户的收益率曲线图，让客户对理财产品的优势一目了然。
2. 向客户介绍本行的资金管理规范，以及理财产品的风险评估和控制措施，让客户放心地选择本行的理财产品。
3. 分享自己或其他客户购买理财产品的成功案例，让客户感受到理财产品的实际效果和好处，赢得客户信任。
4. 邀请客户以较低的起购金额尝试购买理财产品，让客户对购买本行理财产品的操作流程和服务品质有所了解。
5. 向客户说明理财产品的消费者权益保护机制，以及万一出现损失时的处置方案，让客户了解到本行对客户权益的重视和保护。
6. 销售成功后，在扣款前和期满到账后及时与客户联系，告知客户理财产品的购买和赎回情况，让其感受到本行的专业和贴心。

以上六步为理财销售的一般性流程，实践证明，照此步骤并匹配相应话术，销售成功率即能较快上升。当然，销售需要因人而异，客户经理还应结合不同客户的特点，对销售流程和话术适当调整，找到最适合自己客户的销售方式。

其二，设计具有吸引力的销售计价机制，以明显增加员工销售理财产品所获得的收入，并综合考量销量和期限因素，以平衡短期和长期利益。一方面，计价应基于销售量，并且明确可见。

这样能够充分激发客户经理的积极性,因为他们能够清楚地看到自己销售业绩的直接回报。在大量循环到期资金形成之后,可以考虑调整计价机制,以增量为基础进行计价,鼓励员工继续努力吸引新的客户和资金。另一方面,计价机制应根据理财产品的期限进行区分,避免一味追求销量。否则,这可能引发员工短期逐利,出现倒腾存量资金的行为,对理财和资管业务的可持续发展不利。可针对期限较长的理财产品,设定较高的计价比例,鼓励客户经理积极销售长期理财产品,增加客户的投资时间,提高产品的稳定性和长期价值。针对期限较短的理财产品,由于产品自身的特性已经具有一定的吸引力,销售难度较小,可以设定较低的计价比例,以此平衡产品营销和控制成本之间的关系。

其三,组织营销战役,营造"比学赶帮超"的氛围。在常态化销售能力与习惯形成前,应组织阶段性理财营销战役,以此增加品牌的曝光度和知名度,吸引并引起潜在客户的兴趣,从而促进销售和业务增长。成功的营销战役有这样一些共性:

- 设定挑战性目标。除了较有把握实现的任务目标,建议制定一个有较高挑战性的"梦想目标",以此激发各级机构和客户经理的积极性和潜力,许多营销铁军就是在一次又一次超越"梦想目标"中铸就的。

- 细化分解目标任务。将理财产品销量目标按日、周、月等颗粒度分解,设定具体时间表和里程碑,以便更好地管理和监督进展情况,并及时调整策略。任务分解应该遵循合理的规则,并公开透明,以免一线员工出现质疑和不满。

- 密切督导机构和个人。总分行管理团队保持密切沟通协作和信息分享，定期会商进展、策略和挑战，并利用微信群、会议，及时通报机构和个人业绩。总分行较高层级管理者要关注战况，在重点时点对重点机构加以重点督促。
- 萃取最佳实践案例。及时发现客户经理营销及分支行管理推动的最佳实践案例，萃取其中可复制的关键成功要素，在全行进行宣导和推广。如行内暂无案例萃取，可聘请外部专业公司辅导示范。
- 运用多种激励手段。除了对客户经理个人的考核计价激励，还需针对营销战役设定多种激励，如对个人和机构的额外奖励，对先进和后进进行鼓励或鞭策，如荣誉榜、表彰会等。

适应净值化转型

根据资管新规的要求，理财产品正在向净值化转型，要打破刚性兑付，让卖者尽责、买者自负，降低期限错配风险。在标价方式上，由预期收益型转为市值法计价；在产品期限上，封闭式理财产品期限不得低于90天；在产品形态上，保本理财、不合规短期理财产品实现清零，要求发展净值型、开放式、主动管理的理财产品；在发行机构上，要求成立理财子公司或与其他资管机构合资成立理财公司，提升理财业务水平；在投资者教育上，要求销售机构通过各种方式向投资者科普净值型产品的特点和风险，提升投资者的理财专业知识。

针对上述要求，中小银行应从以下方面实行理财产品销售模式转型。

第一,开展员工教育。明确转型的必要性和目标,分析原有的封闭式产品和新型的开放式产品的销售差异,提供简洁有效的话术指导,组织财富队伍开展培训、模拟演练和考核,确保全员通关,切实掌握销售净值化产品所需的知识和技能。

第二,加强投资者教育。引导客户正确理解净值化转型的意义和影响,并逐步适应和接受一定程度的产品净值波动。通过有效的沟通和教育,提高投资者对于新产品和风险的认知,帮助他们做出理性的投资决策。

第三,重视品牌塑造。相信品牌的力量,构建具有特色的理财品牌体系,制作生动有趣的视频和图文宣传广告资料,并广泛推广和传播。传统媒体的广告效应趋于下降,应针对目标客群精心筛选,保证广告效果。新媒体,特别是自媒体的传播作用凸显,应善加利用,本行及本行员工的自媒体也值得关注。

第四,力求产品优势。保持理财产品收益率领先,是中小银行践行 AUM 为纲新逻辑的必然要求。在理财产品净值化转型背景下,要对底层资产进行更加精细化把握,更好地平衡风险和收益。重要的是细分客群,准确分析其风险偏好,有针对性地配置资产和创设产品。

第五,打造专业队伍。净值化理财产品的销售对中小银行理财客户经理的素质提出了更高的要求。谁培养出优秀的理财服务队伍,谁就拥有了留住客户的有力武器。要重视人才招聘和培养,寻找具有专业素质和市场洞察力的人才,建立一支专业化、高水平的理财队伍,并对客户经理开展理财知识、销售技巧、客户关系管理等方面的常态化培训。

第四章
资产为先

从嫩绿萌生到枯萎归根,每一根枝条都会用其一生去守护大树的四季轮回。春暖花开之时,枝条伸展,任嫩叶萌发、舒张、成熟,向着更广阔的空间恣意生长,吸收阳光雨露,创造输送养分;寒冬来临之际,随风摇摆,催动老叶泛黄、卷曲、脱离,萧萧而下,化为春泥,防止水分散失。在零售这棵大树上,与AUM一样,零售资产业务就好比树枝,连接着树干和树叶,维系着大树的生机。零售资产业务直接给银行带来收入和利润,零售转型应以资产为先。

资产为先的内涵

资产业务，是指银行用其经营资金从事各种信用活动的业务，包括贷款和投资等。具体到零售资产业务，主要指个人信贷和信用卡业务。零售转型为什么要以资产为先？大体可从以下三个角度来理解。

缓解零售转型投入产出压力

长期以来，资产业务始终是银行开展经营活动、获取营业收入的主要方式和手段，是银行赖以生存的首要基础。近年来，相较于欧美发达国家，我国直接融资比重虽持续提高，但仍处于弱势，以银行信贷为主的间接融资占主导地位。中国人民银行《2022社会融资规模最新统计数据报告》显示，截至2022年年末，企业债券、政府债券、非金融企业境内股票三者余额合计为101.84万亿元，仅占社会融资规模存量的29.59%。

过度依赖信贷利差盈利，银行不仅承担的信用风险高，而且资本消耗大，发展的可持续性差，因此，我国银行都试图借鉴国外先进银行的经验，调整业务和收入结构，努力提高中间业务创造的非息收入占比。目前，国内银行的非息收入占比，比较高的在30%~40%，接近发达国家银行的水平，中等的在20%~30%，中小银行多在20%甚至10%以下。从2022年年末数据来看，国有银行、股份制银行和城商行在非息收入转型中更加积极，南京银行、交通银行、招商银行的非息收入占比高居前三名，分别为39.54%、37.75%和36.70%，特别是南京银行，非息收入占比较上年提升5.76个百分点。九台农商银行、瑞丰银行和紫金银行的非息收入占比居后，分别为1.24%、9.55%和10.46%；贵阳银行、渝农商行、常熟银行、渤海银行、江阴银行等非息收入占比也较低，不足17%（见表4-1）。

表4-1 上市银行2022年非息收入占比排行

排名	简称	2022年非息收入占比	同比变化（百分点）	2022年非息收入（亿元）
1	南京银行	39.54%	5.76	176.36
2	交通银行	37.75%	-2.23	1030.41
3	招商银行	36.70%	-1.74	1265.48
4	宁波银行	35.17%	-2.87	203.58
5	兴业银行	34.67%	0.52	771.01
6	晋商银行	31.69%	-2.38	16.67
7	杭州银行	30.59%	2.24	100.75
8	哈尔滨银行	29.90%	11.73	38.41
9	浦发银行	29.13%	0.32	549.53
10	苏州银行	29.09%	-1.35	34.22

（续表）

排名	简称	2022年非息收入占比	同比变化（百分点）	2022年非息收入（亿元）
11	青岛银行	28.82%	-2.52	33.56
12	中信银行	28.74%	1.04	607.45
13	上海银行	28.45%	0.37	151.12
14	平安银行	27.66%	-1.29	497.65
15	天津银行	27.20%	-0.18	42.86
16	江苏银行	25.94%	-2.74	183.07
17	中国银行	25.46%	-4.34	1573.31
18	光大银行	25.05%	-1.53	379.77
19	民生银行	24.57%	-0.92	350.13
20	中国工商银行	24.43%	-2.3	2243.02
21	江西银行	24.30%	2.88	30.9
22	浙商银行	22.96%	-0.02	140.23
23	齐鲁银行	22.50%	-3.88	24.89
24	北京银行	22.36%	-0.09	148.18
25	甘肃银行	22.35%	0.79	14.59
26	苏农银行	22.29%	1.46	9
27	威海银行	22.20%	4.24	18.4
28	无锡银行	22.15%	2.72	9.92
29	中国建设银行	21.81%	-4.74	1794.09
30	长沙银行	21.43%	-1.36	49
31	青农商行	21.17%	-0.67	21.05
32	兰州银行	20.97%	-2.3	15.62
33	九江银行	20.94%	2.67	22.76
34	华夏银行	20.80%	3.84	195.15
35	徽商银行	20.77%	-4.03	75.25

（续表）

排名	简称	2022年非息收入占比	同比变化（百分点）	2022年非息收入（亿元）
36	盛京银行	20.43%	0.75	32.99
37	重庆银行	19.73%	-0.37	26.57
38	沪农商行	19.02%	-0.82	48.73
39	张家港行	18.86%	-1.18	9.11
40	郑州银行	18.86%	-0.41	28.48
41	厦门银行	18.75%	2.1	11.06
42	中国农业银行	18.61%	-1.1	1349.02
43	成都银行	18.39%	-1	37.23
44	中国邮政储蓄银行	18.32%	2.83	613.63
45	广州农商行	17.58%	0.96	39.63
46	东莞农商行	17.40%	-2.32	23.03
47	中原银行	16.93%	3.15	43.35
48	泸州银行	16.50%	-5.65	6.44
49	西安银行	16.14%	-0.67	10.6
50	贵州银行	15.76%	-3.56	18.88
51	江阴银行	15.51%	-0.4	5.86
52	渤海银行	14.35%	0.67	37.97
53	常熟银行	13.59%	1	11.97
54	渝农商行	12.37%	-2.57	35.86
55	贵阳银行	11.58%	-1.82	18.12
56	紫金银行	10.46%	-1.6	4.72
57	瑞丰银行	9.55%	0.04	3.37
58	九台农商行	1.24%	-4.09	0.82

资料来源：万得资讯、各银行财报。

对大多数中小银行而言，资产业务仍是其营收和利润的主要来源。尽管中小银行依托金融市场、同业、投行的投资业务有较大增长，但其资产业务主要还是信贷，而零售信贷在其中占有举足轻重的地位。当前和未来，零售信贷的发展不仅与我国城镇化发展、居民消费升级的阶段性特征相契合，同时具备定价空间大、收益稳定、风险分散、综合贡献度高、带动作用强等多种优质资产特性，被大多数商业银行作为战略性业务。纵观我国银行业的发展历史，主要依靠零售信贷高速增长的银行，也普遍被认为步入良性发展轨道，抢占了战略制高点。从欧美大型商业银行的发展轨迹来看，以零售信贷为主导的发展模式往往能在过去的各类危机面前，表现出较好的稳定性和成长性。

可能有不少人认为，零售信贷的创利能力比较弱，然而实际上，其创利能力比想象的要高。从表面上看，虽然大多数银行对在个人贷款中占比较高的住房按揭贷款利率定价较低，但由于其资本消耗低的特点，使得计算资本成本的经济利润水平比账面更高。此外，通过其他较高定价产品的合理组合，个人贷款利率定价仍有较大空间。如以个人消费贷款为主攻方向的宁波银行，得益于个人消费贷款对贷款结构的持续优化，个人贷款贡献的利息比重越来越大，成为宁波银行稳定收入的主要支柱之一。2022年，宁波银行个人贷款利息收入246.29亿元，占比47.25%，几乎与公司贷款平分秋色；利率方面，个人贷款收益率水平达到了6.92%，高出对公贷款2.48%，在行业中位居前列。招商银行个人贷款利息收入占比更是高达63%，其平均利率水平低于宁波银行，但也比对公贷款高出1.59%。

当前，随着国有银行和股份制银行下沉"掐尖"优质公司客户，中小银行公司信贷业务陷入两难困境：优质企业贷款资产质量虽好，但定价低且很难争取到其他回报，资金成本难以承受；下沉做中小企业贷款，则风险偏高，信用风险如利剑高悬，一旦管控失当，则后患无穷。走出困境的明智之举，是加快发展风险和收益较为平衡的零售资产业务。

零售资产业务对于零售转型还有特别的意义，尤其在转型之初。零售转型的投入产出周期长，需要承担很大的盈利压力。正因为如此，很多中小银行很难下决心启动零售转型，或者未能坚持到底。解决办法就是优先发展资产业务。一方面，零售资产业务不仅能立即获得利息收入，减轻零售转型带来的盈利压力，更容易获得管理层的支持；还能快速获客，易于保持客户黏性、开展交叉销售，成为未来优质客户的重要来源。另一方面，在银行业务中，资产业务相对传统且成熟，属于银行主动的"甲方"性质业务，相较于客户主动的"乙方"性质业务，更易快速做大。

降低整体资产风险

中小银行零售转型的一个重要目的，是降低整体资产风险，这需要通过大力发展零售资产业务来实现。在零售转型前，中小银行的资产主要是公司信贷，资产质量受经济周期影响大，经济下行期往往不良贷款高发。降低风险和波动的一个有效途径，就是提高零售信贷占比，降低公司信贷比重，原因如下。

其一，零售信贷相比公司信贷更符合大数法则，风险相对分散。大数法则又称"大数定律"或"平均法则"，指在随机试验中，每次出现的结果不同，但是经过大量重复试验出现的结果平均值，几乎总是接近于某个确定的值。大数法则对于风险管理的意义是：风险单位数量越多，实际损失的结果会越接近从无限单位数量得出的预期损失可能的结果。大数法则是近代保险业赖以建立的数理基础，运用到个人信贷业务领域同样成立：虽然每个借款人是否还款难以确定，但是只要借款人足够多，足够分散，坏账率总会维持在一定的水平。零售信贷正好小额分散，具有大数法则的特征。

其二，零售信贷客户为自然人，履约意愿和能力相对较强。相对于承担有限责任的企业法人，自然人一般承担的是无限连带责任，在限制高消费等信用惩戒手段层面，震慑力度较强，有利于倒逼借款人依约履责。同时，个人贷款的金额较小，相比少则数千万元，多则数十亿元、数百亿元甚至成千上万亿元的公司贷款，相对容易筹措资金偿还。

其三，零售信贷不良金额较小，处置较容易。零售信贷大部分有住房等抵押物，价值不大且比较标准，易于法拍清收。另外，2021年1月，银保监会印发《关于开展不良贷款转让试点工作的通知》，正式开展个人不良贷款批量转让试点，并将纳入不良分类的个人消费贷、信用卡透支、个人经营贷纳入转让范围。由此，过去个人不良贷款无法批量转让的问题有了解决方案，个人贷款不良处置通道进一步畅通。

案例 4-1

标杆银行的零售资产业务风险状况[1]

国有银行以中国建设银行为例。截至 2022 年年末,中国建设银行个人住房贷款余额 6.48 万亿元,占全行贷款比重为 30.57%,占个人贷款比重为 78.64%,不良率为 0.37%,远低于 1.38% 的全行不良贷款率和 1.71% 的商业银行不良贷款率。此外,中国建设银行自 2020 年以来新发放的住房按揭贷款的不良率仅为 0.07%,零售贷款资产质量始终处于领先水平(见表 4-2)。

表 4-2 中国建设银行个人住房贷款不良率统计

	2022 年年末	2021 年年末	2020 年年末	2019 年年末	2018 年年末
不良贷款额(亿元)	238.47	129.09	113.20	124.84	114.14
不良贷款率(%)	0.37	0.20	0.19	0.24	0.24

注:个人贷款不良率的计算公式为,不良贷款率 = 期末不良贷款余额(不含商用房)/期末个人住房(不含商用房)贷款金额总额。

资料来源:中国建设银行 2018—2022 年年报。

在信用卡贷款方面,截至 2022 年年末,中国建设银行信用卡不良贷款余额 156.42 亿元,不良率 1.46%。从表 4-3 来看,其信用卡贷款不良率 2020 年以来上升较快,主要原因为新冠疫情影

---

[1] 本案例中所引数据来源于各机构年报和银保监会网站。

响叠加经济处于下行期,企业营收下降,居民收入面临困难,信用卡还款能力减弱。

表4-3 中国建设银行过往5年信用卡债权不良率统计 (单位:%)

	2022年年末	2021年年末	2020年年末	2019年年末	2018年年末
信用卡债权不良率	1.46	1.33	1.40	1.03	0.98

注:信用卡债券不良率的计算公式为,不良贷款率=不良贷款余额/贷款余额。
资料来源:中国建设银行2018—2022年年报。

股份制银行以招商银行为例。截至2022年年末,招商银行零售贷款(不含信用卡)余额2.23万亿元,占全行贷款比重为39.90%,不良率为0.56%,远低于0.96%的全行不良贷款率和1.71%的商业银行不良贷款率。与该行同期占比为36.66%、不良率为1.25%的公司贷款相比,零售贷款的资产质量明显占优,有效缓释了全行信用风险。

在信用卡贷款方面,截至2022年年末,招商银行信用卡不良贷款余额156.5亿元,不良率1.77%。从表4-4可以看出,其信用卡不良贷款率(后三类)有所上升,主要原因是受新冠疫情冲击及叠加前期逾期时点认定前置和不良认定标准由逾期90天调整为60天的影响。

表4-4 招商银行过往6年信用卡资产五级分类相关情况

(单位:百万元,%)

		正常类贷款	关注类贷款	次级类贷款	可疑类贷款	损失类贷款
2017年度	金额	465 675	20 096	1 673	961	2 833
	占比	94.80	4.09	0.34	0.20	0.58

(续表)

		正常类贷款	关注类贷款	次级类贷款	可疑类贷款	损失类贷款
2018年度	金额	545 262	23 713	1 731	2 275	2 383
	占比	94.77	4.15	0.30	0.40	0.41
2019年度	金额	637 813	24 147	2 018	3 4719	3 595
	占比	95.06	3.60	0.30	0.51	0.54
2020年度	金额	711 630	22 554	3 807	4 577	4 037
	占比	95.32	3.02	0.51	0.61	0.54
2021年度	金额	800 756	25 700	6 193	3 943	3 708
	占比	95.29	3.06	0.74	0.47	0.44
2022年度	金额	838 581	30 201	7 733	4 088	3 827
	占比	94.82	3.41	0.87	0.46	0.43
2023年3月末	金额	838 478	27 889	7 866	4 195	3 453
	占比	95.08	3.16	0.89	0.48	0.39

资料来源：招银和萃2023年第四期不良资产支持证券发行说明书。

城市商业银行以宁波银行为例。自2007年上市以来，宁波银行不良率始终保持在1%以下，也是唯一一家连续15年不良率低于1%的A股上市银行。截至2022年年末，宁波银行个人贷款余额（含小微）3 912.3亿元，占全行贷款比重为38.61%，不良率为1.39%。其中，个人消费贷款余额2 433.48亿元，占个人贷款比重为62.2%；纯信用个人消费贷款不良率为0.7%，低于0.75%全行不良率。

在信用卡贷款方面，宁波银行信用卡不良率为1.19%，虽然高于2022年0.75%的全行贷款不良率，但总体不良率仍较低，处于同业领先水平。

中小银行的挑战与机遇

从标杆银行的历史经验看，在零售转型过程中，主要依靠个人住房按揭业务迅速扩大零售资产业务规模，逐渐提高其在整体贷款中的占比至50%以上。但中小银行显然难以复制，近年来房地产市场以及监管导向与政策发生了历史性的不可逆的变化，房贷业务很难快速实现规模化增长并保持良好收益。此外，同业竞争加剧，产品日益同质化；居民过度消费，叠加新冠疫情冲击，导致不良率快速上升；互联网金融机构掌握流量入口，银行客群规模红利逐渐消退，市场遭遇异业蚕食等其他方面的变化，也深刻地改变了中小银行零售资产业务的经营环境。

虽然经营环境剧变，但并没有改变零售转型资产为先的逻辑。中小银行应因势而变，谋划在新的历史时期，零售资产业务怎样做到既快速发展，又控制风险，还保持盈利？首先要坚定信心，看到零售资产业务在面临挑战的同时，也蕴含机遇。

从业务占比情况看，2023年6月末数据显示，与标杆银行相比，中小银行零售资产业务占全部资产业务的比重普遍较低，一般在15%~25%，远低于平安银行的60.07%、招商银行的52.39%、中国建设银行的37.71%等（见图4-1）。差距就是潜力，若中小银行将零售资产业务占比提升10个百分点，就意味着数百亿元的增长空间。

从客群基础看，中小银行的零售客群基础普遍较好，为大力发展零售资产业务奠定了良好的基础。尤其中小银行普遍与当地政府关系相对密切，通过社保、医保、代发、缴费等基础性业务

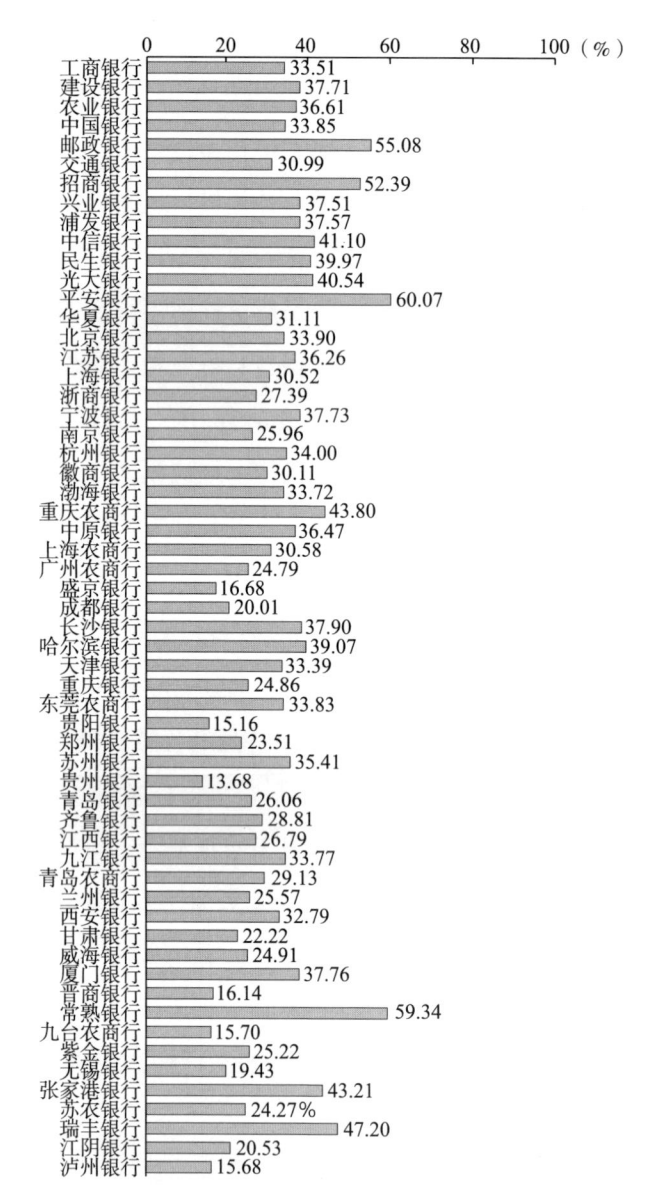

银行	比重(%)
工商银行	33.51
建设银行	37.71
农业银行	36.61
中国银行	33.85
邮政银行	55.08
交通银行	30.99
招商银行	52.39
兴业银行	37.51
浦发银行	37.57
中信银行	41.10
民生银行	39.97
光大银行	40.54
平安银行	60.07
华夏银行	31.11
北京银行	33.90
江苏银行	36.26
上海银行	30.52
浙商银行	27.39
宁波银行	37.73
南京银行	25.96
杭州银行	34.00
徽商银行	30.11
渤海银行	33.72
重庆农商行	43.80
中原银行	36.47
上海农商行	30.58
广州农商行	24.79
盛京银行	16.68
成都银行	20.01
长沙银行	37.90
哈尔滨银行	39.07
天津银行	33.39
重庆银行	24.86
东莞农商行	33.83
贵阳银行	15.16
郑州银行	23.51
苏州银行	35.41
贵州银行	13.68
青岛银行	26.06
齐鲁银行	28.81
江西银行	26.79
九江银行	33.77
青岛农商行	29.13
兰州银行	25.57
西安银行	32.79
甘肃银行	22.22
威海银行	24.91
厦门银行	37.76
晋商银行	16.14
常熟农商行	59.34
九台农商行	15.70
紫金银行	25.22
无锡银行	19.43
张家港银行	43.21
苏农银行	24.27%
瑞丰银行	47.20
江阴银行	20.53
泸州银行	15.68

图 4-1 2023 年 6 月上市银行零售信贷占全部信贷的比重

资料来源：九卦金融圈。

126　银行零售转型新逻辑

的交叉渗透，可触达客户数量庞大，品牌深入人心，为挖掘资产业务增长点创造了条件。以吉林银行2023年年末数据为例，零售客户总量达1 203.06万户，代发个人客户数达248.66万户，而个人贷款客户数约为28.53万户，信用卡客户数约为101.36万户，在不考虑重叠的情况下，两者相加后在零售客户中的占比也仅为10.8%。而招商银行截至2022年年末，个人贷款客户数已达1 214.05万户，信用卡客户数为7 000.16万户，两者之和占零售客户总量1.84亿户的比重为44.64%。

从科技赋能情况看，过去10年，互联网企业将触角延伸到金融领域，虽然经历过行业乱象，并受到监管与整治，但不可否认的是，互联网金融对传统金融机构发挥了有益的鲇鱼效应。其将"用户至上"的理念和先进的金融科技传播到了银行业，倒逼银行告别"躺赢"年代，开始变革进取。如今，在强监管环境下，仍活跃在互联网金融领域的主角已经变成持牌金融机构，通过积极利用移动互联网、大数据、云计算、人工智能等技术，使得业务运营效率极大提高，获客渠道大幅拓宽，客户体验极致提升。而受限于自身科技能力的不足和专家型人才的短缺，中小银行在金融科技赋能零售资产业务上明显落后，相应地，也意味着潜力巨大。

从市场需求看，当前，我国家庭的负债结构仍以房贷为主，消费贷占比低于20%，消费金融在激发消费潜力上仍存在较大空间。虽然近年来受房地产市场调整等多重因素影响，个人住房贷款需求下降，但在国家密集出台政策利好刚需和改善性住房需求的刺激下，住房按揭贷款的下降趋势逐渐得到遏制。同时，在扩大内需、做强中小民营经济的大背景下，消费信贷和普惠小微贷款仍属于各金融机构做强零售资产业务的重要抓手。在双循环新格局下，消费的基础性作用逐渐增强，消费升级的趋势已然形成，优质高效的零售信贷在满足人民对美好生活的向往方面仍将起到不可估量的作用。艾瑞咨询预计，未来几年，我国狭义消费信贷余额规模将以7.9%的年复合增长率持续增长，到2026年接近25万亿元。

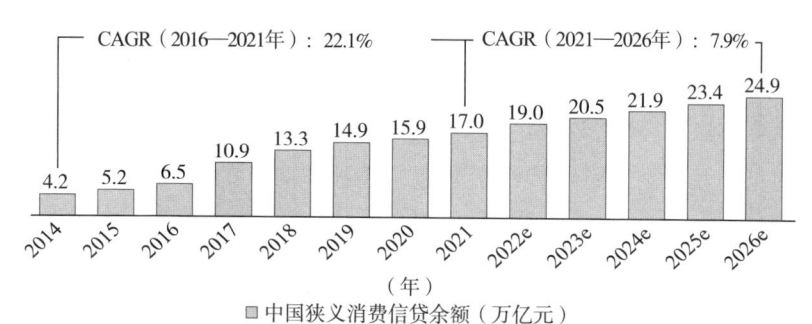

图4.2 2014—2026年中国狭义消费信贷余额

注：狭义消费信贷余额是指居民不包含房贷的消费信贷余额，包括由银行、消费金融公司、汽车消费金融公司、小贷公司及各类互联网消费金融机构提供的消费信贷余额。CAGR为复合年均增长率（Compound Annual Growth Rate）。

资料来源：艾瑞咨询《2022年中国消费金融行业研究报告》。

个人信贷发展策略

自1992年5月5日，中国建设银行上海分行发放全国第一笔个人住房贷款以来，个人信贷业务已经走过了30多年的曲折历程，到如今已经成为许多银行信贷的压舱石。中小银行需要尽快提高个人信贷占比，至少先达到30%，再逐步达到50%左右的水平；在内部结构上，从整体风险收益较好匹配的维度考量，零售转型初期宜按照按揭贷款占比最高、小微贷款次之、消费贷款再次之的顺序发展个人信贷业务。

按揭贷款

按用途分类，按揭贷款可分为住房按揭贷款业务和商业用房按揭贷款业务；按交易次数分类，又区分为一手房和二手房业务。由于一手房和二手房在业务管理、信用风险层面并无本质区别，这里不再单独区分。在业务优先级层面，因住房按揭贷款属于消费性贷款业务，其用途多为购买房屋自住，还款来源主要为借款人自身收入，整体风险较低，作业手续简便，可批量操作，易于提升业务量，应率先突破；商业用房按揭贷款业务因其资产质量受经济波动影响大，且容易转化为开发贷，致使个人信贷风险公司信贷化，应审慎介入。

加快住房按揭贷款业务发展，在战略上应把握以下要点。

坚定发展不动摇

一些中小银行资金成本较高，单独核算房贷利差收入不合算，在战略上对房贷尤其是住房贷款容易摇摆。事实上，在大多数情况下，房贷定价亦有增长空间，例如，中小银行可通过提高服务效率，在控制好实质风险的前提下，从被其他银行拒绝的客户中，挑选一部分对价格不太敏感的客户，上浮定价。再如，住房按揭贷款定价低的主要原因并非以客户为主导，其根本还是在于金融同业之间的竞争，因此，不同地区的楼盘定价并不一样采用最低标准，如较为偏远的地区，或者同一地区金融机构竞争少的楼盘，其定价水平明显高于竞争激烈的地区和楼盘。还有，在当前监管要求银行业履行社会责任，不断降低普惠小微贷款利率水平的情况下，过去认为利率定价较低的住房按揭贷款，与过去普遍认为定价较高的普惠小微业务相比，其利率定价的差距会越来越小。此外，如前所述，房贷资本消耗与风险管控成本较低，并能获客和交叉销售，故综合收益并不低。值得一提的是，住房按揭贷款涉及民生，监管利率政策容易多变，遇到下调阶段也应立足长远理性对待。招商银行正是抓住2009年利率打七折的历史机遇，快速发展住房按揭贷款业务，带动个人信贷业务超越其他银行。2023年，监管要求对存量房贷利率进行下调，中小银行可抓住政策窗口期，大力拓展目标客群。

明晰并固化业务模式

一则设计开发有竞争力的产品，着重在效率、额度、条件等方面，形成差异化竞争优势，做到人无我有、人有我优、人优我精。二则组建高素质营销队伍，看重信贷经验，训练营销技能，锤炼出既能走出去开展楼盘营销，又能敏锐获取政府相关部门一手信息的综合营销人才，同时打造出营销能力较强、熟悉业务流程、能有效识别风险并能在短时间内把贷款放出去的作业团队。三则加强优质楼盘和房产中介营销，督促分支行行长牵头，形成楼盘营销地图和网格化营销档案，利用开发贷、经营贷等资源实现公私联动、信息共享，做到因地施策和一网打尽。四则实行精细化过程管控，通过常态化开展流程穿越，推进贷前、贷中、贷后全流程精细化管理，覆盖营销、服务、产能、组织、绩效、系统等要素，打造极致客户体验。

注意严密防范风险

虽然按揭贷款笔数多、风险分散，属于强担保业务，但在实际开展过程中也不能大意，需要把握好风险控制要点，避免低风险业务做成高风险。一方面，要做好楼盘烂尾的风险防控。开展住房按揭贷款业务，最大也是最难以有效处理的风险就是楼盘烂尾风险，一旦楼盘无法按期交工或无法正常入住，借款人往往会采取"断供"的方式进行维权，这不仅带来批量性的信用风险，还有可能产生群体性事件，对银行声誉造成较大损失。为此，除了要在管理制度上对准入流程进行严格规范，还应采取建立"黑/白名单"长效机制的方式防范业务风险。对于地理位置差、销售前景不看好的楼盘不予准入；针对已准入的楼盘，要求定期检查开发项目进度、房屋交付等情况，防止出现"烂尾"风险。另一方面，要严格做好住房按揭贷款假客户、假首付、假价格的"三假"风险防范工作。现金流较差、急需回笼资金，或楼盘口碑一般、销售情况不好的房地产开发企业，骗取信贷资金的手段花样繁多，常见的如利用虚假客户一房多卖，利用零首付、低首付吸引客户，利用高价格做高整体房价等，对于这些，都应该有针对性地进行重点防控。

在具体战术和策略层面，以下方面值得关注。研判各地房地产市场泡沫状况，选择风险较小的区域。楼盘项目准入应严格审查，重点调查开发商资质、以往开发经验和项目资金情况，对存在低首付、零首付宣传的项目禁止准入。真实了解客户，仔细核实借款人身份，认真评估还款能力，确保首付款和交易价格的真实性。做实房产价值评估，控制按揭成数，防止价格虚高。贷款审批标准统一规范，创造条件集中总行审批。完善贷后管理、逾期预警压降、不良催收处置等机制，持续监测是否存在批量逾期、批量还款等问题，及时发现业务潜在风险。重视抵押登记权证回行率指标，对具备办理正式抵押登记的项目，应在具备条件后的3个月内落实登记手续，防止抵押权悬空。从严管控员工道德风险与操作风险，对造成严重后果的坚决杀一儆百，实行下岗清收乃至移交司法机关处理。注重作业效率，与时俱进创新进件、审批及贷后管理模式，利用线上化方式降本增效。

小微贷款

部分中小银行将小微贷款归入公司贷款或普惠贷款业务之列，但大部分银行将其纳入个人信贷业务一并管理。2018年8月，国务院促进中小企业发展工作领导小组第一次会议首次提出，我国中小微企业具有"56789"特征，即贡献了50%以上税收、60%以上GDP、70%以上技术创新、80%以上城镇劳动就业、90%以上企业数量。但从信贷业务角度分析，小微企业的风险从世界范围看都是高的。有媒体按富裕程度、人口数量、城市层级等标准，选出40个对中国经济举足轻重的城市，统计发现，在2014—2022年的9年，这40个重点城市中小微企业注销率持续增加，尤其是在2019年新冠疫情暴发前达到峰值（见图4-3）。

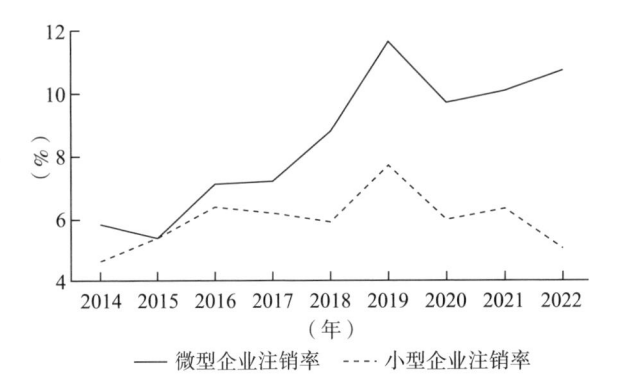

图 4-3　2014—2022 年"重点 40 城"微型和小型企业注销率变化
资料来源：微信公众号"财经十一人"。

因此，小微贷款的关键是控制风险，风控模式大致可分为传统人工模式、数字化模式以及两者结合模式。无论采用何种模式，中小银行短期内都难以构建足够的风控能力，所以，初期应主要开展以住房为主的强抵押小微贷款。银行业常说"真小真微"分散风险，确实如此，但不足以控制整体风险，应注意避免盲从而掉入陷阱，具体可以从以下三方面入手。

明确个人经营性贷款借款对象类别及准入要求

个人经营性贷款的贷款对象为实际从事生产经营的客户。一般包括三类：一是无营业执照但实际从事生产经营的个人中高端客户；二是具备经营实体且有合法生产经营证明的个体工商户、个人独资、个人合伙等非法人企业主；三是依据《公司法》规定设立、具备经营实体且有合法生产经营证明的有限责任公司和股份有限公司的股东。

对于不同客户群体，银行应进一步明确必备的准入条件及相关资料。针对第一类客户群体，客户尚未申请营业执照，但长期实质性从事生产经营，借款人申请贷款时可提交实际生产经营的相关资料，如真实有效的承包协议、租赁协议、经营资金结算清单等能证明其实际从事生产经营的资料，用于替代营业执照等申请资料，并由客户经理在尽职调查报告中将上述情况进行说明。针对第二类客户群体，应严格按照个人经营性贷款的一般准入标准，通过客户提供并经客户经理验证的经营资料，分析客户是否具备准入条件。针对第三类客户群体，如由同一实体多个股东分别独立申请贷款的，各申请人在经营实体中所占的股份应不低于20%，且须单独提供足值的抵押物，贷款总额度须按照该实体的经营情况综合核定，且同一实体各借款人贷款总额不得超过经营性贷款单户最高限额。

有针对性地开展贷前调查

个人经营贷款的贷前调查要更加审慎严格，原则上应进行现场调查，尤其是针对中介机构推介的客户，要严格落实面谈、面签制度，不得简化贷款手续和资料，防止中介机构通过各种形式的包装帮助客户获取贷款，将风险转嫁给银行。

一般而言，客户经理起草的调查报告应重点强调以下两方面内容。一方面，说明企业和借款人的基本情况。客户经理可通过向周围商户、企业员工了解情况，查看企业税务凭证、企业和借款人银行账户流水、企业贷款卡明细、水电税费各类缴费凭证等手段，了解企业生产经营情况。核实企业产品销售是否正常、是否及时发放员工工资、是否有充足的现金流、是否及时缴纳与企业生产经营相匹配的水、电、税等相关费用。了解借款人的品德行为，核实借款人是否存在非法集资行为，是否存在家庭及其他经济纠纷，是否存在赌博、拖欠贷款等不良行为。另一方面，说明贷款用途。贷款用途调查应作为贷前调查中一项必要内容，并应通过贷后检查对借款人资金账户进行监控，严格资金用途的合规使用。如贷后检查中发现借款人资金用途违规，应立即要求收回该笔贷款。贷款不得用于股市等权益投资、购买彩票或国家法律法规和规章禁止的其他消费与投资行为。个人贷款资金必须发放至借款人本人的个人结算账户，且此账户不得与股票等权益性投资账户、银证转账、银证通账户及第三方存管账户关联。

做好客户还款能力的测算

客户经理应注重客户实际还款能力的调查与评估，不得将客户的工资收入证明作为验证客户收入能力的唯一路径，而应结合不同情况，采用实地调查、电话调查、网络调查、第三方数据分析等形式交叉验证客户还款能力。还款能力认定标准应实事求是，一般认为符合以下任一条件的个人贷款业务，可认定为借款人具备相应稳定充足的还款能力。一是借款人具有折算后足以覆盖全部负债到期还款本息的家庭金融资产；二是借款人具有折算后足以覆盖全部负债本金的家庭资产，且月总收入大于等于月总还款；三是借款人月总还款小于等于 1 万元，且月总还款与月总收入之比小于等于所申请个人贷款业务品种收入还贷比的要求（除房屋按揭贷款执行监管部门有关要求外，其他个人贷款偿债比一般为不高于 60%）；四是借款人月总还款大于 1 万元的，且月总收入与月总还款之差大于等于 1 万元。当然，上述测算标准并非放之四海皆准，还应结合当地经济发展水平和发展阶段做适当调整。

值得关注的是，近年来，国有银行和股份制银行为满足普惠金融"两增两控""小微企业首贷率"等监管指标要求，以较低利率争夺小微企业贷款，尤其是足额抵押贷款，与中小银行形成激烈竞争态势。在这种情况下，中小银行不得不下沉客户，开拓非抵押贷款，为此必须构建与之适应的经营管理体系，特别是风险管理体系。另外，以线上为主的信用小微贷款业务模式也显示出较大发展潜力，可以在借助外力，确保风险可控的基础上，作为小微贷款新的增长点来培育。

个人消费类贷款

消费贷款定价较高，当前监管政策利好银行，在目前房贷利率低至中小银行盈亏平衡线以下的情况下，中小银行应当抓住机会发展消费贷款，以提升个人信贷整体定价和收益水平。需要警惕的是，近年来，我国居民的个人负债率大幅攀升，一些细分人群的负债超过警戒线，加之个人收入增长趋缓，个人消费贷款的风险在加大。中小银行不能用过去的眼光看待消费贷款，必须高度重视防范风险，慎重起见，初期同样可主打住房抵押型消费信贷产品。

在小贷公司、消费金融公司及互联网平台多年的竞争活动中，数字消费信贷初步成熟，中小银行应构建全流程数字化模式，涵盖数据来源、数据筛选、客户触达、客户准入、授信评审、额度授予、额度激活、贷款发放、贷后管理、风险处置等各环节。数字化能力的培育需要时间,中小银行可考虑与成熟的同业和三方机构合作,借船出海,并且采用业务收入分润模式,减轻前期投入压力。与三方机构合作互联网贷款,应注意合规性,尤其是客户投诉处理。鉴于当前经营和监管环境发生了重大变化,应聚焦选择头部公司合作,合理确定并控制好贷款品种、规模、定价以及不良率及不良处置,先尝试再上量,而不应像过去一样良莠不分、贪多贪快贪大。

未来可进一步打造覆盖全客群的产品统一入口模式,后台自动识别贷款需求,匹配相应产品,给客户更丰富、更融合、更无感、更多维的使用体验。在风险控制层面,应严格把控贷款真实用途,确保贷款不出现挪用风险,尤其是投入房地产和股市。除识别客户真实消费性需求外,不得利用消费类贷款材料相对较少、手续相对简单的特点,将经营性贷款做成消费类贷款,防止出现"宽进宽管"问题,避免业务风险在条线间交叉蔓延从而埋下风险隐患。在信用风险的考量上,应以调查借款人第一还款来源为主,确保借款人有充足现金流或家庭净资产。针对抵押类消费贷款,要遵照"押得住、押得实、易变现"的原则,重点选择市场价值合理、易变现的住宅及区域商业环境较好的商用房开展业务,确保抵押物真实,还款来源有保障。

在大力发展住房贷款、小微贷款、消费贷款的同时,还应重视构建个人信贷业务的核心竞争能力。就大方向而言,应打造前中后分离的零售信贷工厂,把客户准入和信贷审批统一到总行,消除过去分支行各自为战导致的审批标准不一、风险偏好各异和道德风险难以防控等顽疾,同时细分市场中潜力巨大、需求未被满足的各个客群，通过线上线下融合的模式，捕获更多的客户，激发更多的需求，创造更好的体验，进而占据更多的市场份额。就关键能力而言，包括针对不同客群的需求深入挖掘及精准细分与差异化定位能力、有效识别与控制风险能力、触达与深度运营目标客户能力、商业洞察与决策执行能力、个人信贷队伍激励与训练能力等。

案例4-2

如何让个人信贷业务逆势增长？

中国人民银行官网公布的《2022年四季度金融机构贷款投向统计报告》显示，2022年年末金融机构房地产贷款余额53.16万亿元，同比增长只有1.5%，增速比上年低6.5个百分点，比同期人民币贷款整体增速低9.6个百分点。其中个人住房贷款余额38.8万亿元，全年净增约4 800亿元，同比增长1.2%，增速比上年低10个百分点，是21世纪以来的最低值，而且比同期个人贷款平均增速低4.2个百分点，成为拉低个人贷款整体增速的主要因素。而在房地产市场高歌猛进的2016年，个人住房按揭贷款一年新增额达到4.9万亿元，几乎是2022年的10倍。

个人住房按揭贷款增量市场急剧缩小，存量风险开始显现，以房贷为主开展个人信贷业务的银行感受到了前所未有的压力。该如何破局？成为摆在银行决策者面前的一道难题，吉林银行也不例外。

吉林银行个人信贷业务积极寻求破局之道，围绕数字化渠道建设、产品创新服务、客户体验管理、本地化数据连接等方面不断探索，创新推出数字化转型拳头产品"吉房贷"。产品上线仅半年，就取得放款规模超30亿元、服务客户近万人的耀眼成绩，增速远超当地已经开展类似业务多年的同业。这是如何做到的呢？

第一，依据客户和员工之声研发产品。在产品设计初期，从解决住房押抵贷款客群评估难、资料繁、流程长的痛点入手，建立多种渠道来收集信贷客户、客户经理、审批人员、管理人员等不同使用群体对产品的意见及建议，将客户、一线人员从产品的使用者变成产品设计的参与者，将产品的设计思维从自身视角转向客户视角，既从消费者需求出发，又注重一线人员作业体验。

第二，着眼客户体验，迭代优化流程。创新打造"吉房贷"中心，联合三方公司合署办公，与不动产登记中心系统直联，重塑业务流程，为客户提供一站式贷款办理服务，实现"让数据多跑腿，让客户少走路"，追求极致客户体验。长春、通化分行"吉房贷"中心最早正式营业，效果明显，吉林、松原、辽源、延边、四平"吉房贷"中心陆续筹建运营，全行"吉房贷"业务服务效率与水平不断提升。

第三，借助金融科技创新赋能。自主研发线上获客渠道、移动进件工具，搭建数智化风控体系。在渠道层面，开发H5快速嵌入公众号、手机银行、二维码等场景，上线客户转介客户平台，为线上申请和转介客户提供便捷服务。在作业层面，推出PAD线上进件App"灵吉移动"，移动办理"吉房贷"业务，实现申请、评估、审批等多环节全流程无纸化办公，大大提高客户经理产能。在风控层面，引进多维度数据源，自主研发搭建风控模型，即时辨别欺诈和信用风险。在技术层面，建立快速创新和灵活纠错的敏捷迭代机制,持续优化产品,不断进行评估和调整,逐步扩大应用范围和市场覆盖面,最初半年时间内累计更新迭代系统 14 次,优化功能 163 项。

第四,举全行之力组织营销战役。"吉房贷"上市后,总行召开誓师大会,总分支行全体动员,全员营销,全力发起半年 50 亿元攻坚战。长春分行放款额突破 10 亿元,多家支行放款额破亿元;通化分行培养营销精英,贡献最佳实践案例;辽源分行合署办公打通中介渠道,指标完成率位列全行第一。总行个贷部总经理室指导各分行个贷部总经理室直扑一线,火线指挥作战,奔赴 89 家一级支行宣讲、培训、答疑,形成"比学赶帮超"的氛围,仅用 15 个工作日即投放贷款超 10 亿元。

第五,运用多种传播手段宣传塑造品牌。"吉房贷"在研发及运营过程中,始终重视客户口碑;产品面市后,更是以将"吉房贷"打造为本地美誉度最高的产品为目标,聚焦产品美、速度快、体验佳等特点,线上线下多渠道密集投放广告发起宣传攻势,成功在各地塑造"吉房贷"便捷高效、客户满意的品牌形象,产品知名度与美誉度不断扩大。

2023 年,"吉房贷"业务发展已经进入第三个年头,产品自推出以来,发展态势和市场反响良好。截至 2023 年年末,"吉房贷"贷款余额超过 121.59 亿元,累计为 4.22 万名客户提供融资服务,解决了众多小微企业主、个体工商户和普通老百姓的融资难题,同时也助力了吉林银行调整存量信贷结构,穿越房地产市场严冬。

信用卡发展策略

对中小银行而言，信用卡业务有点"鸡肋"。一方面，信用卡投入较大，盈利高度依赖规模效应，而许多中小银行受经营区域限制，信用卡发卡潜力有限。另一方面，信用卡作为高频产品，已经成为主流银行的标配，如果缺失，不仅不利于竞争成为客户的主办银行，也难以建立起交叉销售优势。怎么办？中小银行需要基于对行业格局的了解，找准差异化定位和策略。

行业格局

对老上海人来说，徐家汇最具有地标性质的商场，应该是"美罗城"。这家商场的建筑外面，有一个大大的"水晶球"，可以说承载了几代上海人的难忘记忆。2002年的冬天，初出茅庐的招商银行信用卡，就在这里与"水晶球"有了一次亲密接触。对我国信用卡行业来说，这款产品具有划时代的意义，它解决了过去信用卡无法透支的问题，开启了我国信用卡消费金融的新篇章。

二十年风云变幻，我国的信用卡行业经历了多个发展阶段。2003年至2012年，是信用卡行业的高速发展期，被业内称为信用卡的"黄金十年"，年增长率在20%以上。国有银行和一些股份制银行凭借网点和品牌上的压倒性优势取得了领先地位，用几年时间走过了国外信用卡几十年走过的路。随后几年，随着技术创新与产业发展，移动互联网成为金融机构的必争之地，各发卡行围绕移动端各显身手，我国信用卡行业发展继续稳步增长，增长率稳定在12%左右。2015年，随着互联网技术的高速发展和应用,在"互联网+"风口的驱动下,快捷支付进入"支付+消费+生活"的崭新时代,支付宝的花呗和借呗、腾讯的微粒贷和微业贷、京东的白条和金条等线上互联网消费信贷业务异军突起,其发展速度颠覆了传统金融机构的想象,信用卡行业进入传统银行、持牌消费金融公司与新兴互联网企业群雄逐鹿的"战国时代"。招商银行、平安银行等股份制银行紧跟时代的发展脉搏,主动拥抱互联网,实现了弯道超车。2016年至2019年,全行业又迎来了新一轮高速扩张期,累计新增信用卡超过3亿张。进入2020年,突如其来的新冠疫情使行业发展环境遭受严重冲击,当年发卡量同比仅增长4.29%,2021年发卡量增幅进一步跌至2.83%。

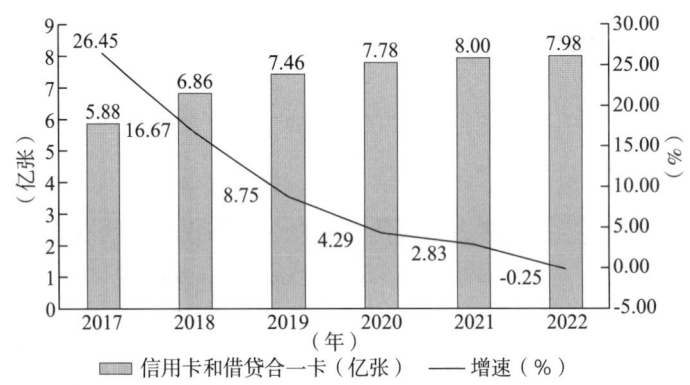

图4-4 2017—2022年全国信用卡和借贷合一卡在用发卡数量及增速
资料来源:中国人民银行。

截至2022年,我国信用卡和借贷合一卡7.98亿张,人均持卡0.57张。虽然国有银行信用卡发卡量仍保持领先,但招商、平安、中信、广发等头部股份制银行持续推陈出新,构建具有自身特色的护城河,在交易额、授信额、活卡率、营收甚至App每月用户活跃数量等方面,已实现反超并持续领跑。

差异化定位

面对国内信用卡行业高增长不再、高风险降临的现实，中小银行何去何从？一方面，如前所述，信用卡作为个人客户的标配高频产品，取得了业务资格的中小银行不应轻言放弃，否则，无异于自断其臂。另一方面，必须正视现实，不应设立信用卡发展的不切实际的目标，防止造成难以承受的亏损和不良后果。这就需要找到差异化定位，而不能随波逐流。

中小银行信用卡业务的差异化定位应考虑如下关键要素。

- 盈利。国内外大型银行的信用卡业务盈利周期一般在5年以上，这对于中小银行来说是难以承受的，所以初期不宜同样以发卡为主，而应率先发展能立即创利的分期业务，将其作为个人信贷的补充。
- 服务。将信用卡作为标配产品，对存量客户中的中高端客户及交易消费活跃型客户加强营销，提高覆盖率，同时提供高品质服务，增加优质客户的黏性。
- 获客。信用卡也能带来数量不菲的新客户，而且经验表明，持有信用卡的客户比未持有信用卡的客户，户均AUM高出2倍左右，所以应重视利用信用卡获新客。
- 生态。在同业竞争日趋激烈的市场中，个人客户的经营正从依赖场景向依赖生态进化，而信用卡业务的属性要求其必须构建场景和生态，应当将之作为提升个人客户经营能力的重要途径。

- 科技。主流银行的信用卡业务都是数字化转型的尖兵，借助业内的成功经验，能大大推动整个零售业务数字化转型进程。
- 管理。标杆银行信用卡业务的管理已经相对成熟，而且与国际先进水平接轨，可以为零售其他业务管理提供借鉴，特别是在销售队伍管理上更值得复制。

正是得益于差异化定位，吉林银行信用卡业务实现了良性发展。开展零售转型三年多时间，信用卡业务按照FTP 3.18%计算，营业净收入2.44亿元，足以覆盖直接成本，具备了持续投入的条件。截至2023年年末，应收账款104.98亿元，为转型前的14倍；分期业务收入78.93亿元，为转型前的28倍；发卡116万张，为转型前的5倍；手续费收入0.95亿元，为转型前的5倍。吉林银行在零售转型之前，信用卡业务多年发展缓慢，举步维艰，品牌影响力和市场竞争力十分薄弱，分行无队伍，基层无考核，与头部城商行差距甚大，市场份额、管理经验、人才储备、科技支撑、队伍建设、销售策略等各个方面均远远落后于人。今昔对照，变化之大，可谓天翻地覆。

务实策略

中小银行发展按照差异化定位发展信用卡业务，以下五个方面的务实策略值得参考。

分期开路

如前所述，根据盈利第一的定位，中小银行应优先发展分期业务。在分期业务中，应率先发展面向装修、汽车等较大金额消费场景的专项分期，因为基础分期依赖于发卡与用卡，且金额较小，短期内难超过20%的贷款额。分期业务比较复杂，但属于标准化的成熟产品，收入高、见效快、风险相对较小；虽然对产品依赖度大，对服务和效率要求高，但对品牌和市场投入依存度不高。中小银行可选择与不存在竞争关系的领先城商行深度合作，既能实现跨越式发展，又能通过采用收入分润模式，减轻投入压力；为避免风险隐患，可以和合作方约定不良率上限，与分润及分润比例挂钩，以此规避合作方为当年的短期利益而降低业务门槛。

吉林银行遵照以上策略，成功实现了分期业务的突破。首先选择城商行中信用卡规模大、盈利能力强、精细化管理好的广州银行为战略合作伙伴，通过拜广州银行为师，使分期业务迅速突破自身瓶颈，在业绩增长、收入增加的同时，搭建了风控体系、外包队伍管理体系、培训体系和贷后管理体系，各方面能力大幅提升。

发卡紧跟

信用卡毕竟是依托发卡的标准业务，中小银行在重点突破分期业务的同时，应在资源允许的条件下尽量多发卡，尽快跨越100万张、300万张乃至500万张的台阶，以尽快达到形成规模效应的基线。信用卡产品本身创新空间有限，多发卡的关键在于营销包装，可结合城市、客群及银行特点，策划有创意的营销活动带动发卡。如围绕新客、年轻客户、学历客户和中风险高收益客群，健全线上为主、线下为辅的营销渠道，从产品设计入手，打造爆款产品，尤其在卡片设计、首刷礼创意、权益吸引力、市场活动、队伍比赛激励和品牌宣传上下功夫，着力解决没有打得响的产品、没有影响力的市场活动和分支行营销乏力等难点问题，以此推动发卡量的稳步增长。值得一提的是，过去火热一时的与互联网平台联合发卡运营的模式，虽然数量增长得快，但质量差，不仅盈利有限，而且风险高，实践证明不是好的选择，需要慎之又慎。

信用卡发展的关键是收入与有效客户规模，因此，提高"活卡"率十分重要，这也是监管要求。应当制定符合业务实际的发展模式，持续完善用卡环境，精打细算、精耕细作，精心打造特惠商户生态圈，开展促活营销活动，以提升客户黏度和交易量，不断增加"活卡"比例及营业收入贡献度。

从吉林银行的实践来看，可以采取线上线下齐头并进的方式促进"活卡"。在线上，依托手机银行功能专区和微信公众号作为获客和活客主阵地，打造线上端第三方渠道批量获客、生态经营新机制，为用户提供更加便捷、安全的绑卡、用卡体验，加强流量投放、开展小额高频活动，通过数据运营的方式赋能客户服务；在线下，强调属地内核和特色，打造全场景生态，加强分支行及网点3公里生态建设和特惠商户管理，紧盯用户真实消费场景，推出爆款活动、商超满减、衣食住行等日常生活优惠活动，实现开放性场景的内容聚合经营，联动内外部资源，构建生活+金融综合服务生态圈。以上举措收效明显，仅用3年时间，吉林银行的信用卡活跃率提升近7个百分点，交易额提升6倍，中间业务收入提升近5倍。

信用卡发展依赖于品牌，应当树立品牌化经营理念。为此，应不断重塑产品研发、场景获客、营销方式，打通客户全生命周期经营链条，提高产品服务的客户满意度和口碑。针对重点业务和产品，制作宣传文案、H5、小视频，积极组织全行员工通过微信、微博等广泛转发，利用商圈广告屏、公交地铁、公众号、App、营业网点、外部媒体等渠道，以及地域特色、员工代言等个性化形式，开展全域覆盖宣传，提升品牌知名度和影响力。

双轨并行

中小银行信用卡分期与发卡营销需DS、分行两条腿走路，并更多依托分行资源。首先应组建信用卡DS队伍，作为生力军破局，单纯依靠分支行展业，很难有大的起色。DS模式比较成熟，应由总行主导，从市场上招聘有经验的骨干人员，复制现成的专业模式。可先选择市场空间、市场人才等条件较好，分行配合度较高的区域，总分协同，全力以赴，打造管理先进、产能优异的样板，然后推广到其他有潜力的分行。

应当认识到，中小银行资源有限，DS产能不到三年就会到达天花板，如果像大型银行的DS一样独立发展，路会越走越窄。因此，需深挖分支行资源，主要是客户资源，为DS输血。应在分行配置一定数量的信用卡产品经理，推动支行渠道信用卡交叉销售；引导支行转变观念，明确利益分配机制，解决支行不愿意拿出客户资源给DS的普遍难题；DS以总行为主运营一年左右，成型稳定后，并入分行统一管理。

在这方面，吉林银行做了一些有效的尝试。其一，建立DS队伍。先由总行主导在长春分行试点，在经营管理模式规范及产能达标后，将 DS 队伍划归分行管理，并进而在其他分行建立 DS 队伍。队伍成型后，隶属分行，总行负责总体考核管理和费用资源，分行负责人员管理和业绩指标，总分行共同优选队伍负责人、DS 管理层。经过反复优胜劣汰、新旧更替和转型迭代，两年时间即将一支 30 人的 DS 队伍发展到近 600 人的 8 支 DS 队伍，6 支在当地业绩第一，成为外包队伍的王牌之师，为后续外包队伍建设提供了样板。截至 2023 年年底，DS 队伍经过两年多时间，累计投放分期额 87.73 亿元，发卡 30.21 万张，分别占全部分期额与发卡量的 82.27%、33.74%，共实现营业收入 6.26 亿元，累计不良率仅为 1.22%。其二，千方百计抢挖人才。通过社会化招聘具有先进同业工作经验的专业化人才，在总行打造包括营销、数据、风险、催收等多个领域的信用卡"最强大脑"，建立年龄、学历、知识结构与业务搭配的人才队伍。其三，启动组织架构重塑。达到和超过一定规模，可在分行建立信用卡一级部、二级部及信用卡团队，在支行层面建立信用卡专员队伍，负责信用卡营销落地组织工作。这些改革在分支行成功落地，大大增强了业务发展动力。

风险托底

信用卡本质上是高定价覆盖高风险的业务，财富管理优质客户往往并不是信用卡的好客户。国内外大型银行的信用卡业务都曾经遭遇过重大风险损失，而中小银行信用卡盈利能力弱，这是不能承受之重，因此，必须强化风险管理，确保风险可控。客户准入和授信政策是关键,而这又要与盈利水平结合起来考虑,抬高客户门槛可能不赚钱,降低客户门槛可能出风险,可行的办法是在一定授信限额内测试,积累足够数据后再确定风险偏好。信用卡风控对金融科技的依赖度更高,其风险管理全流程自始至终都应立足于数字化和智能化。同样,中小银行靠自身力量,很难短期内构建数智化风控体系与能力,与成熟同业及三方机构合作,不失为明智选择。

吉林银行在零售转型之前,信用卡业务风险基础较薄弱,缺乏科技和系统支撑。转型之后业务发展大幅提速,为有效防控风险,把"以数据为依托、科技助力风控"作为风险防控总基调。为此,建立了三大风控系统,即全行级的风控决策引擎系统、信用卡贷中管理系统、信用卡催收联盟系统,并迅速启动对接行内外各维度数据,作为策略分析、模型建立的基础;开发运用了一系列风险评价工具,包括反欺诈模型、行为评分模型、催收策略、客群等级划分等,全面提升量化风控能力,同时向先进同业学习策略调优方法,识别高风险客群并提前预警处置,通过行为评分及收益分层,优化额度管理策略,提高卡均额度,提升客群收益;着力加大贷后管控力度,针对新冠疫情引发的持卡人收入降低、催收受市场及监管趋严影响而受到限制、客户可联率低及"共债反催"现象严重等严峻挑战,建立专业化电催团队,提升自催及委外催收效能,探索批量诉讼、诉催结合、收益权转让等新的不良处置方式,不良率控制在同业较好水平;加大合规管控力度,通过不断完善制度建设,强化问责机制,增强专项检查、飞行检查等有效举措,弥补信用卡队伍中由于大部分为非正式员工而导致的合规和风控意识较为薄弱的短板。

  本章所述零售转型资产为先的逻辑，强调中小银行在零售转型期间，个人资产业务是主要创收和盈利来源，应当集中资源，迅速做大，为避免零售转型夭折创造条件。但必须牢记，风险管理是发展的半径，越是快速发展，越要提升风险管理能力，否则，不仅会给零售转型本身造成重大影响，还会给整个银行带来灾难。应分别在个贷和信用卡业务条线，建立科学有效的全面风险管理体系，实行风险负责人派驻制，双线汇报考核，兼顾独立性与效率，明确风险偏好、资产组合、风险限额、信贷政策、信贷纪律，制定和完善相应制度，加大监督检查与问责整改力度，确保个人资产业务增长快、质量好、盈利高。

第五章
营收为重

叶逢春生，再遇秋落。树叶虽形状、大小、颜色和质感各异，但都是树木光合作用的关键部位。在树木生长的每一个年轮里，都留下了树叶用春的萌生和秋的凋谢，从制造养分到零落成泥，无私无悔、年复一年地为大树成长默默奉献的印记。在零售这棵大树上，营收就好比树叶，汇聚各项业务的经营成效，进而源源不断地带来利润。零售转型的成败，最终需要用利润来评判，不赚钱或赚钱少，不能称之为成功。而利润源自营收，营收是零售银行经营的盈利源头，零售转型应以营收为重。

营收为重的内涵

这里讨论的营收指的是营业净收入,等于存贷利差加上中间业务净收入。对于零售业务来说,它反映的是银行通过向零售客户提供贷款、存款、信用卡和其他金融产品及服务,扣除存款利息及手续费支出后创造的收入。零售转型标杆银行展现了零售营收与盈利的巨大潜力,对中小银行而言,要想零售转型取得成功,就必须将营收作为重中之重。

将营收增长置于利润之前

零售业务具有"苦累细慢"的特点,投入大、见效慢,在开展零售转型后的三五年内,零售利润很难得到明显增长,甚至可能出现亏损。很多中小银行在零售转型之初,也加大了投入,但因迟迟不见成效,最后半途而废。既然如此,零售转型是不是应该放松乃至放弃对利润的追求呢?当然不能,这无异于宣告零售转型失败。

零售转型的最终目的是提升银行的持续盈利能力,放弃利润追求等于背道而驰，任何一家银行都不会允许这样的零售转型。最终要利润，但眼前没利润，怎么办？正确的态度是将营收增长置于利润之前，在零售转型的初期牢牢抓住营收增长这个牛鼻子，几年之后即可扭亏为盈，进而实现利润的持续增长。

零售转型初期之所以不容易盈利，主要原因是投入的成本大，包括人力成本、获客成本、网点成本、科技成本、营销成本等。减少这些成本投入当然有利于改善盈利状况，但这些成本却是零售转型成功必不可少的要素，如投入不足，零售转型便无法持续推进。可行的途径是增加这些投入的产出，即让这些投入创造更多的营业净收入。零售投入的边际成本是递减的，如人力、网点、费用等显然不可能无限增加，而是增加到一定程度后即加以控制，因此，只要营业净收入保持较快增长，利润迟早会出现。

践行以营收为重的新逻辑，将促使零售各业务条线不断寻找增加收入的机会，并注重投入能带来哪些产出，而非仅仅关注业务规模的扩张。例如：住房贷款利率下降了，个人信贷业务的营收急剧收窄，那就要拓展定价更高的细分客群与市场，开发相应的高收益理财产品；网点和财富队伍的人增加了，那就要不断提高其财富中间业务收入的产能；科技投入增大了，那就要更多地获客和活客，并沉淀 AUM；获客投入增多了，那就要设法从客户那里赚到更多的钱。

只要零售转型和各业务条线的经营管理始终走在正确的路上，营收增长就会出现飞轮效应。所谓飞轮效应，指的是让一个静止的飞轮转动起来，需要不断地用力推动它，刚开始每一圈都很费力，但每次努力都会有所积累，使得飞轮越来越快，到了临界点后，重力和冲力会成为推动力的一部分，这时就无须花更多的力气了。零售业务投入产出的特性，决定了其营收飞轮效应的客观性。标杆银行曾经都经历过，其营收增长曲线在零售转型初期平缓向上，在五年左右的时点上陡然上扬，这就是飞轮效应的威力。

营收增长空间巨大

近年来，我国银行纷纷发力零售转型，零售业务对银行经营发展的贡献度持续提升。从上市银行披露的年报来看，各行零售业务营收和业绩贡献度都在明显提升，逐步超越对公业务，为稳定总资产收益率提供了重要支撑。

安永发布的《中国上市银行2022年回顾及未来展望》显示，58家上市银行零售业务营收占比45.61%，较2021年提升2.27个百分点，总体超过公司业务，领先优势由2021年度的2.65个百分点扩大到4.81个百分点。从更长期限看，不同类别银行因战略定位的不同，存在一定增幅差异，股份制银行由于开展零售转型较早，力度较大，且基数比国有银行低，相应地，零售业务营收贡献度提升幅度较高，较10年前提升幅度普遍在20个百分点左右，其他类型银行在10个百分点左右。

近年来，随着经营环境的剧变和市场竞争的加剧，零售业务正逐渐从"增量争夺"转向"存量维护"的新阶段。相比过去的高速增长，无论是资产规模，还是营收利润增速，都有所放缓。尽管如此，上市银行零售业务的营收增速仍高于总体的营收增速。以国有银行为例，零售业务2022年度存贷利差为3%，高于整体存贷利差63个bp；股份制银行更是高达3.78%，高于整体存贷利差 101 个 bp。上市银行零售业务资产规模仅占到资产总额的 23%，但营收和利润的占比达到了 45%。

我们判断零售业务营收增速放缓，未来一段时期还可能延续，但这是经营环境特别是利率等相关政策发生重大变化所造成的暂时性结果，并没有改变零售业务作为营收主力军的地位和长期增长潜力。等到各种利空因素稳定和消化后，零售业务营收增长将恢复至合理水平。

营收的尽头是利润

一般而言，营业净收入包括利息净收入和非利息净收入。利息净收入是指贷款、投资等资产的利息收入减去存款、借款等负债的利息支出；非利息净收入是指手续费、佣金、汇兑等非利息业务的收入减去相关的支出。在零售转型中，如果我们能保持营收的持续增长，就能保证有足够的收入来覆盖业务开展产生的成本和风险，从而留出利润空间。

以招商银行为例。该行零售业务的营收和利润贡献度先后在 2017 年左右超过对公业务，之后持续攀升，直至保持在 55% 左右，2022 年年末营收占比为 55.52%，利润占比为 57.04%，为其良好的业绩表现奠定了坚实基础（见图 5-1 和图 5-2）。不止于此，2013 年后我国银行业普遍陷入增长下降、风险高发的困境，而招商银行凭借零售业务弱周期的特性，逆势保持高速增长，业绩一枝独秀，至 2022 年年末资产规模突破了 10 万亿元，营收 3 447.83 亿元，净利润 1 380.12 亿元。零售和整体业绩表现优异，使招商银行赢得了资本市场的格外青睐，市值一路超越股份制银

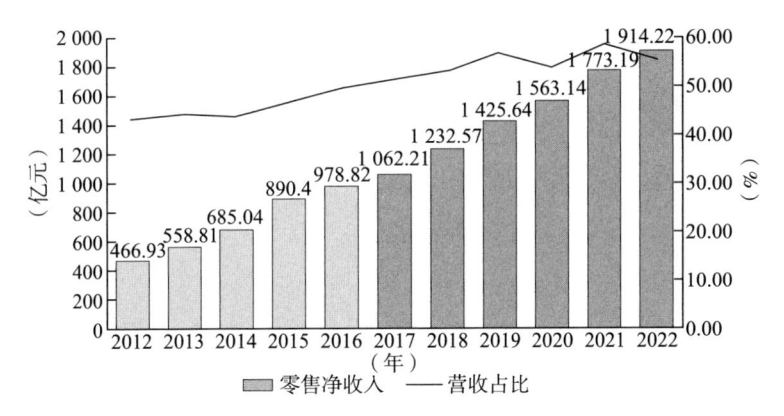

图 5-1 招商银行 2012—2022 零售净收入及占比情况

资料来源：招商银行年报。

图 5-2 招商银行 2012—2022 零售利润及占比情况

资料来源：招商银行年报。

行、国有银行，进入我国银行前三位。招商银行的规模仅为国有银行 1/3 左右，市值却能与国有银行比肩，确实堪称奇迹，其中的决定性因素无疑是零售转型的成功。

2000 年左右，我国头部股份制银行曾有"五大天王"之称，即"零售之王"招商银行、"同业之王"兴业银行、"对公之王"浦发银行、"国际业务之王"中信银行及"小微之王"民生银行。

在20多年的长跑中，招商银行凭借零售转型战略逐渐脱颖而出，最终一骑绝尘，大幅领先昔日并驾齐驱的对手。就利润而言，2022年年末最高者为招商银行的1 380.12亿元，最低者为民生银行的352.69亿元；就市值而论，最高者为招商银行的9 476.39亿元，最低者为民生银行的1 424.11亿元。

以招商银行为代表的标杆银行的实践证明，零售盈利潜力巨大，并由此带来银行价值的极大提升。这是中小银行的福音，只要坚定不移地推进零售转型，忍得最初几年的亏损，未来一定能够获得超额回报。

增加利息收入

重剑无锋，大巧不工。在零售转型初期，营收增长没有捷径可走，主要还是依靠利息收入。这里所说的利息收入，除了零售资产业务带来的利息收入，还包括储蓄存款按照FTP计算产生的利息收入。因此，增加利息收入，应当从零售资产端和负债端共同发力。

资产端利息收入

零售资产业务的利息收入，一般指的是账面利息收入扣除资金成本后的净收入，称为利息净收入或净利息收入，其中的资金成本是按各家银行自主确定的FTP价格计算的。时至今日，即使是零售转型标杆银行，其零售资产业务创造的净利息收入仍是其零售业务营收的主力军。

2022年，招商银行零售业务营收1 914.22亿元，零售贷款账面利息收入为1 681.74亿元；中国建设银行零售业务营收4 272.29亿元，零售贷款账面利息收入为3 921.90亿元；平安银行零售业务营收1 030.07亿元，零售贷款账面利息收入为1 430.27亿元；南京银行零售业务营收110.41亿元，零售贷款利息收入为172.78亿元。上述银行零售贷款扣除相应成本后，仍贡献了零售业务营收的大头。

　　从标杆银行的经验来看，规模、定价、风险三要素，决定着资产业务利息收入的高低。规模是指零售资产业务的总体规模，规模越大，意味着银行拥有更多的客户和市场份额；定价是指零售资产业务的利率或费率水平，定价越高，银行获取的利差和利润空间就越大；风险是指零售资产业务可能带来的损失，主要体现为坏账率，坏账率越高，说明银行将面临更大的信用风险和损失，进而影响利息收入。一般而言，只要资产业务规模能持续保持较快增速，定价达到市场平均水平以上，同时将不良率控制在市场平均水平以下，利息收入即能实现超越市场平均水平稳步增长。

　　如何实现零售资产业务，包括个人贷款和信用卡应收账款规模较快增长？第四章中已详细介绍，这里不再赘述。需要略作补充的是，中小银行对零售资产业务的定价，大多停留在就定价谈定价的初级阶段，应上升到风险定价的层面来理解和管理，通过提高风险定价能力，改善收入水平。

　　一方面，要树立"高定价覆盖高风险"的经营理念。除房贷外，零售资产业务的盈利逻辑，离不开高定价覆盖高风险，但不少中小银行风险定价能力薄弱，不敢下沉客户，导致整体定价、收入、规模徘徊在低水平。由于资金成本偏高，中小银行的零售资产业务，和对公资产业务一样，如果以低定价优质客户为主，就很难实现盈利，不得不更多地开发能接受高定价的下沉客户。因此，银行要在明确风险偏好和客群准入标准的基础上，充分考虑市场竞争、客户需求、成本效益等因素，合理确定零售资产业务的定价策略。

在这方面，许多聚焦小额个人贷款或小微贷款的中小银行都有成功案例。在较大规模银行中，近年来零售转型推进较快的平安银行走在前列，其零售贷款定价为市场最高者之一。2022年，平安银行零售资产业务减值准备为457.56亿元，较2021年年末增长25.95%，成为总减值准备中最大的部分，占比由49.2%升至64.2%；虽然减值准备大幅上升，但净利润增速依然在25%以上，体现了"高收益覆盖高风险"的经营理念。

众多银行的经验表明，中小银行在资产业务定价时，应当也能够结合自身业务规模情况，科学测算自身风险承受能力，采取适当"下沉"的方式，针对不同类型的客户和细分市场，采取差异化的定价模式，形成最优的零售资产业务结构。当然，业界也有质疑的声音，认为在经济下行周期中，高定价覆盖不了高风险，那些风险偏好较高的银行能否经受经济继续下行的考验，还有待观察。

另一方面，必须以专业能力为支撑，推进客户下沉策略在风险可控的前提下落地。要在增强全面风险管理能力的基础上，精准识别客户与业务的不同风险水平，据此实行差异化定价，切忌主观盲目、一厢情愿。一些中小银行曾有过血的教训——风险定价能力不足，却一味追求高增长目标，降低客户与业务准入标准，虽然规模迅速扩张，风光一时，但潮水退去后，一地鸡毛，不良资产带来的损失远超业务收益，严重得不偿失。前车之鉴比比皆是，应牢记在心，避免重蹈覆辙。具体可以从以下三方面入手来推进客户下沉策略。

其一，要有所为有所不为，充分发挥自身熟悉当地情况，尤其是与地方政府、国有企业、本土客户关系密切的天然优势，寻找自己能把控的客户群体下沉挖掘。

其二，要练好风险管理的内功，精准识别客户信用风险，在细分客群的基础上，借助代发、社保、医保、公积金等数据，把好客户准入关，开展个人贷款和信用卡业务。完善全面风险管理体系，在强化风险管理队伍建设的同时，建立良好的风险文化，积极拥抱数字化智能风控工具，提高审查审批质量与效率。切实强化贷后管理，及时跟踪客户还款情况，提升不良催收和处置能力，防止不良贷款累积。做好应急预案，应对可能出现的突发事件，如疫情、自然灾害、政策变化等，及时调整业务策略，降低损失。

其三，在"下沉"策略执行初期，可采取试点方式，在一定限额内小规模进行业务测试和验证，确保即使出现风险，也在可承受的范围内。

负债端利息收入

储蓄存款需要对客户支付利息，应该有利息支出，怎么会有利息收入呢？这里所说的储蓄存款利息收入，是一个相对的概念。回到之前提到的营收计算公式，营收等于收入与成本的差额，在收入不变的情况下，如果成本降低了，营收自然就会增加。用专业术语来描述，储蓄存款的付息成本影响净息差（Net Interest Margin，简写为NIM），而NIM影响营收，在账面利息收入及平均生息资产规模一定的情况下，如果储蓄存款的付息成本降低，则NIM提高，从而增加了营收。为客观衡量储蓄存款对营收的贡献，银行普遍在内部管理上视储蓄存款产生利息收入，并按照FTP进行核算。虽然储蓄存款利息收入是管理上的虚拟概念，并与FTP设定密切相关，但无论如何，降低储蓄存款的付息成本对营收必然有正贡献。

中小银行是否具有降低储蓄存款付息成本的潜力呢？答案是肯定的。与国有银行不同，不少中小银行的储蓄存款增长，主要依赖包括大额存单在内的定期存款，尤其是在利率下行阶段，客户有锁定利率的需求和动力，存款定期化趋势很明显，当前仍在发展。此外，为了提高存款对客户的吸引力，在利率市场化改革初级阶段，不少中小银行往往采取定期存款利率一浮到顶等方式招徕客户，付息成本因此居高不下。

2022年，24家上市银行的存款平均成本率分布（见表5-1），从1.52%到2.88%不等，差距很大。在城商行中，重庆银行、郑州银行和张家港行的存款平均成本率较高，分别为2.88%、2.37%和2.35%；在股份制银行中，光大银行、民生银行、浙商银行和兴业银行的存款平均成本率较高，在2.26%到2.3%之间；而招商银行、中国邮政储蓄银行、中国银行存款平均成本率最低，分别为1.52%、1.61%和1.65%。考虑到一些城商行、农商行并未杜绝额外支付客户现金的"贴水"行为，中小银行实际的储蓄存款付息成本还要更高。

短期来看，中小银行储蓄存款付息成本居高不下的状况很难有大的改善，但正因如此，才更有必要和潜力尽可能优化其期限和品种结构。具体举措，简单来说，就是一手压定期，一手增活期。一方面，要在全行明确低成本的储蓄发展策略，通过调整考核激励，降低高成本存款营销费用与计价标准，重点压降5年期、3年期的定期存款，增加1年期以内的短期、低息存款，从严控制大额存单规模并精准投放。另一方面，存量定期存款的调整涉及客户的意愿与体验，一旦把握不好，很容易造成客户与存款流失，因此，重中之重是千方百计提高活期存款占比。

从招商银行的数据来看（见表5-2），2022年年末储蓄存款约3.1万亿元，占全部负债比重为41.19%，其中零售客户活期存款约1.98万亿元，占储蓄存款比重为63.89%。超过60%的活期存款占比，这是一个令人十分惊讶和羡慕的奇迹。招商银行储蓄定期存款的付息率是2.77%，公司客户存款的付息率为1.7%，但其大量储蓄活期存款付息率仅为0.37%，因而全部存款付息率才1.52%，进而使得NIM高达2.4%。简单地取同业付息成本中位数2%差额测算，招商银行储蓄存款创造的利息净收入就高达235.92亿元。

如何增加活期储蓄存款呢？主要来源有三：代发工资沉淀、理财产品衔接和代收代付备用。为此，应不遗余力增加代发人数，不遗余力扩大理财规模，不遗余力推动代收代付客户增长。

表5-1 2022年上市银行存款平均成本率排名

排名	银行	存款平均成本率（%）	同比变化（百分点）	个人定期存款平均成本率（%）
1	招商银行	1.52	0.11	2.77
2	中国邮政储蓄银行	1.61	-0.02	2.17
3	中国银行	1.65	0.13	
4	中国农业银行	1.70	0.09	2.80
5	中国建设银行	1.73	0.06	2.88
6	中国工商银行	1.75	0.13	2.89
7	宁波银行	1.77	-0.06	3.15
8	渝农商行	1.97	-0.01	2.57
9	北京银行	2.02	0.05	
10	中信银行	2.06	0.06	2.90
11	平安银行	2.09	0.05	3.10
12	江阴银行	2.13	-0.11	
13	交通银行	2.19	0.09	3.13
14	青岛银行	2.21	0.12	3.37
15	兴业银行	2.26	0.04	3.38
16	民生银行	2.29	0.11	3.08
17	浙商银行	2.29	-0.18	3.43
18	瑞丰银行	2.29		2.97
19	无锡银行	2.30	-0.04	3.23
20	光大银行	2.30	0.08	3.10
21	常熟银行	2.31	0.04	3.24
22	张家港行	2.35	0.02	
23	郑州银行	2.37	-0.12	3.87
24	重庆银行	2.88	0.03	3.80

注：统计截至2022年4月12日已发布年报的A股上市银行。
资料来源：万得资讯。

表5-2 招商银行存款结构情况

	2022年12月31日		2021年12月31日	
	金额（百万元）	占总额百分比	金额（百万元）	占总额百分比
公司客户存款				
活期存款	2 762 671	36.66	2 652 817	41.80
定期存款	1 668 882	22.15	1 406 107	22.15
小计	4 431 553	58.81	4 058 924	63.95
零售客户存款				
活期存款	1 983 364	26.32	1 557 861	24.54
定期存款	1 120 825	14.87	730 293	11.51
小计	3 104 189	41.19	2 288 154	36.05
客户存款总额	7 535 742	100.00	6 347 078	100.00

资料来源：招商银行2022年年报。

代发工资业务是指商业银行接受委托单位的委托，将委托单位向本单位职工发放的工资、奖金等收入，通过转账划入指定职工在银行开立的活期储蓄账户内的一项业务。代发工资业务可以沉淀较多活期存款，原理在于大多数代发客户有日常消费、还款、周转等结算需求，会在账户中预留一部分资金；而预留之外的其他资金，不少客户也不会立即使用或转出，以上资金多为活期存款。通过对代发工资客户的持续经营，代发资金的留存率一般能达到30%左右。

理财业务又称财富管理业务，是商业银行为个人客户提供的财务分析、财务规划、投资顾问、资产管理等专业化服务的活动。理财业务可以沉淀一部分活期存款，原理在于个人客户本来就有日常结算资金需求，建议客户通过活期存款或者现金管理类产品预留这部分资金，是财务规划的应有之义。更重要的是，银行在开发理财产品时会通过期限设计带动活期存款沉淀，一则通过产品募集期设计，一般产品募集期在7天左右，稀缺产品长至10天左右，客户购买产品的资金在募集期内自然沉淀为活期存款；二则通过产品的到期时间设计，将回款安排在月末、季末、年末等时点，相当多的客户一般不会立即处置，从而形成活期存款。

代收代付业务是商业银行利用自身的结算便利，接受客户委托代为办理指定款项的收付事宜的业务，例如代理各项公用事业收费、代理行政事业性收费和财政性收费、代扣住房按揭消费贷款还款等。代收业务可以沉淀一部分活期存款，原理在于其客户主要为商户，资金周转速度较快，一方面，能因时间差自然沉淀部分资金，即在收到款项到将资金转出之间形成临时存款；另一方面，客户受银行优惠政策与活动吸引留存部分资金，即为了享受银行提供的优惠利率、免费服务、奖励积分等，而在银行账户中保留一定数量的存款。这些资金一般都为活期存款，但很多商户客户开立的是对公账户，故体现为对公存款，一般储蓄存款只占40%左右，其余60%左右为对公存款。而代付业务之所以能沉淀活期存款，是因为大多数客户会根据自身的支付需求和习惯，在代付账户中预留一定数量的备付金，以应对定期或高频的支付场景，如定期缴纳水电费、保险费或者基金定投等。这些备付金通常不会被客户及时取走或转出，而是有一段时间停留在银行账户中，从而形成活期存款；相比每次临时转账，大多数客户倾向于提前准备一部分资金，以便快速、便捷地完成支付，零备付金的客户较少。如何推动代收代付业务发展？下文一并探讨。

培育非息收入

非息收入，我国银行业多称之为中间业务收入。相对于产生利息收入的资产业务，产生非息收入的中间业务基本不占用资本和承担信用风险，因而对银行提升经营效率意义重大。公司中间业务穿透看还是离不开资产业务，但零售中间业务许多确实脱离资产业务，其轻资本、低风险的特征更加鲜明，一旦提升到一定的规模和比重，对改善银行经营的作用就更加明显。标杆银行令人艳羡的零售转型红利，根本原因就在于此。因此，培育中间业务并由此带来非息收入的快速增长，是中小银行零售转型的重点。当然，这也是其中的难点，因为在中间业务上，银行多为乙方，自然不如具有甲方性质的资产业务容易拓展。具体应聚焦财富管理、支付结算、资产管理三大业务领域攻坚克难。

财富管理

财富中间业务收入是指银行通过提供财富管理服务，向客户收取佣金或管理费等产生的收入，主要包括理财、保险、基金、信托、贵金属代销佣金收入。随着我国居民收入水平和结构的改善，居民对于财富管理的需求日益增长，国内财富管理市场规模持续扩大，已成为全球第二大市场。相比其他财富管理机构，银行的客户基础、品牌信誉、服务渠道、金融科技以及队伍数量与素质都占有天然的优势，因而在财富管理这一高成长性的市场上，不仅过去已经取得领先地位，未来还有更大的发展潜力。中小银行应顺势而为，下决心弥补财富管理业务的短板，在同业竞争中分得一杯羹,培育非息收入新的增长点。

从标杆银行的经验来看,财富中间业务收入一直以来都是理财、保险、基金、信托"四马"并驱创造的。招商银行在零售转型过程中,顺应居民财富管理需求爆发式增长的需要和净利息收益率收窄的长期趋势,积极推进面向全客群的财富管理能力建设,对标世界一流银行,做大做强财富管理业务。一方面,依托开放平台提供多样化产品,力争成为客户财富管理的主办银行;另一方面,发挥综合经营优势和开放融合的组织优势,持续优化、强化业务线与营销队伍间的协同联动。至2022年年末,招商银行零售客户总数达1.84亿户,管理AUM余额12.12万亿元;财富产品持仓客户数4 312.93万户;私人银行客户数突破13万户,私人银行管理客户总资产余额达3.79万亿元;实现财富管理手续费及佣金收入309.03亿元,其中代理保险收入124.26亿元,代销理财收入66.45亿元,代理基金收入65.99亿元,代理信托计划收入39.79亿元,代理证券交易收入9.03亿元。

然而,现在的市场和监管环境发生了变化,中小银行发展财富中间业务需要采取切合实际的策略。具体可以从以下几方面入手。

薄利多销做大理财规模

理财产品销售是财富中间业务收入的最大来源。理财产品销售带来的收益一般较低,通常在20bp以下,有些产品只有5bp甚至没有收益,因此,要达成有效产能,需要数百亿元乃至数千亿元规模。这意味着对理财产品应采用薄利多销的策略,通过吸引更多的客户购买本行销售的产品，聚沙成塔、集腋成裘，形成规模效应。如何迅速做大理财规模，在前面的章节中已论及，此处不再赘述。

将保险代销作为重要突破口

保险是银行代销产品中最难销售的产品，为什么？一是因为产品设计特别是精算模型复杂，费用缴纳与领取期次期限较长，不易为普通客户所准确理解；二是由于过去行业乱象不断，如将保险产品混同为银行存款或理财产品进行销售，"存单变保单"，炒作产品停售，消费者投诉与退保处置存在诸多问题等，保险在很长一段时间内被"污名化"，以至于不少客户乃至银行员工将保险视为骗局。然而，保险代销具备其他产品没有的一些特有优势。首先，保险是标准化产品，在经历乱象治理之后，产品供应和售后都有保障，银行无须承担净值波动的巨大压力。其次，期缴保险规模相对有限，不会对储蓄造成冲击，但手续费率较高，当平台规模达到数亿元甚至十数亿元时，保险代销可成为财富中间业务收入的重要支柱。最后，销售最难销售的保险有助于培养锻炼队伍的营销意志和技能，同时激励机制比较充分，能够调动队伍的营销积极性。因此，应将保险代销作为零售转型和获得财富中间业务收入的重要突破口，确立高目标，攻克难关。值得一提的是，2023年8月，国家金融监督管理总局下发《关于规范银行代理渠道保险产品的通知》，对保险公司提出"报行合一"要求，大幅缩减给银行的代销费率，并整治"账外小账"。虽然该要求将对银行代销保险造成一定冲击，但没有根本改变以上基本逻辑，中小银行仍应下决心突破保险销售。怎样突破？后文再述。

量力而行扩大基金代销规模

近年来，随着我国经济由高速增长转向中高速增长，经济发展步入了新常态，驱动经济发展的"引擎"由要素扩张转为创新引领。作为生产要素主力的房地产行业发展触及天花板，尤其是其投资功能在不断弱化。在这样的背景下，股权投资是大势所趋，虽然当前资本市场低迷，但银行仍应积极为客户配置优质的基金产品，帮助客户共享未来资本市场的红利。然而，基金市值的波动性较大，在零售转型初期，中小银行财富队伍在管理波动方面的经验与能力均有限。因此，可从基金定投起步，以锻炼队伍和客户投教为主，逐步提高基金定投的覆盖率。当基金定投的覆盖率达到一定水平后，银行可以围绕明星基金经理选择基金公司和产品，并将其作为营销卖点，提高销售量。同时，银行还需要培养队伍和客户的风险意识，在适当的时机提醒客户尝试赎回，以规避市场波动的风险。在权益类产品方面，过去明星产品多为私募基金，但经历市场"长跑"之后，公募基金的实力不断增强，优势逐步显现，其渠道服务意愿和能力更强，加之公募基金具有更高的透明度和更完善的监管，中小银行应主要与公募基金展开合作，以满足高净值客户的权益投资需求。

密切关注信托业发展潜力

在相当长时间内，以政府融资平台和房地产融资为底层资产的信托产品大行其道，成为信托公司迅速扩张的支撑，也成为银行获取中间业务收入和高净值客户的利器。但自2017年年末以来，银行与信托公司之间合作的融资类业务基于严格的监管，其规模发展有限。与此同时，通道类业务也在逐渐清零，银信合作规模不断萎缩，信托作为银行财富中间业务收入主要来源之一的地位不保。然而，在信托行业变革的背景下，新分类的资产管理、资产服务和慈善公益等类信托开始崭露头角，具备广阔的发展前景。中小银行应紧密关注这些新领域的动向，寻找适合自身的发展机会。家族信托业务可作为中小银行进入相关领域的一个切入点。鉴于家族信托业务对专业能力的要求较高，中小银行可以考虑与在国内市场有布局的国际知名私人银行展开合作，以借鉴其专业经验、品牌影响力和资源优势，从而取得后发优势，实现家族信托业务的跨越式发展。

需要指出的是，相比过去，中小银行拓展四大领域财富中间业务收入面临的难度要大得多，但别无选择，只有迎难而上，顺应市场和监管环境的变化，运用新思维和新策略。例如，随着居民消费观念和投资理念的变化，客户对于财富管理的需求越来越多元化、个性化、综合化，不仅关注收益率，还关注风险偏好、资产配置、税收优惠、社会责任等因素。中小银行需要深入了解客户全生命周期财富管理需求，提供定制化、差异化、场景化的财富管理方案，提升客户体验和满意度。再如，在财富管理领域，中小银行不仅要面对领先同业的竞争，还要面对互联网平台、第三方机构、跨境机构等新玩家的冲击，它们往往具有更灵活的业务模式、更便捷的服务渠道、更丰富的产品选择等优势，赢得了不少客户的青睐。中小银行需要充分发挥自身的品牌优势、客户基础优势、综合服务优势等，加大创新力度，不断提升自身的市场竞争力。还有，理财产品净值化转型虽有利于银行平衡风险和收益，实现可持续健康发展，但使得银行不再能够利用高收益保兑付产品迅速做大理财业务规模。中小银行需要及时调整业务策略和产品结构，加强合规销售意识和能力，避免监管风险和客户投诉与流失风险。另外，财富中间业务收入的增长最终都会变成一线客户经理的指标，在高指标压力下，客户经理容易陷入过度销售和错误销售的误区，出现客户被"薅羊毛"而流失、客户经理无颜面对客户而离职的恶性循环。中小银行必须牢固树立为客户创造价值的理念，并让客户经理真正认同和践行，做好KYC（Know Your Customer，了解你的客户），为客户提供专业的资产配置解决方案。

支付结算

按照中国人民银行发布的《支付结算办法》的界定，支付结算业务是指单位、个人在社会经济活动中使用票据、信用卡和汇兑、托收承付、委托收款等结算方式进行货币给付及其资金清算的行为。对于零售业务而言，支付结算是银行连接客户的基本功能，直接影响到商家和消费者的交易体验、支付安全和资金流动。银行通过多种支付结算方式，可为零售客户提供便捷、安全、高效的金融服务，满足其消费、投资、理财等多元化需求，同时还可收取一定的手续费或服务费，以此增加中间业务收入。银行在零售转型中，拓展支付结算手续费收入是提升中间业务收入的重要手段。

然而，支付结算高度依赖规模效应。与国有银行、股份制银行及头部城商行、农商行等大银行相比，中小银行规模小得多，在市场格局中处于劣势，创收空间有限。尽管如此，支付结算作为银行的基本服务功能，与许多业务紧密关联，事关客户体验和黏性，中小银行不能无所作为，必须高度重视，并采取差异化策略；否则，让支付结算脱离银行，将动摇经营根基，无异于自毁长城。中小银行应该集中精力，重点围绕支付和收单这两项需求，争取成为客户的支付主账户和商户的收单主账户银行，以此突破发展困境和转型瓶颈。

努力成为客户支付的主账户银行

一要打造信用卡的生态闭环。信用卡作为客户支付的重要工具，具有成熟的业务模式，有开办资格的中小银行可作为主攻方向。关键在于不断扩大信用卡的发卡规模，开拓更多的用卡场景，组织促销活动，吸引更多客户使用信用卡进行消费。同时，通过数据监测和过程管理，提高客户使用本行借记卡归还信用卡账款的比例。二要加强与第三方支付机构的合作。要看到，当前微信、支付宝等第三方支付机构在小额支付市场中占据主导地位，大型银行尚且只能被动防守，中小银行更应主动顺应既成的市场格局，不遗余力增加第三方支付工具绑定本行信用卡或借记卡的客户数量，促动绑卡客户数量快速突破100万户、300万户、500万户等里程碑。为此，应主动与第三方支付机构合作，联合组织专项营销活动，并发动全员尤其是各支零售队伍大力开展交叉销售，养成随时随地向客户推销绑卡的习惯。三要注重提升支付功能的便捷性。中小银行应对标先进同业简化支付流程，方便客户操作，提供"一键绑卡""一键支付"等功能，不断提高手机银行、网上银行、微信银行、远程银行以及网点柜面、设备的支付体验，吸引更多客户选择本行服务。

努力成为商户收单的主账户所属行

一要开发建设线上线下一体化的收单平台与服务体系，制定足够吸引商户的优惠政策，组织开展专项营销战役，在控制诈骗与合规等风险的前提下，全力拓展收单商户，使其快速达到10万户、20万户、30万户等里程碑。二要精选合作伙伴开展联合收单，以弥补自身商户收单业务受到经营区域和营销资源限制的劣势，增强市场竞争力。三要根据商户的贡献程度实行差异化收费政策，并加强经营和交叉销售，以提高商户的质量和收入贡献。

资产管理

银行的资产管理业务，是指银行作为受托人，接受投资者委托，运用投资者资金进行投资和管理的金融服务，银行为委托人利益履行诚实信用、勤勉尽责义务并收取相应的管理费用，委托人自担投资风险并获得收益，属于银行的表外业务。目前，标杆银行已经将资产管理业务纳入大财富管理的范畴，该业务不仅能为银行创造额外收入，也能为客户提供更加多样化的投资选择和资产配置服务。银行在零售转型初期，资产管理业务不仅应成为财富管理业务的重要产品支撑，还应成为零售中间业务收入的重要来源。但值得重视的是，资产管理业务虽然创造的是中间业务收入，但面临较高的信用风险、市场风险、流动性风险等各种风险,需要在控制好风险的前提下积极发展。

明确组织管理机制

在不少银行的组织架构中,资产管理业务与零售业务分开管理,常常被归入公司、投行、金融市场或同业板块。对中小银行来说,在零售转型之初,将资产管理业务与零售业务放在同一个板块内十分必要。这样能够实现高效的战略协同,有利于促进零售转型的顺利推进,即便遇到异议,也应坚持。事实上,在资产管理业务的起步阶段,主要依靠对零售客户的产品销售,其创造的中间业务收入是在扣除资金成本之后与财富管理条线分成的结果,将其收入视为零售中间业务收入也有合理之处。

尽快跨越规模门槛

资产管理业务的中间收入与规模密切相关,中小银行应尽快跨越500亿元的门槛。只有达到一定规模,中小银行才能在与头部机构的合作或交易中有更多筹码和选择,避免处于市场"食物链"的最底层。同时,资产管理业务的管理费收入一般在50bp以下,如果规模不够,对营收贡献的分量就不够,自然对营收的支撑作用也就不大。

在盈利和风控之间做好取舍

在零售转型过程中,中小银行的资产管理业务面临更大的挑战,必须在产品收益率和风险控制之间艰难地寻求平衡。随着市场竞争加剧,规模越大,风险也随之增加,平衡的难度也更大。

如何在狭窄的平衡木上保持平衡？前文已经进行了探讨。这里再增加另一个平衡因素，即资产管理业务自身必须盈利。这意味着资产管理业务团队将面临更多更严峻的挑战。毋庸讳言，中小银行渴求资产管理业务盈利，应全力以赴，但遇到"鱼和熊掌不可兼得"的情况时，则应正确取舍，将盈利放在次要位置。因此，每年在制定资产管理业务盈利的预算时需要充分考虑市场状况，并实行零基预算。否则，不切实际的高盈利目标，可能使资产管理业务陷入困境，甚至拖累整个银行，扼杀零售转型。

打造专业化的人才队伍

资产管理业务属于智力密集型业务，需要建设投研体系，确定科学的投资策略，前瞻性把握市场变化趋势，敏锐捕捉业务机遇，专业化人才队伍不可或缺。在这方面，中小银行先天不足，只有招揽一批业界英才，才能满足业务发展的需要。为此，必须舍得投入重金，采用市场化机制招募高素质骨干专业人才，并确保激励和约束机制到位，充分调动其积极性。同时，要着眼于长远发展，建立人才自主培养体系，招聘优秀大学生，并通过行内岗位轮换、行外跟班实习、知识技能培训以及资格证书考试等方式，有计划地将一批"小白"培养成为资产管理优秀人才。

突破保险代销

前文提到，保险代销是银行财富中间业务收入的重要来源，零售转型标杆银行代理保险收入占到财富中间业务收入的30%以上。但保险又是银行客户经理公认的最难卖的产品，实现销量增长殊为不易。中小银行如何突破保险销售这一零售转型的重点和难点？以下方面值得尝试。

借助外力赋能实现全员"破零"

万事开头难。中小银行初期可以择优选择1~2家保险公司作为战略合作伙伴，依托保险公司的专业能力，为行内销售人员提供培训和活动支持，派遣专家前往网点，手把手帮助客户经理梳理名单，通过电话邀约和面谈促成销售，努力实现所有网点和财富队伍全员"破零"目标。

在保险公司专业化人才支撑不够的情况下，还可要求保险公司聘请有实战经验的三方机构，帮助提升保险专业化营销能力。具体方式包括项目策划运作及推广、客户经理培训、营销技术工具支持、客户营销活动组织、高端客户陪谈等，通过训练和督导客户经理观念转变、技能提升、项目操作、工具应用，来克服队伍销售保险的心理障碍，激发销售热情，尽快迈出开口破冰的第一步。

在银行内部则应完善考核机制与荣誉体系，以增强机构与个人代销保险的积极性。合理设定理财客户经理考核表单中保险业务指标，并在季度考核中，实行保险销售排名前10%积分奖励、后30%积分打折等激励政策，突出保险销售对其定级定档、产能管理的关联与影响。同时，建立保险销售荣誉体系，在分行、支行、网点的管理者和财富队伍包括大堂、外拓等主要销售队伍中，评选通报月度、季度"营销之星"等，营造"比学赶帮超"的浓厚氛围。值得一提的是，支行与网点的管理干部是初期保险销售的主力，应当充分发挥其作用，一方面明确销售目标并严格考核，另一方面加大产品计价与荣誉激励。

在目标客群筛选方面，针对不同客群特点和不同业务场景，制定营销模板，组织开展演练与实战，达到预期效果后广泛推广应用。如对个人信贷客群，以债务管理为营销切入点，引导客户做好债务规划，利用保险产品储备足够的资金应对收入波动期房贷、信用卡还款等债务支出；对养老客群，以养老生活质量保障为营销切入点，帮助客户运用保险功能，规划足够的养老金补充未来社保医保的不足。

事实上，许多保险公司已经意识到，中小银行保险销售潜力巨大，而且与大型银行比，能够争取到比较平等有利的合作条件。资产规模在 3 000 亿元左右的中小银行一般都有年销售 10 亿元以上期缴保险的潜能。如果一家保险公司能够扶持 10 家以上中小银行达成 10 亿元目标，则每年新单保费就可以超过 100 亿元，不亚于一家甚至几家大型银行的销量。而一家银行销售 10 亿元期缴保险，则可以获得超过 1 亿元的代销手续费，能有效增加财富中间业务收入和队伍产能。

全面提升银行自身保险销售能力

银行提升保险销售能力，初期可以靠外力，长期必须靠自己。可以按以下"三部曲"实践。

分支行自主组织高品质、高产出的"产说会"

所谓"产说会",就是在支行与网点层面进行有针对性的项目制营销活动,以展示和推广保险产品,吸引和培养潜在客户。例如,组织"健康之旅"项目,以健康讲座、外出采摘、短途旅游等养客活动为载体,向 AUM 100 万元以下的中端客群推广健康险产品,提高客户对保险产品的认知和兴趣,增加客户与银行和保险公司的互动频次,从而为后续的销售工作打下基础。

配置保险产品经理,推动分支行销售

由于保险产品涉及客户的财富规划、风险管理、税收优惠等方面,需要具备较高的专业水平和沟通技巧,才能有效地进行销售。提升保险销售能力,应培养一支专业能力与服务意识强的保险产品经理队伍,指导和帮助分支行的保险销售与管理。可从全行范围内选拔一定数量的理财经理,在总行、分行、支行分别组成保险专家顾问队伍,通过线上线下结合的方式开展专业培训,督导各级机构落实总行保险销售策略与有关项目、活动、管理要求。

提升理财队伍全员的销售能力

标杆银行保险销售之所以能够遥遥领先,归根结底在于理财队伍全员都具有强大销售能力,而不是主要依靠保险公司或产品经理。为此,需要建立三级训练体系,分别针对新入职理财经理、有一定经验的理财经理和有大单销售潜力的理财经理,进行不同层次的培训、演练与实战。

积极探索保险销售创新模式

传统的银保渠道包括个险渠道，保险销售的效率趋于递减，中小银行如果能够积极探索保险销售创新模式，就有可能实现跨越式发展。以下方式值得考虑。

组建"特种部队"

这里所说的"特种部队"，是指招聘具有较高素质的保险从业人员，组建专门的保险销售团队。这支队伍可以协助保险销售能力弱的理财客户经理针对其管户客户销售保险，也可以针对无管户客户销售保险，提高保险产品的覆盖率。保险公司的销售代表即个险代理人，保险销售能力较强，但苦于缺乏客户来源；而银行不缺客户资源，缺保险销售能力。"特种部队"模式，试图将保险公司的销售能力与银行的客户资源相结合，快速提升保险销售产能。

开展"职域营销"

近年来，一些保险公司为应对销售人员和市场紧缩的挑战，尝试进企业开展所谓"职域营销"，取得了一定成效。银行因有丰富的公司客户资源优势，有条件探索开展"职域营销"，培育保险代销新的增长点。首先，组建有保险销售经验与能力的专业化团队，并学习借鉴同业"职域营销"的成功经验，付诸实践；其次，筛选目标企业，选择银行话语权较大、配合度较高、员工人数及年龄与收入水平适中的企业试点，由分支行行长出面争取企业高管的支持；最后，根据实践效果，细分企业类别和销售场景，有针对性地打磨保险销售的策略、产品、流程、工具与方法，不断提升产能。

尝试"健康管理"

为更多地销售保险尤其是健康险，银行客户经理需要与客户建立信任与互动关系。可考虑给客户经理一个新的服务角色，比如作为客户的健康管理联络员，依托线上与线下的医疗团队，为客户日常健康管理及就医提供协助。客户经理不直接开展医疗保健服务，只负责联系提醒，经过简单培训是可以做到的。这种增值服务模式形成后，对于保险销售无疑具有较大促进作用。

第六章
成本为限

一花一世界，一木一浮生。一朵盛开的花，就是一株怒放的生命，暑往寒来，草木知秋，没有花的盛放与凋零，树木就难以繁衍生息。正所谓无花则无果，无果则无为，想要硕果累累，开出满树繁花是必要条件。开在零售之树上的繁花就是利润，没有利润，一切都是空谈。当零售业务对全行贡献的净利润提高到占比40%左右的水平，就可以说零售转型触到了胜利的彼岸。决定零售业务利润增长的关键因素，除了不遗余力增加营收，卓有成效的成本管理同等重要，尤其在银行营收包括零售营收增速趋缓的背景下，成本管理在一定程度上成为零售利润的天花板。对零售银行经营来说，成本是把双刃剑，零售转型应以成本为限。

成本为限的内涵

通常净利润的测算框架为：营业净收入－运营成本－贷款拨备－税费＝净利润。其中，贷款拨备、税费按照法规提取，调节空间有限。营业净收入、运营成本是影响净利润的两大变量，关键是增加营业净收入和降低运营成本双管齐下，通俗地说，即增收节支。上一章我们专门讨论了增收即增加营收问题，本章将探讨节支即成本管理问题。观念是行动的先导，首先要深入理解成本为限的零售转型新逻辑。

成本管理事关零售转型成败

银行在零售转型初期，零售业务的营收增长曲线比较平滑，不像其他业务营收可能陡增。既然"增收"相对缓慢，要增加盈利或减少亏损，就必须更加重视"节支"。即使零售业务规模与营收在飞轮效应下快速增长，成本控制仍然至关重要。因为零售转型初期投入巨大，成本收入比居高不下，如果不管控好成本，降低成本收入比，零售利润就很难达到预期，零售转型就难言成功。

以招商银行为例。该行在开展零售转型前几年，成本收入比远高于同业水平，接近甚至超过50%。如此高的成本收入比，如果长期持续下去，零售转型的效果必然大打折扣。而要大幅降低成本收入比，单靠营收增长远远不够，必须通过严格的成本管控，压降成本。事实上，招商银行在加大投入3年后，即开始控制成本，成本预算明显少增，这样才逐渐把成本收入比降下来，进而带动零售利润加速增长。

国外银行普遍对零售业务成本管理十分重视，将其视作最重要的核心竞争力之一，并为此开发了一系列先进工具，在成本管理水平和效果方面一度遥遥领先于国内银行。国内一些大型银行在过去十余年里广泛学习借鉴，在成本管理方面取得了显著进步。例如，采用管理会计系统，将网点、人力、科技、运营等公共成本分摊到业务、产品、机构乃至客户，更准确地衡量各创收单元的价值贡献。再如，应用风险调整资本回报率（Risk-Adjusted Return on Capital，简写为RAROC），将未来可预计的风险损失量化为当期成本来调整当期收益，以此衡量经过风险调整后的收益水平，并考虑为非预期损失做出资本储备，从而更好地管理风险成本。这些先进工具与技术，充分考量了风险、资本和成本等因素，使得银行的经营管理更加精细化，有效地促进了银行效益的提升。

反观一些中小银行，成本管理普遍仍处于粗放阶段，从观念到手段都相对传统和滞后，致使资源配置效率不高。如在组织架构层面，中高层管理人员对成本管理理念和体系缺乏必要的了解和认知，全员成本管控意识薄弱，财务部门作为成本管理主体"孤掌难鸣"；在技术工具层面，运用科学先进的成本管理技术与工具很不够，尤其是在数据分析方面存在明显差距；在专业人才方面，缺少精通财务和成本管理的专家，从上到下存在比较严重的外行领导内行的现象。

当前，国内银行利差收窄，减费让利增多，同业竞争加剧，利息收入和非息收入的增速都在下降，导致营收微增甚至负增长。在这种环境下，中小银行更应充分认识到成本管理在零售转型中举足轻重的位置，将其摆上战略和文化高度，转变落后观念，积极借鉴国内外同业先进经验，建立健全成本管理体系和机制，创新管理手段方法与工具，不断提升成本管理能力和水平，为零售利润的可持续增长和零售转型的最后成功提供不可或缺的保障。

零售业务成本管理空间巨大

广义上，商业银行的成本管理是指根据实际情况运用现代化的手段控制变动成本、可控成本，以达到降低总成本的目的。一般地，商业银行根据控制手段的不同，将成本管理区分为绝对成本控制与相对成本控制。前者主要从节省开支、杜绝浪费着手，通过节流的途径进行控制；后者则是节流、开源双管齐下，既要千方百计节约开支、降低成本，又要通过量本利分析，把握成本与业务量及利润之间的关系，寻求成本最低、利润最高的最佳业务收入量或资金运用量。对零售业务而言，因其成本相对较高且结构复杂的特点，两种成本控制手段都有巨大潜力。

零售业务对网点、人员、IT系统、电子设备等基础设施以及营销费用、利息支出的需求大，银行在零售转型初期，需要持续不断地大量投入人财物资源。零售业务成本总量大且结构复杂，这一方面要求银行对其进行科学的成本管理，另一方面也为降低成本提供了空间。网点固定资产购买或租金投入、业务管理人员及外包服务人员薪酬激励费用、外部咨询及服务费、营销队伍培训费、业务管理及考核IT系统建设、电子机具设备投入、营销费用、存款利息支出、专项活动支出等，这些费用通过精细化管控，都有巨大的降本增效潜力。

循序渐进构建零售成本管理体系

在成本管理直至整个财务管理方面，标杆银行领先多个身位，这是多年来网罗、培养大批专业人才，对相关规则、系统、数据和制度等模块持续建设与迭代的结果。中小银行很难一步赶上，即使大手笔投入开发出相关IT系统，使用环境也存在很大局限性，可能陷入形似神不似的尴尬境地。因此，中小银行应从实际出发，不盲目追求"高大上"，由易到难、由粗到细地建立零售成本管理体系。

明确零售净利润的核算框架，作为引领和评价零售经营的基本标准

中小银行虽然暂时不太可能像标杆银行那样，利用先进工具与系统来准确和精细地核算收入与支出，但可以按照上述零售净利润形成的基本逻辑，制定粗略核算各项收支的框架与规则。一旦确定，就应当保持相对稳定，不宜轻易变动，以此合理衡量零售收入、成本及利润的变动情况。否则，可能降低各要素的可比性，削弱成本管控基础。在零售利润核算中，FTP 的定价基准应反映银行在不同期限上的边际筹资成本，综合考虑准备金、期限流动性、贷款市场报价利率（Loan Prime Rate，简写为 LPR）变动、政策性调节等调整项，综合拟合出人民币存贷款收益率曲线。再结合不同类别零售业务的特点，分别选择期限匹配、现金流长久期、指定利率等不同的方法进行 FTP 定价。

引入全面预算管理理念与方法，开展成本的目标管理与过程管理

起源于 100 年前美国大企业的全面预算管理模式，集业务、费用、资本、薪酬、风险、利润、现金流等预算为一体，具有综合性强的特点，但其核心和基础是成本控制。从主观愿望而非从实际出发的预算容易变成摆设，为此，应改进预算编制的方式，"几上几下"实事求是地讨论，而不是由管理层"拍脑袋"凭空决定。应严格执行预算，规范预算下达、审批、调整和回测等相关机制，并开发运用专门的 IT 系统，定期检视预算实施进度，及时发现问题并采取对策。应强化预算责任，明确各级一把手为预算的第一责任人，并将预算落实情况与绩效考核和分配挂钩，以促进预算意识的提高和预算管理的加强。中小银行的经营分析普遍薄弱，不利于全面预算管理的实施，应建立涵盖银行整体以及零售等各业务线经营情况的完整科学的分析框架，形成相对固定的规范报表或模版，定期发布分析报告，并按月召开经营分析会，对照预算深入研判经营业绩表现，务实研讨经营策略举措。

以成本收入比管控为核心，逐步提高成本管理水平

前文提到，零售利润更多依赖"节支"，这主要对已完成零售转型的银行而言，因为其零售成本总量已经达到相当规模，成本管理的重点在于以少量投入或减少投入来获取同样的收入或更多的收入。然而，零售转型具有明显的成本驱动特性，必须先加大成本投入，因此，在零售转型前几年，应将重心放在提高产出上，而不是简单地减少投入，否则零售转型就很难持续开展。尽管在零售转型之前或之后，成本管理的重心有所区别，但万变不离其宗的是成本收入比。只要在各项成本发生过程中一以贯之实行有效管控，不断改善成本收入比，零售成本控制和盈利能力就能持续增强。

成本收入比管控

成本收入比是指银行营业成本与营业净收入的比例，衡量商业银行每单位营业净收入对应的营业成本。《商业银行风险监管核心指标（试行）》将其列入核心指标，该指标属于反向指标，指标值应不高于35%。其计算公式为：成本收入比=（营业支出－增值税及附加）÷营业净收入×100%；其中：营业支出=业务及管理费＋增值税及附加＋其他营业支出；营业成本=营业支出－增值税及附加=业务及管理费＋其他营业支出；营业净收入=利息净收入＋手续费及佣金净收入＋投资收益＋公允价值变动收益＋汇兑收益＋资产处置收益＋其他业务收入。从计算要素的组成不难看出，成本收入比是成本控制和经营效率的综合体现，指标越低，说明银行每单位营业收入对应的营业成本越低，控制营业成本支出的能力越强，经营效率越高。但这并不意味着该指标越低就越好，银行对成本控制不能简单地理解为压缩成本，毕竟银行经营管理最终还是要实现股东利益的最大化，而非成本最小化。该指标的管控是一项复杂的系统工程，涉及规则、机制、流程、数据、系统、考核等要素。从结构上看，利息支出占银行经营成本的绝大部分，降低吸收存款成本，提高利率定价能力，无疑是成本管控的必选项，对此前文已论及。除利息支出外，银行当期费用支出主要是"业务及管理费"，一般包含了员工薪酬及福利、业务费用、固定资产折旧、租赁费用、资产摊销等业务开展及经营中的支出。因此，要做好成本收入比管控，必须在全面统筹基础上，根据不同业务领域特征对症下药。

我国银行的成本收入比概况

自 2007 年以来，我国银行的成本收入比总体呈现震荡下行的趋势，并于 2020 年降至最低点。此后开始增长，目前水平与 2018 年相当（见图 6-1）。

2023 年 8 月，中国银行业协会披露了中国银行机构 100 强，排名方式按照国际通行规则：核心一级资本净额。此外，还公布了资产规模、净利润、成本收入比和不良贷款率 4 个附属指标。按照成本收入比指标进行排名发现，除刚开业不久的山西银行和蒙商银行以及外资法人银行成本收入比较高外，有八成百强银行收入成本比控制在 40% 以内，四成控制在 30% 以内。

图 6-1 我国银行的成本收入比

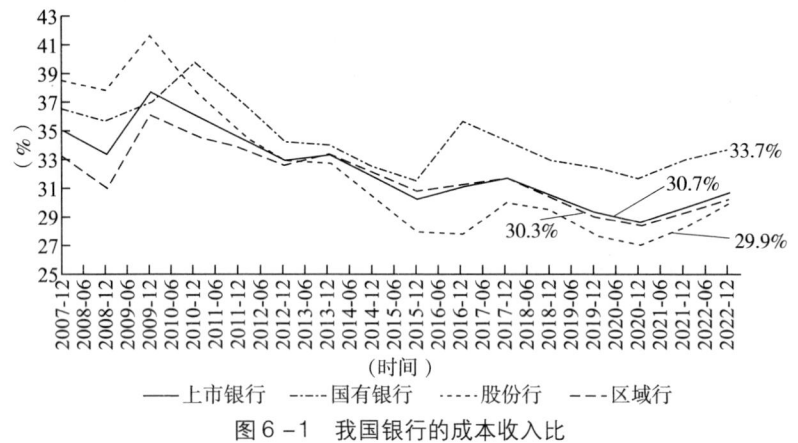

资料来源：银行年报，万得资讯，中金公司研究部。

在一级资本净额前十的银行中，中国工商银行的成本收入比最低，为 25.01%，其次是中国银行、上海浦东发展银行、中国建设银行、交通银行、兴业银行、中信银行、中国农业银行、招商银行。中国邮政储蓄银行以 61.41% 的成本收入比排在最后，主要原因是中国邮政储蓄银行需要向邮政集团及各省邮政公司支付代其吸收存款的储蓄代理费（见表 6-1）。

基于近年来商业银行年报披露的成本收入比数据，对不同类型的商业银行进行分析。从国有银行情况看，成本收入比管控最好的是中国工商银行，2017—2022 年，该行成本收入比依次为 24.46%、23.91%、23.27%、22.3%、23.97%、25.01%，近两年有所提升，主要是营收增长趋缓所致。

从股份制银行情况看，平安银行近年来推行降本增效举措，提出"加大对战略重点业务和金融科技的投入""精简日常开支，压缩职场成本"的成本管控理念，2022 年成本收入比为 27.45%，同比下降85个bp，连续4年下降。招商银行以打造"最强金融科技银行"为目标，在金融科技方面加大投入力度，运营成本逐年下降，2022年成本收入比为32.88%，同比下降24个bp，连续两年小幅下降。

从城商行情况看，则分化较为严重，成本收入比最低的不超过20%，最高的超过70%，但大部分维持在35%左右。万亿元规模以上11家，上海银行成本收入比最低，宁波银行相对较高；5 000亿元至万亿元规模15家，重庆银行成本收入比最低，吉林银行相对较高；1 000亿元至5 000亿元规模71家，湖南银行成本收入比最低，海南银行相对较高；1 000亿元以下规模13家，自贡银行成本收入比最低，江苏长江银行相对较高。

从农商行情况看，与城商行类似，分化也比较严重，万亿元规模以上3家，重庆农商行成本收入比最低，上海农商行相对较高。

从总体上看，六大国有银行中，除中国邮政储蓄银行因为特殊原因外，成本收入比普遍较低，主要由于其享受制度红利及先发优势，低成本资金多，付息成本低；主动降低费用开支，员工薪酬水平控制在相对低位；大力撤并低效网点，自2022年起到2023年2月，各类商业银行合计净减少600家网点，七成以上为国有银行。股份制银行成本收入比较高，主要由于其聚焦"大零售"战略、拥抱金融科技，费用投入巨大，并且近年来因为市场竞争加剧带来付息成本上升。地方性银行成本收入比更高，主要由于其市场竞争地位和历史包袱原因，付息成本、网点成本和刚性人员薪酬占比高，且转型发展需求迫切，目前仍处于费用高额投入期。

表6-1 2022年中国银行机构100强（按成本收入比排序）

成本收入比排名	机构名称	成本收入比	一级资本净额排名	成本收入比排名	机构名称	成本收入比	一级资本净额排名
1	威海市商业银行	21.80	92	17	浙商银行	27.46	20
2	萧山农商银行	22.33	95	18	江西银行	27.50	48
3	郑州银行	22.99	45	19	中国光大银行	27.88	12
4	上海银行	23.02	17	20	中国银行	27.88	4
5	成都银行	24.39	35	21	上海浦东发展银行	27.89	9
6	江苏银行	24.52	18	22	中国建设银行	28.12	2
7	广州银行	24.70	42	23	交通银行	28.14	5
8	中国工商银行	25.01	1	24	浙江网商银行	28.22	100
9	唐山银行	25.24	94	25	杭州联合银行	28.24	67
10	重庆银行	25.25	43	26	湖南银行	28.29	63
11	徽商银行	26.15	24	27	长沙银行	28.30	36
12	齐鲁银行	26.46	61	28	南海农商银行	28.57	77
13	北京银行	26.55	15	29	湖北银行	28.78	65
14	贵阳银行	26.80	37	30	九江银行	28.91	70
15	天津银行	26.92	33	31	成都农商银行	28.91	39
16	平安银行	27.45	13	32	西安银行	28.92	64

（续表）

成本收入比排名	机构名称	成本收入比	一级资本净额排名	成本收入比排名	机构名称	成本收入比	一级资本净额排名
33	江苏江南农商银行	29.15	52	49	天津农商银行	31.57	53
34	顺德农商银行	29.24	54	50	中国农业银行	31.63	3
35	兴业银行	29.37	8	51	重庆农村商业银行	31.84	22
36	重庆三峡银行	29.42	99	52	广西北部湾银行	31.91	82
37	杭州银行	29.64	26	53	招商银行	32.88	6
38	南京银行	29.75	21	54	汉口银行	32.90	69
39	华夏银行	30.13	14	55	深圳农商银行	33.01	40
40	河北银行	30.28	60	56	苏州银行	33.33	50
41	青岛农商银行	30.34	59	57	盛京银行	33.80	28
42	上海农商银行	30.50	23	58	甘肃银行	34.26	55
43	中信银行	30.53	10	59	厦门银行	34.30	87
44	深圳前海微众银行	30.62	49	60	浙江稠州商业银行	34.57	80
45	贵州银行	30.68	46	61	日照银行	34.62	97
46	广东华兴银行	31.14	85	62	长安银行	34.64	73
47	兰州银行	31.24	72	63	厦门国际银行	34.72	32
48	广州农商银行	31.37	31	64	东莞农村商业银行	34.78	38

第六章 成本为限 195

(续表)

成本收入比排名	机构名称	成本收入比	一级资本净额排名	成本收入比排名	机构名称	成本收入比	一级资本净额排名
65	青岛银行	34.97	62	83	桂林银行	40.30	51
66	东莞银行	35.22	58	84	瑞穗银行（中国）	41.32	93
67	广发银行	35.28	16	85	大连银行	42.99	57
68	中国民生银行	35.61	11	86	武汉农村商业银行	43.36	75
69	恒丰银行	35.84	27	87	吉林银行	43.83	44
70	昆仑银行	36.67	47	88	台州银行	43.86	74
71	宁波银行	37.29	19	89	三井住友银行（中国）	45.28	86
72	珠海华润银行	37.68	66	90	浙江泰隆商业银行	46.73	76
73	廊坊银行	38.23	91	91	汇丰银行（中国）	49.00	34
74	常熟农商银行	38.58	81	92	四川银行	50.00	56
75	张家口银行	38.69	96	93	三菱日联银行（中国）	54.54	79
76	温州银行	39.02	83	94	渣打银行（中国）	57.14	68
77	中原银行	39.05	30	95	广东南粤银行	57.65	98
78	北京农商银行	39.2	29	96	花旗银行（中国）	57.90	71
79	渤海银行	39.24	25	97	中国邮政储蓄银行	61.41	7
80	哈尔滨银行	39.41	41	98	东亚银行（中国）	68.83	88
81	富滇银行	39.85	84	99	蒙商银行	77.06	89
82	晋商银行	39.93	78	100	山西银行	81.53	90

成本控制的关键点

成本管控涉及银行经营管理的方方面面,主要应当围绕明确经营转型定位、强化成本预算管理、应用数智化管理工具三个方面开展。

明确经营转型定位

当前,银行业利差持续收窄、风险频发,零售业务作为银行经营支柱的地位更加凸显。在我国上市银行中,零售业务收入和税前利润占比中位数均超过30%。以招商银行为例。2005年该行以零售银行战略为重点进行"一次转型",2009年以轻型银行战略为重点进行"二次转型",大力发展财富管理、私人银行、信用卡、资产管理、投资银行、资产托管等业务,大量获取优质客群,留住低成本资金,负债成本优势不断凸显,尤其零售存款成本远低于国有大行和股份制银行,同时资本成本、风险成本也控制在低水平。正是经营模式转型所带来的低成本结构,使得招商银行在应对行业营收增长放缓、不良集中暴露的严峻挑战中,盈利与资本回报水平始终保持领先。绝大多数中小银行目前仍主要靠公司业务、利差生存,陷入高成本、低盈利的困境。只有下决心实行以零售转型为中心的经营转型,才能扭转困局。从全局和长远看,这是控制成本的关键中的关键。

强化成本预算管理

应综合考虑成本与效益的关系,实施成本费用"零基预算",

打破成本费用配置刚性与惯性，强化全员成本效益意识，引导各业务条线、分支机构主动参与预算编制和管理。对成本进行分类管理，以实现成本费用配置与银行经营战略规划的有效衔接。例如，针对存款业务，应充分考虑市场利率、客户需求、资金成本、同业竞争等因素，制定合理的存款定价策略，并配置好资金运用渠道，以实现资金的最优配置和最大收益；针对营销费用，应根据目标客群、市场竞争、产品特点等因素，合理确定总额和结构，并按照预算执行和监督，同时及时对营销效果进行评估，确保把钱都花在刀刃上；针对人力成本，应建立与营收和利润增幅挂钩的工资总额核定机制，提高一线营销人员占比，对总分支管理人员定岗定编，减少人浮于事的现象。此外，还应建立严密的费用开支审批制度，对各项费用的开支严格按照预算计划和成本标准进行控制，不仅关注金额，还要关注内容、时间和用途等，以达到预期产出目标。

应用数智化管理工具

应积极应用管理会计信息系统等数字化成本分摊工具，提升精细化成本管理水平。管理会计信息系统能够对接财务系统，获取包括人力费用、营销费用、管理费用、固定费用、税费等全部成本数据，建立成本池；进而依据财务核算规则，按照"谁受益，谁承担"的原则，通过直接成本的确认和间接费用的分摊，将银行全部成本细化到每个分析和管理领域上，由此全面掌握各业务条线、机构、产品、区域、渠道等维度的资源投入和真实盈利水平，为制定业务发展战略、决定资源投入、开展绩效评价等提供重要依据。管理会计的成本分摊能自由定制和灵活调整，支持按照多种策略方法将不同类型的成本分摊至目标成本对象，并归集到各责任中心，因而能满足行内战略导向与管理需要；还能支持成本追溯，分摊过程透明，责任主体承载的各种成本清晰，便于责任主体进行成本回溯分析，最终达到控制成本消耗、改善成本结构、提高管理水平、增加经营效益的目的。

零售成本收入比管控

对零售业务来说，由于构建全面而精准的成本收入比管理体系尚需时日，除了要服从全行成本管控大战略，还应考虑自身业务特点，分清轻重缓急。可优先从业务条线、营销队伍、网点渠道、营销费用这四个维度着手。

业务条线

个人信贷、信用卡、财富管理、个人金融、资产管理等业务条线，是零售业务营收的创造者，需要优先加大投入。零售业务产出见效慢，若遵循过去的资源配置政策，难以获得充足的资源支持。一些中小银行效益观念淡薄，对于直接创收的投入，经常斤斤计较，而对于那些不直接创收的投入反而大手大脚。管理层应纠正此种偏差，从长远发展的角度，千方百计节省其他投入，优先保障零售业务条线投入。根据标杆银行的经验，在零售转型最初几年，除了正常的预算费用，有必要设立数千万元由零售条线自主支配的专项费用，灵活用于增加重点领域的投入，确保零售转型顺利推进。同时，有必要建立滚动投入机制，通过以业务收入分润形式计提费用或超额完成计划部分按比例提取费用等方式，拓宽零售转型费用来源。在加大费用投入的同时，零售条线应逐项加强成本收入比管控，不断改善投入产出，提高对全行效益的贡献。

针对零售业务的各个条线，包括每个条线内的细分业务，应分别明确成本收入比的测算框架。收入的计算应基于各条线直接创造的收入，暂不计算交叉销售产生的间接收入；对涉及资金的业务，应按照合理的FTP计算。在成本的计算口径上，可以适当宽松，先计算直接成本，暂不分摊网点、科技、运营以及管理人员等间接成本。

在每年制定预算时，以成本收入比作为人财物资源配置的重要依据。对于成本收入比低于全行整体水平的业务条线，应予以倾斜支持。对于需要一定培育期的战略性业务条线，如财富管理、信用卡业务，在成本收入比较高的阶段，仍应适当增加投入，但应制定三年改善计划，设定逐年下降目标，并提出可行的举措。

应明确这样的总体目标：零售各业务条线的成本收入比不高于全行整体水平，在3至5年时间内分步达标，第一步按不分摊间接成本的口径达标，第二步按分摊间接成本的口径达标。为此，应定期开展监测评估，推动总行各零售业务管理部门增强成本收入比的管控意识，不断发现和改进问题，挖掘增加收入和节约支出的潜力。

营销队伍

许多中小银行脱胎于城市或农村信用社，总人数偏多，且缺乏淘汰机制，导致人均效能明显偏低。此外，由于中后台人员占比过高，总量上人员过剩，而一线营销人员却十分紧缺，有的银行占比才20%左右，远低于40%左右的正常水平。这些人力资源方面的包袱，容易使一些中小银行采取"一刀切"的方式控制岗位与人员。零售条线的营销人员，尤其是刚开始产能较低的岗位，也在严控之列。殊不知，这种做法是典型的逆向选择，无法解决总人数过多、人均效能偏低和缺乏营销人员的问题。唯有大量增加零售营销人员并达到产能标准，才有可能分摊庞大的中后台人员成本，提升人均效能。这才是中小银行解决人力资源老大难问题的"利刃"。这就像一个困难家庭，首先要精打细算，养育更多的劳动力，未来才有可能过上好日子。

人力密集是零售业务最典型的特点，人力投入是开展零售转型最重要的资源，也是最大的成本，应根据成本收入优化配置。首先，针对各支营销队伍，需明确人力成本口径成本收入比的测算框架，收入仍按直接收入和FTP口径计算，成本则包括营销人员固定薪酬、绩效薪酬和计价薪酬等在内的全口径薪酬。其次，每年在制定各营销队伍的人力预算时，以人力成本口径成本收入比为依据，优先考虑为比例较低的营销队伍增配人员，而对于比例较高的营销队伍，需在商定三年改善方案的基础上，方予以增编。最后，根据各营销队伍人力成本口径成本收入比目标值，推算人均收入标准，据此反推人均产能标准，作为人员补充与淘汰的主要依据，并与后文将探讨的产能管理相衔接。

在营销队伍的人力配置中，除了增加一线营销人员，解决好零售业务管理人员的配置问题也很重要。应当认识到，如今的零售业务必须"大脑发达",即需要总行和分行的管理力量强大,只有这样,才能实现零售转型的战略战术落地;而过去的零售业务"四肢发达"即可,即需要支行一线营销力量强大,因为主要按照既定套路抓储蓄,基层营销能力是决定性因素。因此,在总分行零售业务条线增加高素质营销管理人员,对于零售转型至关重要。如果一线营销人员增加了,而营销管理人员不足,那么对营销人员的过程、绩效、训练等方面的管理就到不了位,营销队伍产能和人力成本收入比当然难以达标。中小银行应当改变将总分行零售业务管理部门当作与中后台管理部门性质一样的机关部门,不加分别地严格控制人员与岗位的落后观念与做法,根据营销人员的一定比例核增各级营销管理人员编制。在条件成熟时,可将管理人员的薪酬分摊计入各支营销队伍的成本收入比中,确保管理人员的投入与产出相匹配。

网点渠道

网点成本在零售业务成本中占比很高,因此需要进一步管控网点成本收入比,更加精细地优化网点布局并提高效能。对中小银行来说,数据和成本分摊的基础相对薄弱,可先对网点成本收入比进行粗略测算:收入按照营业净收入的口径计算,对于一些难以核算和分配的收入,可先视同为间接收入,暂时剔除;成本方面也无须包含所有细项,只需考虑网点租金、运营费用、营销费用和人力成本等即可。

在网点管理中,应将网点成本收入比作为重要指标监测和管控,并努力在三年内取得明显进展。为此,应从资源投入的角度对网点进行合理分类，并制定成本收入比的标准，同时进行横向比较，将其作为网点考核和评价的关键指标之一。对于成本收入比明显偏高的网点，总分行资源与业务管理部门可组成专家组，深入分析诊断，提出改进措施，督促跟踪落实。

随着金融科技的广泛运用，越来越多的银行业务在线上渠道处理，柜面替代率大幅提升。毋庸置疑，线上化总体上有利于降低银行的运营成本，但对于网点成本，还需客观分析。不少情况是柜面业务减少了，但网点成本并没有压降，因为网点面积和人员数量还是和原来一样。一些中小银行盲目追求柜面替代率，大量增配电子设备，严格考核网点，造成人力闲置和客户投诉等问题，值得引以为戒。

近年来，由于客户到网点的数量急剧减少，国外不少银行大量裁撤线下物理网点，以缩减网点成本。虽然目前国内银行还没有出现大规模撤并网点的趋势，但近几年已经开始有所动作。对于网点较多的中小银行，需要根据网点效能做出正确决策。对于成本收入比未达标、改善不明显或潜力有限的网点，应在科学评估的基础上，该撤则撤，该并则并；对于确需在空白区域设立的网点，应依据成本收入比标准进行充分论证，如把握不大，宁可暂缓；如需大量新设网点，应力求轻型化，例如开设以智能设备为主的小型网点，或下沉社区、村镇的服务点。无论如何，按传统模式扩张网点已与当今时代格格不入，是应当摒弃的不明智的做法。

营销费用

中小银行在费用配置上往往过于注重员工激励，而对客户营销投入不足。从短期来看，这样的做法可能见效，所谓重赏之下必有勇夫，员工为了拿到费用，自然会不用扬鞭自奋蹄；但从长远来看则不然，而且存在很多弊端，队伍若总是"朝钱看"，客户迟早会"向后转"，因为过度依赖金钱激励的队伍，会有意或者无意地偏离为客户创造价值的正确轨道。因此，零售转型增加费用投入时，需要重点加大对客户端营销的投入，并且有效控制成本收入比，切实提高费用效率。

营销费用投入产出比较复杂，准确核算成本收入比并不容易。与人力费用配置一样，亦可先易后难、先简后繁，将成本收入比的理念与管理体系建立起来。首先，对于额度较大且直接创造营业净收入的营销项目，进行成本收入比测算，并根据结果对预算进行取舍和审批。对于通过审批的项目，应严格开展后评估，凡是未达到立项时测算的成本收入比的，需要说明原因；对于没有充足理由的情况，采取倒扣费用、考核扣分等惩罚措施。经过一年左右的运行后，再扩大范围，对于金额相对较小且以间接营业净收入为主的营销项目，开展类似管控。

鉴于中小银行对储蓄业务的高度依赖，营销费用往往与储蓄挂钩。对费用用途缺乏严格管控，存在许多问题，如普遍"挪作他用"甚至"收入化"，这从整体上制约了费用效率的提升。应该积累并参考经验数据，在营销费用配置中，打破过去以储蓄为主的观念和做法，代之以成本收入为主，进行精细化配置和管理。对公存款的费用配置，也值得优化。对公存款，尤其是机构存款和大企业存款，金额大，往往高层营销起主要作用。如果仍按同样比例配置大额费用，不仅造成严重浪费，还容易出现贪腐行为，应当尽量缩减，用来增加零售费用。这涉及费用管理机制，为改善费用投入产出比或成本收入比，总行按条线细化费用配置在总体上确有必要，但同时应当赋予分支行一定的自主调剂权，否则，不利于解决各种费用浪费和费用效率低下问题。

挖掘集中运营潜力

运营是银行经营的基石，关系到银行产品与服务的交付以及客户体验、财务会计、风险控制等关键环节，几乎无处不在；同时，运营占用银行的大量资源，直接关系到成本效率，是成本管理关注的重点。零售运营除了零售条线的各种业务操作，还应涵盖在柜面会计基础上发展起来的运营条线，它虽然也涉及对公柜面服务，但主要是为个人客户提供柜面服务。按此界定，零售运营占用的资源，尤其是员工数量，堪称银行各细分条线与专业之最，所以，应当将包括柜面运营条线在内的零售运营成本优化纳入零售成本管理。国内外标杆银行的实践证明，借助金融科技实行集中运营，是降低零售运营成本的有效途径，中小银行应当注重挖掘其中的潜力。

集中运营的意义

集中运营是指利用电子影像技术和工作流技术，将各个分支机构或业务的运营操作和业务流程进行整合和集中管理，形成分支机构前台受理、专门机构后台集中处理的业务运作模式。该模式最早兴起于制造业，即通常所说的"流水线"作业，取得一定成效后才逐渐应用于银行业。集中运营能对零售转型成本管控起到很好的促进作用，具体体现在以下方面。

集中运营有利于优化零售人力资源配置

运营操作集中到总行，对人力成本优化的作用巨大，其原理在于：可拉平人均产能差距，员工集中在同一个细分岗位工作，其效率一定高于在网点分散作业；可减少人员总数，通过梳理各项业务峰值时间，安排不同团队错峰支援，而不必按峰值配备人员，避免正常时段人员闲置浪费；可降低总体用工成本，将一些原本需要配备高学历、高成本人员的业务操作，细分成技能要求不同的环节，许多环节可以用低学历、低成本的员工，有的还可以外包。工作效能提升后，一方面，业务人员繁重的事务性工作压力将得到缓解，能释放出更多精力用于营销工作；另一方面，人力将得到释放，精简下来的人员经过专项培训，可以补充零售相关岗位。

通过集中运营优化人力资源，对中小银行具有现实意义。不少中小银行的网点承担了社保医保、水电煤气的缴纳乃至退休金、低保金、补助发放等各种职能，尤其是老年客户居多的网点，电子渠道替代有限，网点人员即使满负荷工作也难以完全满足需求；有的网点连专职大堂经理都没有，甚至由保安员充当，更不用说配备齐全专业的理财经理了，甚至连最基本的双人作业合规性要求都满足不了。人从哪里来？大面积招聘对于总人数已经大大超配的中小银行来说并不现实，可行的途径就是集中运营。

集中运营有利于零售服务的一致化与品牌塑造

"企业再造"理论之父迈克·哈默（M. Hammer）和詹姆斯·

钱皮（J. Champy）在《企业再造》一书中，提出以工作流程为中心重新设计企业的经营、管理及运作方式，在新的企业运行空间条件下，改造原工作流程以适应未来更广阔的发展空间。与这一理论类似，银行采取集中运营，将各类金融业务流程进行切片处理后划分为不同节点，每个节点由专人进行处理，由此提升业务流程的标准化和自动化水平，进而更好地保证了业务处理的一致性、及时性和安全性。在集中运营模式支撑下，客户无论通过何种渠道，无论在哪个分支机构，所获得的产品和服务趋于一致，从而有效避免因基层人员素质高低不齐、管理水平参差有别、观念习惯存在不同而带来的差异。

在当前金融业态向着场景化、移动化、智能化发展的大背景下，银行的定位不再是简单的资金中介，而是逐渐升级为数据分析师、服务提供商、产品分销商和资金运营商。谁能高效集约地为客户提供渠道便捷、个性化特征明显、用户体验极致的产品和服务，谁就能在竞争中脱颖而出，赢得客户的青睐。集中运营通过科技替代和自动化技术的应用，有效提高银行运营的共享化、智慧化、迭代化水平，实现从传统部门银行向流程银行、敏捷银行的转变，进而提升客户体验和服务效率，有助于银行塑造同步于金融科技时代的品牌形象。

集中运营有利于零售业务强化风险防控

首先，银行在开展业务活动过程中，容易发生因违反法律法规、监管规定、行业规范等而导致损失或处罚的合规风险。集中运营可以通过统一的风险识别、评估、控制和报告机制，降低违规风险，如将反洗钱操作集中，强化防控，可以防范银行被不法分子利用进行洗钱。

其次，银行在各种业务办理中，可能发生因人为失误、系统故障、流程缺陷、外部事件等而导致的损失或影响的操作风险，集中运营可以通过提高业务流程的自动化和智能化水平，减少人为干预和重复劳动，提高业务处理的效率和准确性，降低操作失误或故障的可能性。

再次，银行在叙做贷款等资产业务过程中，可能出现因借款人或担保人违约而导致的损失或影响的信用风险，集中运营可以通过实现贷款审批流程的标准化和规范化，确保银行对借款人进行全面、客观、公正的信用评估和审批，遵循相同的审贷标准和政策，防止因地域、部门或个人偏见等主观判断或利益冲突而造成的信用风险。

最后，银行在不少业务管理中，可能出现员工或客户利用信息不对称或权力滥用等因素从事不道德或不诚信行为，从而导致的损失或影响的道德风险，集中运营可以通过业务权限的分离和监督，促使银行员工与客户遵守职业道德和行为规范，防止利益冲突或利益输送等行为。

集中运营在银行的应用

众所周知，商业银行普遍采用按区域从上而下的层次划分模式，从总行到分行再到支行，一般都设置有运营和业务管理部门。在这样的架构下，客户资源分散，多头管理，各机构大多以自身利益最大化为原则，考虑全行整体利益少，尤其是在成本投入上更少精打细算、顾全大局。为此，很多商业银行通过采用业务集中运营管理模式，以改变这一状况。在相关领域的诸多尝试已经取得了较好的效果，为中小银行依靠集中运营提升成本管理效率提供了有益的借鉴。

回顾集中运营在国内外银行的发展史，大致分为四个阶段。第一阶段为20世纪80年代，西方商业银行最早开始对其运营管理模式进行改革，通过借鉴制造企业管理模式，尝试通过业务后台集中管理，提升作业效率，控制运营成本。第二阶段为20世纪90年代，初步实现通过对各种单证、会计业务处理实行后台流水线作业，将运营管理、风险控制、不良资产管理集中到总行或区域管理中心统一处理。第三阶段为21世纪前10年，集中运营成为先进银行的一项重要核心技能，运营成本及效率得到不断优化，逐渐形成全行一体化、标准化的作业平台，集中运营管理更为专业化。第四阶段为2010年以后，随着金融科技的不断发展与广泛应用，银行集中运营管理模式已经能够如工业生产一样精确控制业务流程，成为银行提供优质金融产品和服务的重要保证。

自20世纪末以来，国内银行纷纷借鉴国外银行集中运营模式，对业务流程进行系统性改造，包括后台集中授权、后台集中作业等。中国工商银行是最早进行尝试的银行之一，1999年9月1日启动了著名的业务集中运营"9991"工程，结合自身情况开始进行业务集中处理；随后，中国银行、中国建设银行等国有银行相继启动相关改革。股份制银行也不甘落后，特别是招商银行一马当先，在2010年之前零售转型初期成本收入比居高不下的阶段，学习借鉴国内外同业的先进经验，将储蓄柜面从零售条线纳入运营条线统一管理，并在深圳、成都设立总行运营中心进行运营大集中，逐步将结算业务、票据业务、企业银行业务、对公账户开立变更及销户业务集中于后台，由专岗员工进行统一审核与操作，参照工厂化和流水线作业原理，创新打造高效规范的运营中心。集中运营减轻了网点柜面的运营压力，使得招商银行在服务质量和风险防控方面取得优势，同时随着远程银行、信用卡集中运营中心和零售信贷工厂模式的不断成熟，腾挪出数千人补充进零售队伍，解决了零售转型的人员投入难题，为零售转型插上了腾飞的翅膀。

当前，在零售转型战略和金融科技的驱动下，我国银行的零售业务快速发展，但也进入了新一轮同质化竞争期，面临着如何提质增效的挑战。不少银行公布了升级版零售发展战略，强调围绕"用户中心"打通业务板块，实现"大零售"综合化发展，持续不断改善集中运营，成为升级优化的重中之重。中小银行有必要"站在巨人的肩膀上"，重新审视自身业务流程，找到流程变革痛点，运用集中运营手段，为零售转型降本增效创造必要条件。

中小银行的集中运营策略

中小银行开展集中运营无疑是大势所趋，但在现实中面临着诸多难题，如科技力量欠缺、业务基础薄弱、规模效应不足、专业人才稀缺等。这要求中小银行采取切合实际的策略。

达成集中运营变革共识

管理层应对集中运营的必要性与路径达成一致，并在变革之前充分评估可能遇到的各种困难与阻力，做好应对准备。尤其需要关注并妥善处理的是，前后台事务分离带来的管理体制机制变化与权责利调整，以及跨专业和跨层级协同难度的增大。为此，需要建立清晰有效的前后台联动机制，畅通前台对后台支持的意见与建议双向反馈通道，并完善内部服务质量和运营水平的考核评价体系，以此促进后台作业效率，使银行所有岗位工作都真正做到以客户为中心。

构建统一集中运营平台

将网点储蓄与会计柜面业务及人员合并，由运营条线统一管理，将复核、授权、事后监督、反洗钱等操作，切分至总行或后台集中运营；在客户与业务量小的网点，实行综合柜员制，多布放电子设备，适当减少高柜窗口；在网点运营人员储备较多的分支行，建立同城排班机制；逢节假日，根据客流量设定网点营业与否及营业时长；合理运用机器人流程自动化（Robotic Process Automation，简写为RPA）技术，实现在业务操作、数据核查、人员管理、风险排查等多场景中的应用，有效提升运营管理效率，降低网点运营成本。

采用多元化的集中运营模式

传统的集中运营主要围绕网点渠道集中会计类业务，业务模式主要以电子影像为基础，作业模式主要以流水线式标准化作业为主。顺应当下渠道、客户体验、业务等的发展趋势，以多元化为集中运营建设思路，进一步发挥集中运营的价值。在渠道层面，支持开放银行、移动渠道、线上渠道、自助渠道、柜台、内部渠道等银行全部线上店与线下店，促使服务连接更加紧密，让客户真正体验到"足不出户、触手可及"的立体化银行服务。在作业模式层面，在建设流水线式的工厂作业大后台的基础上，创新打造多元运营交付模式，包括多媒体交互的空中营业厅、远程物流交付的实物中心、智能机器人等依托技术的机器化作业。在业务流程方面，面向不同渠道、机构、业务、客户等提供个性化及多样化的业务流程，实现客户体验及业务竞争优势的提升。

将非核心业务外包给第三方机构

实践证明，外包非核心业务能够在风险可控的基础上，有效提高银行运营效率，降低运营成本投入。在某些细分领域，外包公司比银行更能胜任，例如某些系统研发、现金押运、自助设备信息拆分录入等，外包公司在其专业领域内的成本投入比商业银行要低得多。通过合理运用外包服务，银行可在外部环境变化时灵活应对，降低自身运营风险管控的难度和人员成本投入，腾出人手投入市场营销和新产品研发。当然，在确定哪些业务外包时，不能主观任性，应统筹考虑，可以按照"机械作业系统做，标准作业外包做，复杂作业专人做"的总体思路，酌情采取自建、外包和混合的模式来支撑不同板块的集中运营。此外，集中运营变革离不开IT系统的建设，应在全行数字化转型总体规划的基础上，提出集中运营变革的具体需求，实行自研开发与外部公司合作开发并举，确保科技为变革提供强有力的支持保障。

持续拓展集中运营的范围

传统的集中运营主要通过集中作业平台实现部分柜面业务上收，而毕马威的调研报告显示，我国多家银行的集中作业中心的业务量呈现逐年下降趋势，规模效应递减。因此，需要树立流程银行思维，将流程和基础运营能力升级为标准化共享服务能力，敏捷地支持银行丰富的业务场景，覆盖会计、结算、信贷、风险等多个领域。一方面，运用既有数据处理、影像类文件的处理、审核、数据校验等常用的业务流程，以及不同规则的子流程沉淀的运营作业能力，对其他业务流程进行重新设计，降低作业成本。另一方面，运用现有账户管理、支付结算、核算清算、运营风控、运营数据等基础运营服务能力，建立端到端的业务流程，整合运营资源，将相关渠道、客户、产品部门、合作平台连接起来，提高对市场和客户需求的响应速度。

第七章
品牌为魂

合抱之木，生于毫末。培育一棵果树，需要从播下一粒种子开始，待其生根发芽、破土而出，予以精心照料。经过四季轮回，果树在风雨中成长，在阳光下开花，待到繁花落尽之时，终结累累硕果。许多果实具备食用、药用或观赏等多种价值，造福于人类，更重要的是保留种子，让果树繁衍不息。对银行零售转型而言，塑造出一个家喻户晓的好品牌，就如同零售之树所结出的硕果。这个过程漫长而艰辛，需要银行不断适应市场变化，创新服务与产品，改善客户体验，一点一滴积累良好的口碑。纵观国内外零售银行业，好银行离不开好品牌，或者说好银行就是好品牌。品牌对于银行经营的价值无与伦比，零售转型应以品牌为魂。

品牌为魂的内涵

建立一个在当地最具知名度和美誉度的品牌,是银行零售转型的终极目标和最高追求。我们在谈论一家银行的品牌时,一般更多地指向零售品牌,这是因为零售客户众多,更需要运用大众营销传播的专业方法,塑造良好的公众形象。而公司、同业、投行等业务,客户数量就少得多,主要靠一对一地营销与服务,在"圈内"获得好评。

品牌体现银行核心竞争力

"品牌是企业的灵魂,是企业的核心竞争力,是企业赢得市场和客户的关键。"之所以如此,是因为品牌能为企业带来客户、创造效益、抵御风险,其价值不仅体现在财务指标上,还体现在客户忠诚度、市场份额、社会影响力等方面。一家银行一旦塑造出出类拔萃的品牌,无异于构筑了一道牢固的"护城河",能在相当长一段时间内保持竞争优势。

品牌能带来并留住客户

好的品牌能增强客户对银行的信任，从而带来并留住更多客户。"现代营销学之父"菲利普·科特勒这样定义品牌："品牌是一种名称、术语、标记、符号或图案，或是它们的相互组合，用以识别某个消费者或某群消费者的产品或服务，并使之与竞争对手的产品或服务相区别。"与普通商品不同，金融服务产品具有无形的特征，人们无法在事前判断其优劣，只有在使用产品或接受服务的过程中才能产生使用体验并做出评价。对客户来说，市场上可供选择的银行数量众多，金融产品更是五花八门，很难去一一了解和体验，主要还是通过自身或者他人的经验来做出判断。本人或自己信任的人，若之前对某家银行的服务评价不错，那么大概率还会继续使用，以降低信息确认成本；若对某个产品的使用体验好，那么需要办理其他业务时，由于爱屋及乌的心理，更倾向于在这家银行尝试。在客户选择银行和产品服务的过程中，品牌如同看不见的手在起作用，为银行赢得更多的客户。品牌的这一价值对银行意义重大，根据菲利普·科特勒的研究和企业的经验，获取一个新客户的成本是保留一个老客户成本的7倍左右，并且一个满意的客户可能会为银行带来8个潜在客户，而一个不满意的客户可能会让银行失去25个潜在客户。

品牌能提升产品附加价值

品牌能够为产品创造无形的附加价值，特别是当客户习惯了使用某一产品，对产品的功能和品质比较认可时，就会对品牌产生情感认同和依赖，即使支付高于市场平均水平的价格也愿意，这就是所谓产品的品牌溢价。以苹果公司品牌为例。同样配置的手机，苹果品牌的价格远远高于其他品牌，然而每次新机型发布，都会令大量"果粉"趋之若鹜。当问到他们为什么愿意付出高价购买时，答案除了"苹果手机品牌档次高，外观品质佳，使用体验好"，更多的是老用户"习惯了用苹果"的心声。银行产品也有类似的品牌现象，比如国有银行的存款利率和理财收益率相对较低，但还是有很多客户选择；股份制银行中招商银行的存款利率和理财收益率最低，但规模远超同类银行。

品牌能增强内部凝聚力

当一家银行在同业中拥有更大的品牌影响力，员工就会感到自己的工作更有价值和意义，遂产生"荣誉感"和"自豪感"，进而为维护和发扬品牌影响力而更加努力工作，得以形成正向循环。当员工听到客户对银行的赞誉和反馈，就会感到自己的工作得到了认可和尊重，遂产生"自信感"和"成就感"，其工作积极性和创造性在无形中得到激发，使得他们能够充分发挥聪明才智。当员工意识到品牌对于银行生存发展的价值和潜力后，就会感到品牌与自己和自己的工作息息相关，遂产生"责任感"和"使命感"，这能极大地促进全员团队精神和协作意识的提升，得以改善管理效率。反过来，如果银行对外品牌形象不佳，员工也不太可能同心同德、尽心尽力。

零售转型需要借助品牌力量

近年来，虽然我国商业银行都致力于推陈出新，满足客户多样化需求的能力不断增强，但在金融产品与服务的功能、种类，以及市场定位、目标客户、经营方式、发展战略等方面，仍然高度同质化。银行之间零售客群重叠度高，客户需求相似，因此，零售业务的竞争更加激烈，趋近白热化。一家银行如何在"看不见硝烟的战争"中胜出，赢得优质客户的青睐和忠诚，实现零售业务的可持续发展和盈利？最终答案就是品牌。中小银行需要针对品牌要素同质化的不足，探寻差异化发展路径。

银行品牌差异化

我国银行建筑外立面、品牌商标等相似度过高，可辨识度不强。大多数银行使用的视觉主色调以红色、蓝色居多，尤其中小银行对红色比较偏爱。在一片红色中，选用绿色的中国农业银行、选用橙色的平安银行和选用紫色的光大银行，则显得独树一帜。除颜色外，银行标识设计理念也是大同小异，多纳入钱币元素，选择圆形、方形作为基本形状，少有让人眼前一亮的创意。反观其他行业，有不少值得借鉴的范例，如在新能源汽车领域大放异彩的比亚迪汽车，其朝代系列产品标识大胆采用"汉""唐""宋"等汉字的变体，让客户印象深刻。当然，标识变更涉及成本不菲，还面临影响老客户认同及文化传承的风险，确实需要慎重，但如决定更换，则应摆脱行业性窠臼。

产品品牌差异化

各家银行在产品品牌层面也有千篇一律的通病，产品名称容易混淆。产品内容也大同小异，多是一些细枝末节的小修小改，以至于在客户眼中，选择哪家银行的产品都差不多。中小银行应当在广泛深入调研市场、竞品和客户需求的基础上，努力创新独特的产品，解决客户金融服务中的痛点和难点，同时花精力创作辨识度较高的产品名称，并努力形成系列；产品宣传资料，尤其是宣传主题，也需要精心打磨，力求具有较好的传播性，能够吸引目标受众。

品牌定位差异化

著名营销战略理论家艾·里斯（Al Ries）和杰克·特劳特（Jack Trout）在其代表作《定位》一书中写道："在传播过度的社会中，获得成功的唯一希望是要有选择性，集中火力于狭窄的目标，细分市场。"我国银行的经营战略选择也高度趋同，差异化定位的意识和能力欠缺；即便选择零售转型，也是盲目跟风或模仿，少有符合自身实际的战略策略。中小银行零售转型要取得成功，不可不意识到亦步亦趋的弊端，应当立足于自身资源禀赋，创造性地学习和运用标杆银行的经验。

零售转型为品牌资产增值

20世纪80年代，西方营销界开始流行品牌资产（Brand Equity）概念，将品牌理论推向了一个新高度。相比于品牌形象，品牌资产更强调全方位挖掘品牌价值，一般认为，应围绕五大元素展开。

第一，品牌忠诚。优秀品牌和优秀企业的文化底蕴博大精深，一个好品牌周围会凝聚无数忠诚的员工，每一位员工都时刻为自己的企业发展而奋斗。历史悠久的名牌企业和产品，都是经历了许多代员工的努力才铸就的,一个好品牌周围也必然凝聚着无数忠诚的客户。

第二,品牌知名度。一个好品牌一旦得到消费者的认可,消费者就会形成购买习惯,还可能推荐给自己的亲戚、朋友。而借助消费者认知、感情上的认同,品牌就会逐渐声名远扬。

第三,心目中的品质。一个好品牌代表的产品和服务在消费者心中会形成强烈的印记,直至占据其心智,产生排他效应。

第四,品牌联想。一个好品牌会让消费者联想到品牌的正面特征,抵御负面评论,反复强化消费者对品牌的喜好。

第五,其他独有资产。这是由品牌衍生出来的异于其他产品的价值。

零售业务的特征十分契合以上五方面元素,对于构建品牌资产有着天然优势,因此,零售转型将极大地助力品牌资产增值。国际品牌资产评估机构 GYbrand 发布的 2023 年度全球银行品牌资产 100 强排行榜中,中国工商银行、中国建设银行、中国农业银行和中国银行四大国有银行包揽榜单前四,加上招商银行,中国占据全球银行品牌资产 TOP10 中的 5 席,美国占有 4 席,其中包括花旗银行、美国银行、摩根大通和富国银行。GYbrand 分析师菲利克斯(Felix)表示:"品牌资产已成为衡量企业无形资产和软实力的核心标准。2023 年度全球银行品牌资产 100 强排名,评估的核心是品牌价值,并不是简单地按照企业的市值或营收规模排序,而是根据品牌基本面、品牌强度、品牌贡献、品牌业绩等多项指标进行评价分析。"从榜单中不难看出,零售转型早并获得成功的银行,零售业务占比越大,其品牌资产排名越靠前。

案例 7-1

如何开展品牌化营销?

招商银行在零售转型中相当重视塑造良好的品牌，不仅银行品牌围绕零售客群规划，而且针对零售细分客群与业务持续打造品牌，对零售转型和零售业务发展起到了十分重要的推动作用。

最广为人知的是金葵花品牌。该品牌与该行的象征物——葵花直接关联，"金葵花"不仅在字面上承袭了招商银行的"行花"，同时还与客群细分直接衔接。金葵花客户是该行最初细分的客群，界定为 AUM 50 万元以上的客户，后来陆续细分出 AUM 5 万元金卡客户、AUM 500 万元钻石客户、AUM 1 000 万元私人银行客户等。金葵花品牌名称中的"金"字有"多金"的含义，与金葵花客群开展财富管理的目的相联系。招商银行确定打造金葵花品牌后，一方面在品牌传播上下功夫，持续通过广告、发布会、新闻报道等大众媒体，以及举办音乐会、绘画艺术展、与国际奢侈品品牌合作、邀请郎朗代言等方式，不遗余力加大宣传推广力度，使之逐渐广为人知。另一方面，力求让金葵花品牌名副其实，根据高端客户对尊贵、私密、专业的更高要求，通过配备专属理财经理队伍、专属理财产品、专属网点私密理财室、专属增值服务与营销活动等，让客户感受到与其他客户不一样的服务。经过内外兼修，几年间，金葵花品牌即广受客户青睐，助推招商银行中高端客群与业务快速成长。

针对财富管理业务，招商银行也重视借助品牌助推发展。最初设想构建独立命名的子品牌，但考虑到金葵花品牌的核心就在于财富管理，故放弃了这一想法，直接用财富管理作为子品牌名，并以"一样的财富，不一样的管理"作为广告语，制作广告片。品牌与业务相得益彰，使得该行的财富管理业务在同业中脱颖而出。

招商银行还将品牌化营销的理念运用到其他零售细分客群，尤其是面向未来的潜力客群。如针对年轻人充满活力、喜欢尝试新事物的特点，突出参与感和时尚感，根据他们的喜好和兴趣开发产品，开展有创意的营销活动，信用卡推出Young卡、Hello Kitty卡和既可以挂在胸前又能当耳环的Mini卡；针对白领阶层生活节奏快、没有时间到网点的特点，主打便捷牌，不断强化电子渠道服务能力，利用内外部各种宣传渠道大力营销推广；针对高净值客户子女亟须求学创业辅导、圈层社交组织的特点，与国内外知名机构合作，提供留学、创业、社交等平台与服务。

品牌的塑造需要时日，其作用"润物细无声"。招商银行在零售转型中，持之以恒地细分客群进行品牌化营销，逐渐使自己成为零售客户尤其是高端客户的首选银行。不少客户正是听到身边人的介绍，直接申请办卡，彰显了品牌的价值与作用。

品牌战略规划

品牌外化为形象，代表了银行产品与服务的特征和优势；品牌内化为文化，代表了银行的价值观和理念。一个有影响力的品牌不是短时间就能铸就的,需要基于银行的客群定位及竞争与发展战略进行顶层设计,制定有鲜明特色的品牌战略规划。这涉及品牌定位、核心价值创造、品牌形象、品牌传播、品牌延伸及管理等诸多方面。中小银行在零售转型中,应注重从这些维度深研细究。

明确品牌定位

优秀银行的品牌定位,力求让有相同需求和利益的客户对它有一种特别的感觉,让他们觉得该银行跟别的银行不一样,深信其能更好地满足他们的诉求。品牌定位不是单纯看客户需要什么,还要跟竞争对手比较。因为银行是一个相对特殊的行业,客户首先关心的是信誉是否可靠,所以在选产品与服务之前,往往先选银行。如一名客户准备到银行申请一笔消费贷款,一般会先根据各种信息尤其是熟人推荐对银行进行比较,选定自己认为比较可靠的银行之后,再看产品是否合适。银行重视品牌塑造的目的,就是让客户首选自己。客户的品牌心智容量是有限的,对同类产品与服务,能记住的银行只有少数几家。哪家银行能排在客户心智首位,就证明其品牌定位与塑造是成功的。银行品牌定位是一项系统工程,需要精心谋划。

确定品牌个性

一家银行的品牌只有个性特征鲜明,才可能进入客户的心智,不仅要让客户知道是银行,还要让客户知道是哪家银行。银行作为产品趋同的服务业,品牌个性化多通过拟人化来实现,需要将传达给客户的品牌形象和价值观赋予人格特征。这就要求银行准确分析目标受众的个性偏好与文化倾向，深入挖掘品牌利益与品牌属性，然后使二者相互交融，形成区别于其他银行的独有的品牌主张。如招商银行的"因您而变"，表达的就是自己愿意为客户做出改变，并竭尽所能服务好客户的立场与态度，让人耳目一新，并心生好感。

确定竞争策略

银行品牌竞争是更高层级的竞争，关系到对大量目标客群的持久争夺。中小银行的实力和资源有限，在业务与品牌竞争中需要有所为和有所不为，也就是要明确究竟在哪些市场、哪些客户群体、哪些产品或服务上取得优势。这需要基于客户、市场和对手的精深分析，找出自身的优势和劣势以及机会和威胁，从而制定合适的竞争策略。如中国工商银行定位为"全球领先的综合金融服务提供商"，体现了它在国内外市场上的广泛覆盖和多元化业务，以及在金融服务领域的领导地位。这是其他银行不可复制的，毕竟只有它有足够的实力实施这一策略。

确定差异化路径

银行要在竞争中脱颖而出，除了竞争策略切合自身实际，还需要选定差异化的路径。中小银行实现竞争策略的差异化路径可从多个角度选择，如产品、服务、渠道、技术、队伍、文化等，一旦选定之后，则应明确目标和指标，以便引领相关举措的实施并衡量进展效果。这里最需要的是创新，尤其是大创新，大创新能赢得大市场、大优势，从而达到降维打击的效果。如QQ、微信横空出世，成为即时通信的代名词，造就了腾讯公司在互联网行业中的领先地位。当然，大创新不是那么容易，在一定程度上可以说可遇不可求，因此，小创新也是值得鼓励的。一个品牌始终追求与众不同，本身也会给受众留下印象。此外，品牌存在的时间够长，也能得到认同，毕竟，活得久，一定有其理由，容易受人关注和尊重。如中国银行的品牌宣传"百年中行，全球服务"，就突出了它是中国持续经营时间最久的银行，也是中国全球化和综合化程度最高的银行这一品牌特征。

专注价值创造

品牌是银行经营管理成果的综合体现。银行要塑造好品牌，就要向着办一家好银行的标准不断努力，即持续提升经营管理水平，为客户、员工、股东、社会创造更多价值。塑造一个优秀的银行品牌，理想状态当然是这些维度的价值表现在可比银行中首屈一指，然而现实中往往难以做到。一个好的银行品牌，在各维度上的价值表现虽不必都达到最优，但也不能最差，至少要达到各利益相关方的满意标准。如果金玉其外，败絮其中，迟早会露馅，处心积虑堆积起来的"金玉"形象可能瞬间崩溃。

银行的品牌塑造和价值创造相辅相成，品牌塑造是价值创造的外在表现，价值创造是品牌塑造的内在支撑。为实现两者的有机统一，应把握如下关键要素。

第一，以客户为中心，提供差异化、个性化、全方位的金融服务，满足客户在不同场景下的多元化需求，提升客户体验和忠诚度，实现情感共鸣。

第二，以科技为引领，加快数字化转型，利用大数据、云计算、人工智能等技术手段，提高金融服务的效率、安全性和智能化程度，打造智慧银行。

第三，以创新为动力，拓展业务领域和模式，与各类金融机构和非金融机构合作，构建开放式金融生态，提供综合性金融解决方案，增强市场竞争力。

第四，以责任为导向，践行社会责任理念，服务国家战略和社会民生，加大科技金融、绿色金融、普惠金融、养老金融、数字金融等领域的支持力度，促进经济社会可持续发展，树立良好的社会形象。

第五，不断改善经营管理，设法增收节支，控制好资产质量，降低资本消耗，保持营业收入和净利润稳定增长，使NIM、ROE、资产回报率（Return on Assets，简写为ROA）、经济附加值（Economic Value Added，简写为EVA）等财务指标，以及不良率、拨备覆盖率、资本充足率等监管指标，超越市场整体表现、优于同业。

第六，在强化市场化激励约束机制、拉开薪酬分配差距的基础上，根据业绩贡献和人才价值，提高员工收入待遇，增强薪酬福利水平在当地同业中的竞争力，同时畅通员工职业生涯通道，营造关爱员工、人际关系简单的良好工作氛围。

立足业务经营

中小银行树立品牌形象，首先应想方设法做大业务，而不是像快消品等行业一样靠大力投放广告。尤其是在零售转型初期，应集中资源把业务规模做大，这是塑造品牌的最优选择。业务快速增长，就能吸引更多客户，只要能让客户满意，就会提升品牌知名度和口碑；反之，业务发展缓慢，再多的广告也难以打动人心，甚至会让人怀疑是"王婆卖瓜"，适得其反。为此，应做到以下几点。

第一，平衡好广告费与营销费。零售转型过程中需要费用投入的领域很多，不宜过多地投放在广告上，而应尽量向营销费用倾斜，推动获客与业务增长；在营销费用中，重点支持开发高产出产品，组建高素质队伍，新建高效能网点。一个显眼的网点，一个爆款的产品，一支开拓型队伍，比广告更有说服力。

第二，发挥好营销队伍的品牌代言作用。让营销带动品牌，营销队伍是载体，客户对银行的品牌印象，在相当大程度上源自接触客户的员工的综合素质，包括从仪容仪表、言谈举止到专业水平等各方面的表现。因此，应针对各支营销队伍的员工——不限于网点员工，制定明确的营销规范，实行有效管理，使员工的营销行为体现银行的良好形象与品位，并尽量增加员工营销活动量，扩大客户触达面。

第三，利用好营销渠道的沟通功能。营销渠道包括物理网点、手机银行、远程银行、微信银行等，不仅可以将产品和服务触达到客户，同时也能收集反馈客户的使用体验。应有意识地利用营销渠道加强与客户的沟通，结合不同渠道特点，通过组织专项活动、开展问卷调查、搭建沟通桥梁、及时反馈诉求等形式，及时了解客户声音，改进产品与服务。

注重外观形象

外观形象不仅是品牌的重要组成部分，也是品牌的直接展示。很难想象，外观形象遭到受众诟病，还能塑造出一个好品牌。行徽（Logo）、象征物、广告语（Slogan），是构成品牌形象的基本要件，应精心设计，精益求精，高标准打磨。行徽是品牌的历史载体，除非有必要，否则不宜轻易修改，以免造成资源浪费和效果不佳；象征物应体现银行特点，寓意吉祥，造型美观；广告语、广告片是品牌的大众传播内容，应注意大众化原则，避免"自嗨"，含义、语言和表达要力求通俗易懂。此外，影响品牌外观形象的因素还有许多，如发布会会场布置、客户活动用品、员工行服、网点设施、宣传物料等，都应在控制成本的前提下保证品质。

在这些方面，苹果公司的联合创始人乔布斯无疑是我们追求卓越的榜样。他花费大量时间和心血，亲自组织和参与产品、广告片、广告语、专卖店、发布会的策划与制作，造就了一个又一个让世人惊艳的旷世杰作。中小银行管理层应当学习这种精神，竭尽全力打磨品牌形象。

加强品牌管理

中小银行在品牌战略规划中，应纳入品牌管理的内容。明确健全品牌管理机制和组织架构，制定统一的品牌管理规范和标准，监测和评估品牌效果和价值，及时调整和优化品牌策略与实施举措。明确针对零售目标客户，综合运用各种有偿和无偿的营销传播方式，不断提升知名度和美誉度，通过持续的努力和积累，逐步成为当地最具影响力的银行品牌之一。

俗话说，"好事不出门，坏事传千里"，维护品牌比塑造品牌更不易，必须高度重视品牌接触点管理，尽可能减少或弥补各种品牌丢分项。这涉及每名员工、每个客户、每个渠道、每款产品、每次服务，无疑极具挑战性。除了构建全方位覆盖的品牌管理体系，设立专门机构或岗位，选聘专业人才管理品牌，更重要的是形成强大的品牌文化，从高管到员工，都像爱惜眼睛一样爱惜品牌，对有损银行品牌形象的言行及时加以制止与纠正。

案例 7-2

如何构建品牌体系？

招商银行在零售转型前，品牌体系是不完整的。品牌口号、象征物、广告片、平面设计等基本要素不健全，总行的品牌管理团队只有一人负责广告、一人负责媒体；品牌的知名度不高，尽管在大部分省会都设有分行，却被认为是偏居深圳一隅的地方性银行。

招商银行管理层认识到，要成功进行零售转型，必须提高品牌知名度和美誉度。为此，总行品牌团队进行了深入调研，提出了明确品牌内涵和象征物、更新品牌口号、制作品牌广告片、与国际 4A 公司合作、迭代 VI 和广告设计规范等 18 项举措。

第一，品牌定位。招商银行根据自身在同业中率先推出一卡通、一网通等创新产品与服务，以及年轻客群较多并赢得优质服务口碑等优势，打造最富有创新和服务精神的银行品牌，同时摘掉"地方性银行"的标签，树立全国性银行的品牌印象。

第二，品牌口号。招商银行原先的品牌口号为"点点滴滴，造就非凡"，用来与客户沟通有所欠缺。经过反复斟酌，最终确定用"因您而变"取而代之。最初大家感觉内涵太浅，但最终认识到，品牌口号是大众传播口号，越大众化越容易传播，反之曲高和寡。在此基础上，以"山，因势而变；水，因时而变；人，因思而变；招商银行，因您而变"为主题，摄制了新的品牌广告片。

第三，品牌象征。葵花最初只是招商银行用来更换一卡通卡面的图案。1995年招商银行一卡通面世时的卡面图案是熊猫，受当时用卡环境和客户观念制约，发卡数量有限，有人便认为"熊猫"作为珍稀动物的寓意不佳——虽然珍贵，但是稀少。于是，该行决定选用"茂盛多籽"的葵花作卡面图案。直到2002年，才正式将葵花明确为"行花"，寓意葵花绕着太阳转、招商银行围着客户转。之后，葵花的形象和元素，就大量出现在招商银行内外部的各种场合与物料中。

第四，品牌视觉。更新了VI手册，突出"招商银行红"，大量利用醒目的红底反白色调，在网点装修、广告设计、营销物料、办公用品、宣传资料、商务礼品、网页界面、设备屏显、工作服装等方面都加以规范，并在全行范围内严格统一。当时还曾打算更换行徽，并设计出了更具国际气息和现代韵味的多个版本，但考虑到历史传承和成本效益，最终没有启用。

第五，品牌调性。将品牌受众定位于财富人群和年轻人群，根据客群特点确定品牌调性。对财富人群突出如尊贵、专业、热情、圈层等调性，围绕有影响力的人士规划品牌推广要素与策略；

对年轻人突出新颖、时尚、阳光、亲和等调性,品牌营销注重运用科技领先的产品和新奇特的活动。

第六,品牌管理。明确总行办公室为品牌统筹部门,总行各业务条线的广告宣传从供应商准入、媒体接洽到新闻报道、营销物料审定,都由其归口管理;分行也照此调整管理体制,并加强总行垂直指导与督促考核。随着品牌营销力度的加大和效果的显现,组建品牌营销中心,人员从2人增加到20多人。

品牌营销传播

品牌最容易让人关联到乃至等同于广告,但零售品牌塑造远远不止于广告。确实,广告对许多品牌的作用举足轻重,不少品牌甚至就是靠广告一炮而红,但对中小银行来说,广告不太可能起到立竿见影的效果。事实上,那些标杆银行在最初很长一段时间内,广告投放量都不多,其品牌照样逐步成长;可以设想,当初即使加大广告投入,也未必能为品牌增色多少。所以,中小银行需要多管齐下塑造品牌。

广告营销

所谓广告,就是通过一定的形式和渠道,向公众传递信息的宣传手段,其目的是推销产品或服务,提高品牌知名度,或者传达某种理念或观点。广告由来已久,在我国古代就有各种各样的形式和渠道。比如招贴,又叫招子,就是贴在墙上的广告,内容繁杂，诸如店铺开张、空屋招租、江湖医生招揽生意，乃至雇佣、寻人等，应有尽有，大约宋明时期已经流行；再如零丁，属于招贴的一种，就是寻失家人所贴的招子，因为古人寻人时会击响钲铃之类的器物，钲又称零丁，故而得名。此外，书信、诗词、碑刻等有时也被用作广告，如李白曾写信给杨炯推荐自己的诗歌，白居易曾写过一首《买酒赋》来赞美一种酒，张骞曾立碑纪功西出大宛。

  在我国古代，广告在商场中的运用较为有限，所谓"酒香不怕巷子深"，主要是因为竞争不充分，靠产品质量就能取胜。如今，各行各业竞争激烈，竞品繁多，"酒香也怕巷子深"，运用广告营销大有必要。广告发展至今，已经进化出平面广告、电视广告、网络广告、流动广告、广播广告等多种形式，其传播方式、传播范围、内容创意也发生了极大的改变。中小银行品牌建设和传播也需要与时俱进，根据不同的市场环境和客户需求，适当投放媒体广告，打造具有特色和影响力的品牌形象。第一，力求精准投放广告。应优先投放零售产品广告，品牌及其他业务广告量力而行，可根据目标客户的特点和阅读习惯，选择合适的媒介渠道和投放方式，提高广告的覆盖率和有效性。第二，选好广告投放方式。应客观评估各类媒介的广告效果，作为广告投放的依据，电视、报纸及网站的广告效应近年来呈现下滑趋势，适量投放即可；可重点投放目标客户集中、客户能见度高的户外广告，如繁华地段、标志性建筑、交通枢纽、高档商业区与住宅区的广告位；互联网平台的广告相对精准，可选择需要引流的业务进行投放。第三，建立效果评估机制。可先从产品和业务广告开始，积累各周期、各渠道广告投入与业绩增长经验数据，逐步形成比较精准的模型，作为广告投放的依据，以不断提高广告投入产出。

口碑管理

相比传统广告，口碑是最好的广告，原因在于：其一，可信度更高，口碑为第三方评价，好过银行自说自话；其二，精准度更高，传播者会自动筛选，预判潜力客户；其三，互动性更高，时长不像传媒广告受限，双方有问有答。主动管理好口碑，相当于节约不少广告费。

口碑传播主要依靠客户和员工，成千上万人口口相传，一传十、十传百，日复一日、年复一年，效果必定不亚于大众媒体广告。客户对银行的正面口碑传播，主要源于自己的良好体验，银行不可能进行强制或收买，因此，应在影响客户体验的产品、渠道、服务、队伍等各环节，精益求精地打磨，力争获得客户好评。对员工而言，关键是激发其爱行之情，使之随时随地、满腔热情宣介本行；这需要各级管理者以身作则、以行为荣，同时需要定期整理银行正面信息，并通过内部资讯渠道，及时让员工知晓。口碑还需要插上故事的翅膀，这样传播范围更广，效果更好。通过一个或几个生动故事，能让银行逐渐为大众耳熟能详，沉淀良好的口碑形象。这些故事或自然天成，或精心策划，或标新立异，或风趣幽默，应足以引起受众兴趣。术业有专攻，口碑管理应聘请专业公司或专业人才负责。

新闻媒体

在如今信息爆炸的时代，对于大众媒体上关于银行的新闻报道，很少有读者会通读全文，充其量快速浏览。但读者对一家银行产生良好印象，往往在于新闻报道总说这家银行好，而至于具体好在哪，真正关心的少，能记住的更少。因此，新闻宣传对银行品牌的作用并未削弱，聪明的银行不会错过这些不花钱的广告，而是会持续密集开展正面宣传。传统媒体仍然是权威信息的主要生产者，银行应与之维持良好关系，结合其选题嵌入相关信息，增加曝光度。

新媒体与自媒体受众广、传播快，已经站到信息社会信息交流舞台最瞩目的位置。中小银行应把握其规律，制作受众喜闻乐见的内容，策划受众乐于参与的活动，广泛传播，精准触达。员工在微信、直播、短视频等自媒体平台上的表现尤其值得重视，应有组织地利用，发掘培育一批"网红"。此外，打造品牌必须爱惜声誉，应重视声誉风险管理，借助专业公司力量，完善舆情应对机制，及时处理负面舆情，尽量减少对品牌形象的不利影响。

内部媒介

银行的内部媒介资源主要是网点，广告价值不比商业媒介逊色，值得充分挖掘。一个网点的广告效应如果开发利用得好，可能赛过一个路牌广告，数十乃至数百个网点联动起来，其广告作用可想而知。所以中小银行既要把网点当服务阵地，也要把网点当广告载体。新设或者搬迁网点，应尽量选择地理位置佳、人流量大的地方，以及建筑品质高、内部结构好的物业；除按 VI 要求保证装修装饰效果外，楼顶、门头招牌应醒目，靠街一面可采用透视玻璃墙，悬挂灯箱广告，闹市区可直接使用"冰屏"。

网点的电子跑屏、自助设备屏幕等，也是较好的广告位，可适当布放广告；这些电子广告的后台管理，宜集中到总行，以保证统一、规范。另外，厅堂的易拉宝、书写板、礼品等既事关营销促销，也事关品牌形象，不宜禁止，但应注意整洁，并及时更新；横幅、海报等已然落伍，效果几无，应尽量电子化，实在迫不得已使用，也不得影响美观。客户印象即品牌印象，发挥网点广告作用，首先要避免脏乱差，而不少中小银行对此重视不够，给客户造成不好的观感，有碍于品牌打造。

社会热点

热点就是流量，"蹭热点"不失为中小银行品牌推广的有效途径。应密切关注当地社会热点，选择契合银行品牌策略的条件，巧妙植入相关内容，扩大传播声量。品牌是有圈层的，和强势品牌一起，可以作为快速建立品牌影响力的捷径，应积极寻求与强势品牌合作，力争开展持久业务合作，尽可能广泛覆盖客户；一时找不到这样的机会，也应争取联合举办活动，一旦启动合作，应大张旗鼓宣传。

中小银行的品牌营销，还可借力其他影响力中心，如当地政府、重要协会、论坛、高校等，应主动与之对接，借助其活动、咨询等通路，推介本行品牌；尤其要借助政府权威，取得支持与帮助，助力品牌影响力提升。社会责任也是社会热点，应认真履行银行应尽的各项社会责任，包括投身公益慈善事业，彰显银行社会价值；同时，应将银行的各种善行善举，如支持当地经济发展，为客户财富保值增值，解决社会就业与民生问题，为股东及员工创造价值等，进行实事求是的宣传。

创意营销

当今社会已进入注意力经济时代，营销首先要吸引大众的注意力，而只有脱离平庸乏味的出色创意，才能让注意力日益分散的大众停留观望。银行产品与业务同质化严重，营销创意更珍贵，创意营销才有效。应根据银行业务与目标客群特征，策划有广泛关注度和参与度的营销活动。如邀请经济、金融、法商等领域的"大咖"举办讲座或论坛，彰显银行的专业性；举办歌唱、舞蹈、球类等方面的群众性文体竞赛；结合中国文化、当地城市的特色风貌及民情风俗等开展主题营销活动。

营销创意当然需要常新，但也需要沉淀，不宜花样百出，却样样浅尝辄止。应注意选择一些符合品牌调性、受到客户欢迎、费用可承受的活动，持续举办，形成品牌，这样创意和营销的价值才能最大化。对普通客群的品牌营销应注重结合快乐生活，对高端客群的品牌营销应注重植入艺术元素，用心策划、包装和执行，做出特色和品位，并持续迭代优化，假以时日，就能创造几个有影响力的品牌，助力客户经营。

形象代言

银行靠杠杆经营，打造品牌同样离不开杠杆，这就是形象代言人。选好用好一个代言人，不仅能迅速拉升银行的品牌形象，大概率还能在短时间内获得代言人带来的大量粉丝客群，中小银行值得在零售转型中尝试。作为代言人，当然需要有一定的知名度,由普通员工及客户代言,充其量只能作为辅助,这种类似"孤芳自赏"的代言并不足以提升一个品牌的影响力。最终选谁代言,应综合客户定位及品牌定位而定,确保代言人能得到目标客群的喜爱,其特质能体现银行的品牌主张;如眼光独到,在适合的人选中找到即将崭露头角但尚未大红大紫的"潜力股"作为代言人,那就再好不过了,可节省不少费用。

代言人一旦选定,就应开动脑筋、开足马力,全方位发掘其价值。首先,应将代言人特质与品牌内涵有效连接,宜聚焦一两个点,不宜发散,否则,容易给受众混乱的感觉,结果事与愿违;其次,广告及发布会必不可少,应追求品质至上,首次亮相力争形成轰动效果;再次,应面向客户、媒体、员工、公益,策划新颖的互动活动,设计雅致的宣传物料,将代言人及其形象应用到极致;最后,代言人的知名度越高,代言效果往往越显著,应调动行内外的广告资源,尽可能多地投放相关广告,同时整合其他营销资源,不遗余力地热捧代言人,力争双赢效果。

案例7-3

如何用好形象代言人?

经过与央视的战略合作以及新闻媒体的持续报道,加之机构、业务与客户的迅速扩张,招商银行用5年左右时间确立了全国性银行品牌的地位,打响了品牌知名度。接下来的任务,就是要让品牌美誉度与品牌知名度比翼齐飞,向着国内乃至国际优秀银行品牌的远大目标迈进。怎么办?那就是用形象代言人这个杠杆来撬动品牌美誉度。

选谁做形象代言人呢？招商银行最早想请张曼玉作为代言人，但由于代言费比较高，只好忍痛放弃。受到一则关于全国琴童过亿的报道启发，结合正在推广的"金葵花"品牌，决定请一名钢琴家代言，而理想的人选就是获得国际大奖的郎朗，经过几轮谈判，终于签约。

一般企业请人代言，无外乎开一场发布会、拍一支广告片、投一轮广告、做一些活动。这些常规动作，招商银行也都一一照做，但创新意识强烈的该行不满足于此，秉承花小钱多办事的一贯理念，多管齐下加以推广。

第一，跟进郎朗在国内的所有演出。凡是郎朗在国内的商演，都主动找到主办方，提出优惠团购大约一半的门票数量，并要求允许面向客户宣传，演出名称统一为"金葵花之夜——郎朗国际钢琴音乐会"，在客户中乃至媒体上广而告之。郎朗在国内各地的演出都如法炮制，不到一年时间，即以较低成本实现了预期目标：一提郎朗就想到招商银行，一提招商银行就想到郎朗。

第二，借助重大事件蹭营销热度。随着郎朗知名度的不断攀升，郎朗在国内重大场合演出的机会越来越多，如深圳大运会开幕式、北京奥运会开幕式、央视春晚、国内三大男高音音乐会等。这是事件营销的天赐良机，于是招商银行设法在郎朗参与的场合植入本行元素，如定制演出服，镶嵌招商银行行徽所使用的红色；演出用花献花，说服主办方使用"金葵花"。此外，还利用郎朗的号召力，举办一年一度"金葵花少儿钢琴大赛"，吸引了大量高端客户参与。

第三，整合所有资源宣传郎朗。充分利用电视、路牌、平面等各种广告资源，尽可能多地展示郎朗的广告，招商银行的广告铺天盖地都是郎朗。同时，在所有的网点和设备上大量上线郎朗代言广告片，印制大量的宣传资料广为散发，组织员工大量传播郎朗代言的信息。

根据合约，郎朗每年分别在北京、上海、深圳给招商银行举办三场专场音乐会，用来推广品牌。这三场演出改变了一些企业惯常的做法。

第一，现场不悬挂横幅。在富丽堂皇的音乐厅，红底白字的宽大条幅显得特别刺目，实在与高雅艺术格格不入。挂横幅的目的不就是告知观众该场活动是谁主办的吗？所有的观众都是银行请来的客户，都知道是银行形象代言人郎朗的钢琴音乐会，还有必要多此一举吗？

第二，领导者不上台讲话。观众是来看演出的，演出前安排领导者讲话，观众不仅不会认真听，反而可能会产生厌烦情绪。本来想讨好客户，结果适得其反，何必做这样费力不讨好的事？领导者想说的话，附在节目单上，说不定观众演出间隙还会浏览，效果比登台讲话好得多。

第三，郎朗不说宣传语。如果郎朗无原则、无底线地夸赞银行，观众不一定会买账，即使不说反感，至少也会认为"他这样说是因为拿了银行的钱"。于是银行和郎朗约定，永远不要让观众感觉"艺术被商业收买"，每次返场致辞，尽量陈述客观事实，不做主观评判。

郎朗代言招商银行，被多次评选为"最佳形象代言人案例"。

的确，为期 8 年的代言最终收获了皆大欢喜的双赢果实。招商银行很幸运找到了"潜力股"，以较低的成本换来了在国内外美誉度、知名度的提高。高层营销场合尤其是在国外，先谈郎朗，往往都会让对方刮目相看，大大提升了该行的品牌形象。而郎朗最初代言招商银行时，事业重心和影响力偏重国外，通过该行不遗余力地推广，迅速在国内打响了知名度，演出、代言的邀约数量及出场、代言费用呈数倍增长。可以这样描述："在世界，因为郎朗，越来越多的人喜爱招商银行；在中国，因为招商银行，越来越多的人喜爱郎朗。"

第八章
科技为器

树具有光合作用功能，即吸收光能，把二氧化碳和水合成有机物，同时释放氧气，从而促进自然界的能量转换，维持大气碳氧平衡。树离不开阳光，没有阳光，树无法进行光合作用获取能量，也就无法生长；阳光的光照时间、方向与强度也影响树的生长，树会朝着阳光的方向生长，以获取更多的光照。对于零售转型来说，金融科技就是零售之树成长所必不可少的阳光。现代银行依靠信息流代替资金流运作，行业进步与信息技术息息相关，从电报电话到计算机互联网，银行都应用得比较早、比较广泛，并改变了传统业态。20世纪90年代开始萌芽的金融科技，对银行业产生了更加深远的影响，极大地提升了银行运营效率，变革了银行的商业模式，其效应可与光合作用制造氧气相提并论。银行业已步入金融科技时代，零售转型应以科技为器。

科技为器的内涵

如同士兵作战离不开武器一样,银行零售转型也离不开金融科技。金融科技驱动传统零售银行全面释放经营潜能,不仅可以全方位提高客户触达和服务能力,实现更便捷、友好的客户体验;而且可以通过自动化的行为捕捉,收集客户数据信息,结合对客户需求的综合分析,为客户提供更加综合化、精准化服务;还可以通过线上线下相结合的方式开展全量客户经营,尤其是针对过去难以触达的"长尾"客群,扩大覆盖范围,提高经营能力与效益。因此,科技为器成为零售转型新逻辑。

零售转型高度依赖金融科技

工欲善其事,必先利其器。身处金融科技时代,中小银行欲善零售转型之事,必先利金融科技之器。零售转型之所以依赖金融科技,主要源自四大驱动力。

技术进步

当下所说的金融科技主要指 ABCD，分别代表人工智能（AI）、区块链（Blockchain）、云计算（Cloud Computing）、大数据（Big Data），它们日益广泛地应用于银行经营管理的各领域。这些技术不断快速迭代，越来越深刻地改变着传统银行，以至于人们认为银行业由此步入了一个新时代。金融科技步入银行业已经有 30 多年的历史，经历了多个里程碑，当前已抵达所谓的金融科技 4.0，"金融＋科技＋数据"的模式已成为零售银行发展大趋势，零售转型必须与时俱进、顺势而为。

客户需求

伴随互联网技术的发展，特别是移动互联网的崛起，电子商务、社交媒体等新兴商业与传播方式日益普及，推动消费者行为习惯不断向线上转变。银行客户也越来越多地通过线上办理零售业务，到店率大幅下降，银行业平均电子渠道分流率达到 96% 以上水平。尤其是 1990 年以后出生的互联网时代的第一代"原住民"，已经成为社会的中坚力量和银行的主要客群，他们习惯于通过线上渠道与银行打交道，不到万不得已不愿去网点。在零售转型中，银行如果不借助金融科技为零售客户提供贴心、便捷、智能、丰富的线上服务，必然面临被抛弃的窘境。

同业竞争

在日趋白热化的银行同业竞争中，零售银行是主要战场之一，金融科技日益成为主要武器。银行间的竞争进一步加快了金融科技在零售银行领域的应用，各家银行纷纷加大设施技术引进与研发投入，加速零售银行数字化转型。在经营端，越来越多的线上化、数字化、智能化服务已经或正在成为行业标配；在管理端，从客户经理到管理者都借助金融科技赋能。数字化转型已成为零售转型的应有之义，不善用金融科技，零售转型必然失败。

监管导向

十余年前，头部互联网企业以小额支付为切入口，逐步全面进军银行的存贷汇业务，并在许多领域跨界对银行展开降维打击。而银行一直被动防御，"21世纪行将灭绝的恐龙"之类的魔咒如影随形。近年来，监管机构高度重视银行业金融科技与数字化转型，专门发布指导意见并纳入监管内容，促进了金融科技在各银行的广泛应用，零售转型应充当先锋。

金融科技以零售银行为主阵地

零售银行是中小银行战略转型发展的重要方向，也是金融科技应用和赋能的重要领域，还是金融科技创新和发展的重要动力。在银行金融科技发展与数字化转型中，重头戏在零售银行，过去是突破口，现在则是主阵地。

零售服务创新需求旺

客户对金融服务的需求日益多样化和个性化，传统的银行产品和服务已经无法满足客户。如何更加精准地了解零售客户的消费习惯和发掘其金融需求，从而提供符合其习惯与需求的新产品、新服务，成了摆在各家银行面前的一道必答题。大数据、人工智能等金融科技，正是破解这一难题的有效武器。不少银行依托手机银行不断完善客户标签与画像，运用大数据模型，实现了互动页面、产品推荐、营销动作等领域的"千人千面"。

零售产品迭代速度快

在竞争激烈的市场中，谁能以最快的响应速度去创新和优化产品与服务，谁就能保持更强的竞争力。零售客户的需求与市场变化迅速，银行需要快速迭代产品和服务策略才能适应，金融科技为此创造了条件。不只是单一产品与服务，还有更复杂的客户活动，如今都可以通过在线上调整参数及选用模块，用最短的时间完成设计，并立即触达细分客群。

零售用户体验要求高

银行向零售客户提供的产品和服务同质化严重，并且不可能完全避免，这时谁的用户体验更好，谁就更有机会胜出。产品和服务的用户体验用传统的方式方法难以管理，而借助新的金融科技手段，如用户行为分析、NPS智能监测、用户体验度量评估等工具，则可以科学量化，从而为不断提升用户体验水平提供有力的抓手。事实上，互联网企业在这方面起到了"鲇鱼效应"，明显带动了银行改善零售客户线上服务满意度。

零售服务场景应用广

零售银行涵盖了个人消费、投资理财、贷款等各种类型业务，涉及客户数量多、流程环节长、服务场景广，对金融科技的需求大。虽然随着产业数字化以及物联网等技术的发展，金融科技在公司、同业、投资银行、交易银行等非零售业务中的应用也有长足的进展，但零售业务的应用场景仍然最为广阔。不仅开卡、转账、汇款、理财、申贷、存取款等银行内部的线上与线下服务场景，无一例外依托金融科技，教育、医疗、食堂、物业、收单、缴费等各种异业合作场景更不例外。

金融科技助力"以客户为中心"

银行经营包括零售转型，根本在于"以客户为中心"。过去，由于无法及时准确了解数量庞大的零售客户的个性化需求，中小银行更多地将"以客户为中心"作为一种经营理念，主要在网点服务、资源配置、业务创新等方面加以倡导。随着金融科技的发展与应用，中小银行有条件真正做到"以客户为中心"。

为客户提供全天候优质服务

传统的银行服务往往受到时间和地点的限制，客户需要在特定的时间段到银行网点进行业务办理。而金融科技的应用，如手机银行、微信银行和在线客服，将零售业务与技术深度融合，打破时间和空间的限制，使得客户可以随时随地进行交易和查询，无论是在家中、办公室还是在旅途中，都能享受到全天候的便捷、高效服务。这种新的线上线下一体化的服务模式，极大地便利了客户，提高了客户满意度和银行服务效率。

提升跨渠道用户体验一致性

在过去，不同的银行渠道，如柜面、自助设备、手机银行等，服务流程和用户体验往往不尽相同，客户在各渠道上的交易及行为类数据等信息存储在不同系统中，导致客户跨渠道办理业务时出现大量服务断点。而金融科技通过大数据分析和整合，打破了数据孤岛，实现了数据的跨渠道共享和流通，这使得无论客户选择哪种渠道，都能获得一致、连贯、无差异的服务体验。

提升客户服务效率与质量

银行的服务质效在相当大程度上受到风险控制的制约，传统的风险控制方法往往依赖于人工判断和专家经验，容易产生误判和盲区，导致复杂业务的客户服务效率无法保证。而借助金融科技，可以对大量数据进行快速、客观、准确的分析，实时识别和预测风险，减少信息不对称问题，从而提高风险业务的处理效率，缩短审批时间，为客户提供更加高效、安全的服务。

金融科技能力建设

中小银行利用金融科技助推零售转型，并不是孤立行动，而是要纳入金融科技与数字化转型的总体规划，关键是加强金融科技能力建设。为此，首先需要明确金融科技能力建设的主要目标。

第一，增强产品创新能力，健全数字化产品创新机制，实现从市场与客户需求到成熟产品与服务的端到端敏捷交付能力，提高业务团队对市场需求的敏感度和产品创新迭代效率。

第二，提升客户体验水平，构建对客户服务旅程各流程节点客户行为数据、系统性能数据的监测体系，有效识别各类产品和服务渠道用户体验问题，为客户提供超预期服务体验感受。

第三，提高客户服务效率，优化业务流程和系统响应速度，实现多渠道客户数据的同步与共享，提升客户端整体服务能力与效率，为客户节约时间。

第四，降低经营管理成本，通过推进产品、服务、客户线上化，强化数据驱动的精准营销能力，完善协同办公工具，降低线下渠道人工服务成本、营销成本和内部沟通与管理成本。

第五，增强业务风控能力，打造敏捷主动的数字化、智能化风险防控体系，提升风控效率和精度，实现风险管理由"人防"向"技防"再向"智防"转变。

围绕上述目标，重点从以下方面组织实施。

建设数字化客户经营体系

以"产品创设""渠道建设""数智运营"和"渠道协同"为主要方向，搭建覆盖客户全生命周期的全渠道、全天候、智能化的客户经营和服务体系，实现客户服务模式从低效的"手工时代"向智能高效的"数字化时代"跃迁。

建立规范完善的产品创设体系

通过建立产品创设、迭代管理体系，全面提升银行产品创新迭代能力，增强产品市场竞争力。具体包括：建立产品用户体验度量评估体系，提升产品创新迭代效率，提升各类产品用户体验水平；建立产品图谱管理平台，对标同业产品种类，牵引各部门不断完善产品体系，提升业务部门产品规划能力；建立数字化场景生态体系，重点围绕校园、社区、商圈、医院等展开，提升场景化批量获客、活客和转化能力。

打造高效敏捷的渠道建设能力

以智能、开放、互联、协同的全渠道客户服务矩阵建设为目标，推动渠道全面数字化转型，实现客户精准触达、需求及时发掘、满意度实时监测，打造极致用户体验的线上线下渠道服务能力。为此，应实施移动优先战略，推进手机银行、微信银行等线上渠道的智能化、场景化、开放化，提高线上渠道获客活客能力及用户体验。搭建开放银行架构，创新轻型、聚焦、便捷的软件开发工具包（Software Development Kit，简写为 SDK）、应用程序编程接口（Application Programming Interface，简写为 API）、小程序等形式的服务模式，把银行优势产品和服务灵活输出渗透到合作伙伴的平台和场景中去。推进厅堂服务转型，通过厅堂业务管理模式优化与厅堂服务体系的智能化改造，激发网点整体服务潜能，提升全渠道服务客户能力和水平。实现远程银行数智化，深化人工智能、大数据以及视频、语音、文本等技术应用，为客户提供精准、高效、贴心的空中服务，提升客户服务与经营水平。探索新媒体运营，打造以小红书、抖音、快手、视频号等主流外部新媒体为核心的营销矩阵，通过内容"种草"、短视频、场景剧、数字人直播等模式，拓展客户引流与经营的新渠道。布局数字人应用，通过与国内头部大语言模型公司合作，推进人工智能在智能客服、智能营销、智能办公、智能内训等方面的应用，降低服务成本，提升服务效率。

搭建智能便捷的全渠道客户经营体系

完成数字化智能运营体系建设，借助大数据技术实现对客户需求精准发掘、营销活动精准触达，提升客户经营精细化管理能力，重点在于以下几个方面。第一，搭建客户成长体系（见图8-1），制定客户全生命周期经营、企业级体系架构、线上经营需求承接、用户体验导向四大策略，设计零售客户的会员"等级、任务、权益"三大体系，实现开放共享、灵活复用，支撑多层次、多触点、多场景的零售客户会员体系。第二，建立专职团队，负责全渠道客户经营的整体规划与落地，以及与客户、渠道、产品、服务相关的内容运营、活动运营、数据运营，实现从获客、活客、转化到防流失的客户全生命周期的运营触达。第三，建设覆盖客户全生命周期的智能营销平台（见图8-2），通过整合客户行为分析系统、客户标签系统、活动营销系统，打造"行为分析""标签加工""客户画像""多渠道触达""精准营销""活动效果评估""客群精细化管理"能力矩阵，实现智能、高效、精准、灵活的营销能力体系建设，助力客户经营团队提升营销效率和业绩产能。

搭建数字化运营管理体系

在原有的各类内部管理系统的基础上，搭建一个入口统一、操作便捷、智能好用、体验良好的管理平台，实现对营销、风险、绩效管理等重点管理领域的数字化能力覆盖，进而提升各级机构

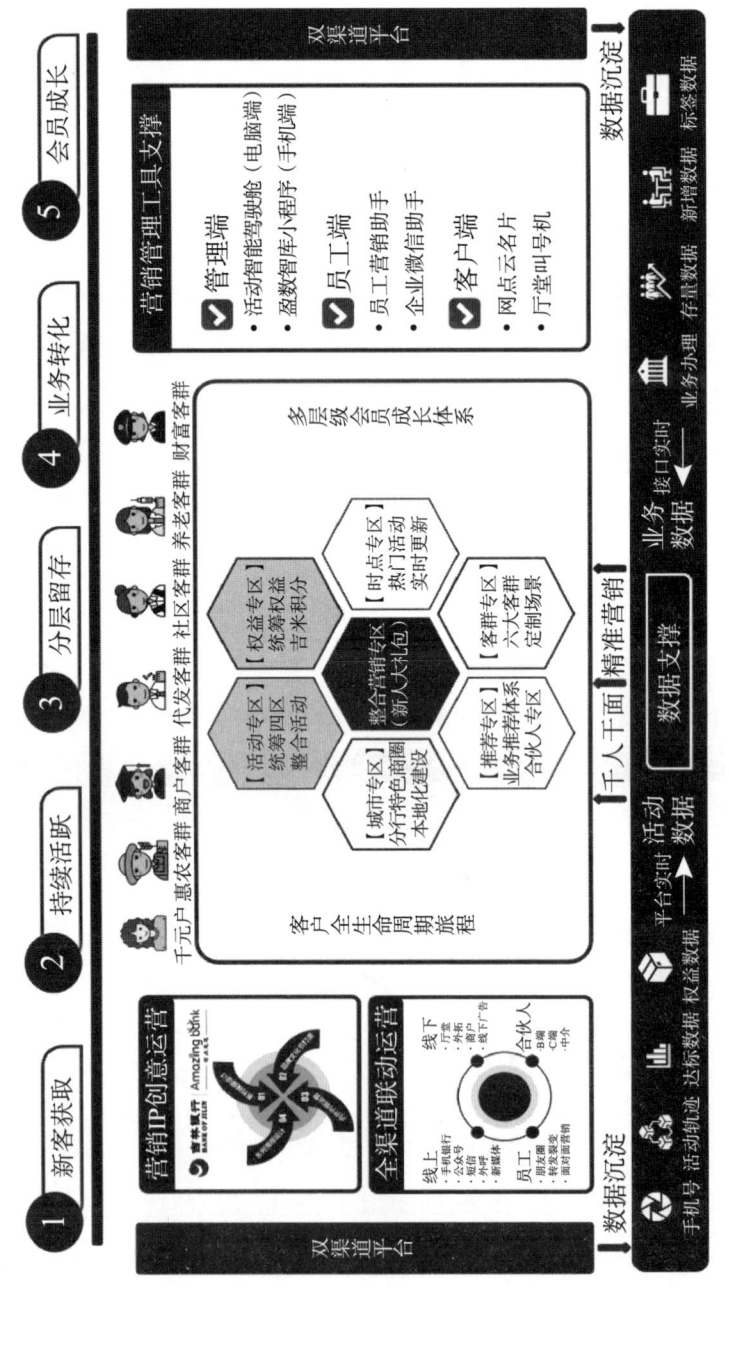

图 8-1 会员成长体系

图 8-2 智能营销体系

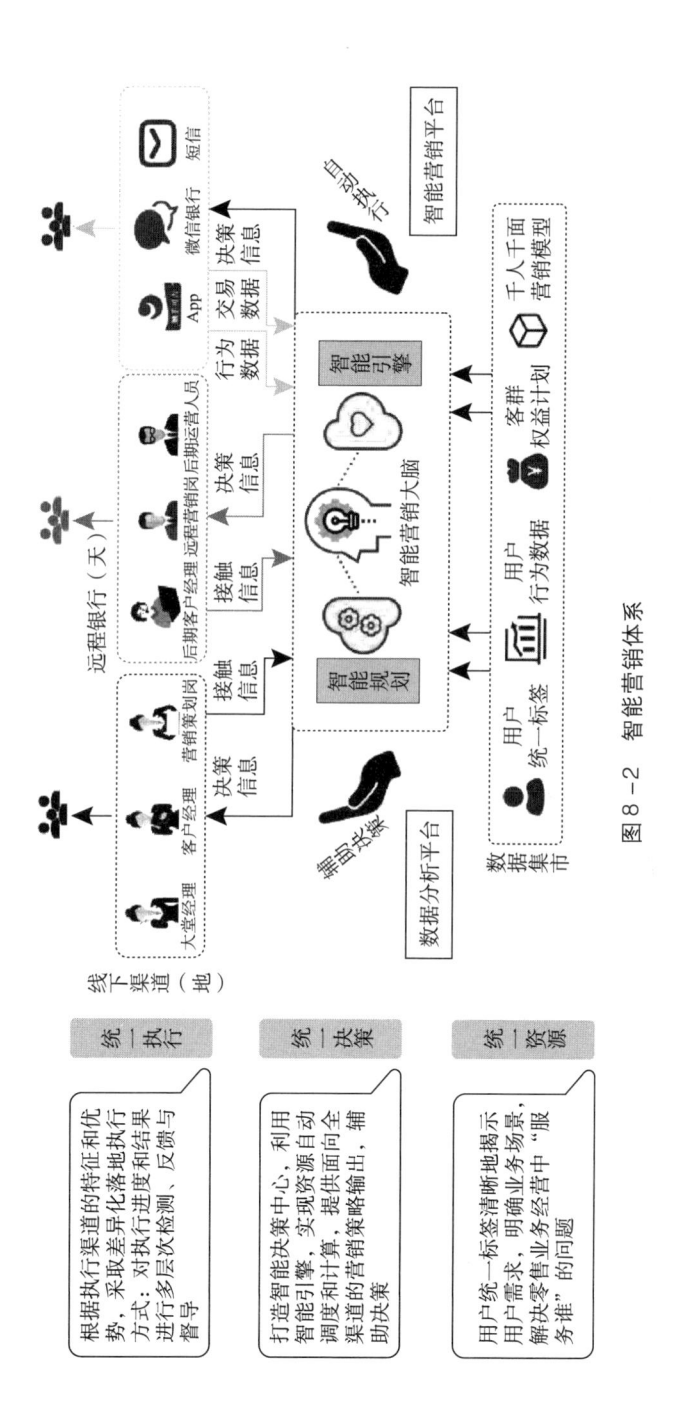

第八章 科技为器 255

的管理效能。

打造便捷高效的营销工具

既能快速识别和发掘客户金融需求，又能精准地向目标客户推送适合的产品和服务，还能为各级管理层提供营销队伍的营销线索执行情况、转化情况等数据报表。主要打造两大工具。一个是基于微信生态的社交银行，搭建以企业微信为底座的社交银行平台，实现对客户的微信、各类微信群、批量消息、营销小店、朋友圈等获客渠道的高效触达，为客户经理提供在私域流量中获客、客户分类经营、精准营销及转化变现的服务闭环，一站式解决"客户经理触客难""客户需求识别难""线上流量变现难""营销过程不规范"等问题。另一个是统一客户裂变营销平台，将员工、客户、第三方合作机构连接在一起，利用客户转介客户的模式挖掘潜在客户，实现人际关系流量价值最大化；该平台支持所有角色用户浏览分享活动、查询相关裂变数据、兑换相关权益，以及多渠道管理、多维度数据统计、积分管理与兑换。

建设智能高效的风险管理平台

完成全行级智能风控体系建设，满足业务快速发展过程中对客户风险相关数据的实时搜集、加工、分析和应用的需求，为线上渠道运营、风险业务经营提供智能、高效的风控和反欺诈能力。为此，需建立三方数据管理平台，具备缓存、监控预警、异常处理等功能，提升数据对接稳定性。建立变量加工管理平台，含内外部数据加工和管理，预配置征信衍生变量，加速策略分析和迭代效率。建立综合决策管理平台，具备业务自主可控的策略敏捷迭代能力及策略结果的监控能力，帮助银行应对复杂的市场环境。建立风险数据集市，完成策略闭环所需风险数据入仓，并搭建汇总层和应用宽表，为模型和策略优化迭代的闭环奠定基础。

开发精细化绩效管理系统

建设应用系统、数据结构、业务流程、管理规范统一的绩效管理系统，重点厘清和解决"业绩分配""产品计价""薪酬计算"等关键问题，覆盖前中后台机构与个人，实现绩效考核的全员管理和全过程管理。通过绩效系统建设，让基层员工能第一时间查询个人业绩及相应绩效奖金，让管理层能及时获得管理决策所需的详细、完整的业绩数据报表，为全员营销提供准确的产能效果分析以及数据查询和统计工具。

提升数字化转型基本能力

中小银行借助金融科技实施数字化转型，涉及经营管理的方方面面，应全面提升科技规划、数据治理、基础设施等基本能力。

科技规划

中小银行应依据自身的资源禀赋，制定合适的科技规划路线图。重点从以下几个方面入手。第一，以统筹为原则，金融科技的本质要求是打破边界、互通互联，而传统银行的模式是条块分割、界限分明，零售数字化转型应超越个人金融、个人信贷、信用卡、财富管理等业务条线的壁垒，各业务条线应超越产品与服务的界限。第二，以客户为中心，从客户整体资产负债表、全生命周期、全服务旅程、端到端流程视角出发，洞察客户及其需求，全面整合线上线下、跨专业产品、金融与非金融服务等资源，为客户提供更加便捷、更具价值的服务。第三，以数据为基础，通过内外部数据的收集、整合、分析和应用，充分释放数据要素潜能，实现对客户行为和风险特征的精准识别和预测，提升营销、风控、管理效能，让数据驱动成为新的发展引擎。第四，以创新为动力，借助金融科技重构经营管理，探索新的商业模式、新的业务流程、新的管理机制、新的合作方式，打造开放创新、合作共赢的生态。

数据治理

建立强大的数据中台，实现"三化"。第一，业务数据化，制定各业务单元的数据标准以及元数据采集及维护规范，确保及时、全面采集业务数据、日志数据、用户行为数据等各类数据，解决数据不全、不准、不统一等问题。第二，数据资产化，打破数据孤岛，对业务端产生的数据进行清洗、加工、整合、处理，多维度建模，统一搭建数据仓库、数据集市等数据存储空间，以及客户标签体系、客户行为埋点等数据分析框架，并建立有效的数据治理机制，确保数据资产的完整性、准确性、一致性、及时性，将数据可见、可操作、可预警的能力开放给业务端人员，帮助其感知客户行为需求并高效决策。第三，资产价值化，统一管理维护全行客户，真正实现"一个银行，一个客户"的目标，运用数据应用层工具进行数据挖掘，结合业务经营重点和数字化转型规划，持续开发测试大数据用例，实现前台业务系统和后台数据系统之间的高效交互机制，提升产品、服务、人员对客户和市场需求的快速反应能力。

基础设施

中小银行的 IT 基础设施，无论是硬件还是软件，都有诸多短板，需要运用先进理念、技术与设备加以优化。具体包括五个方面。第一，在系统架构方面，应向分布式和松耦合式的架构进行转型，提高系统模块的可靠性、可用性、复用性，满足高并发和快速迭代的需要。加快核心业务系统更新换代，实现交易与核算分离、统一客户各种签约、参数化产品配置、机器人流程自动化等功能，以提升其对前端业务和管理系统升级的支撑能力。第二，在数据风险控制方面，应建设同城双活数据中心和异地灾备中心，健全相关制度与预案，认真组织演练，确保业务连续性。加强信息安全管理，率先推进终端准入、桌面管理、防病毒、零信任、国产密码等静态防御体系的技术升级，再逐步构建以安全监控、应急响应、分析溯源和漏洞管理为支柱的全生命周期安全运营管理能力。第三，在业务中台建设方面，应实现银行内部各业务版块之间的信息共享、业务链接和交互协同，提升各业务版块间的协同能力、服务创新能力，通过对支付中心、订单中心、营销中心、费用中心、基础服务中心通用能力封装，共享到不同的业务场景中，提升能力复用和流程融合水平。第四，在技术中台建设方面，应完善 API 网关、微服务框架、微服务治理组件、分布式数据库、数据处理组件等关键技术组件，根据业务需要不断更新和吸纳新的技术组件，支撑前台精准营销、客户精准触达、商机发掘能力。第五，在数据中台建设方面，形成企业级可复用的数据资产，汇聚内外部价值数据，抽象共性数据能力，实现海量数据资源向资产、资本的转换，支撑业务的数智化。

打造数字化人才队伍与敏捷文化

中小银行的数字化转型不只有战略与技术层面的变革，最终还离不开人才与文化层面的变革。

壮大人才队伍

金融科技高度依赖人才，中小银行只有通过招聘大批优秀专业人才，才可能在较短时间内实现跨越。为此，应实行特殊的人力资源政策：第一，金融科技人才的薪酬与编制不封顶，以此增强招聘的竞争力；第二，建立行政序列与专业序列并行的职务职级晋升制度，以及配套的绩效考核及薪酬分配制度；第三，鉴于招募名校毕业生较难，可重点从外包或三方合作公司中选聘业务骨干；第四，加大业务与科技人员双向交流，促进业务与科技的融合及复合型人才的培养。

善用敏捷组织

中小银行的金融科技人员比较有限，应从这一实际出发，在充实科技部门力量的同时，更多地依靠敏捷组织。一方面，可在主要业务部门设立数字化转型团队，由业务骨干牵头负责，科技部门派出技术骨干，组成包括产品经理、设计人员、开发人员、测试人员在内的敏捷开发团队，负责业务产品的端到端设计交付、迭代优化和推广，并共同推进所在业务条线的金融科技应用。另一方面，对于一些期限较长、投入较多的创新项目，抽调部分专职和部分兼职人员组成项目敏捷团队，项目完成后即可解散。值得注意的是，敏捷团队跨业务线与科技线，严密管理至关重要，应明确岗位职责、汇报路线、考评机制、激励方式、工作规范，并选拔深谙或接受互联网公司文化的管理骨干担任团队或项目负责人。

营造敏捷文化

中小银行在数字化转型中，可能业务专家看重金融科技，而科技专家看重企业文化。当技术已经不是问题的时候，文化就是最重要的问题。没有新的敏捷文化支撑，金融科技再有能量也不能充分发挥出来。敏捷文化基因主要包括以下四个方面。第一，开放与融合，银行应打破内部部门之间的壁垒和外部合作伙伴之间的隔阂，实现业务与科技、前台与后台、内部与外部的开放与融合。第二，数据与平等，银行应以数据为基础，建立客观、公正、透明的管理和决策机制，消除人为干扰和偏见，实现员工、客户、合作伙伴之间的平等对话和互动。第三，敏捷与迭代，银行应采用敏捷开发和迭代优化的方法，快速响应市场和客户需求，持续改进产品和服务质量，实现快速上线和快速反馈。第四，体验与创新，银行应以客户体验为中心，不断创新产品和服务形式，提供个性化、差异化、场景化的解决方案，实现客户价值最大化。

中小银行金融科技策略

中小银行借助金融科技实施零售转型，需要正确认识自身在金融科技领域所处的位置，才能制定合适的策略与主攻方向。在行业性金融科技热的大环境下，中小银行如果头脑不清醒，盲目跟风追热点，不仅金融科技能力难以真正提高，而且将制约零售转型的顺利推进。

所处位置

当前，金融科技已经成为银行业创新发展的重要驱动力，但应当看到，中小银行在这场"金融军备竞赛"中，无论相较于国有银行、股份制银行、头部城商行等大型银行，还是对比脱胎于互联网巨头的互联网金融公司，都处于劣势地位。

一方面，中小银行资源禀赋比不上大型银行，无法复制其发展模式。第一，科技资源比不上大型银行。大型银行资金实力强，费用预算充足，金融科技作为重点战略领域，能够优先获得足够的费用投入；同时，金融科技发展起步早，有经验丰富的庞大的科技人员队伍，可谓人才济济、兵强马壮，自主研发能力强，足以支撑各类金融科技开发需求。第二，应用场景比不上大型银行。大型银行基于丰富的金融产品和服务供给，广泛的区域网络和市场影响力，更容易产生科技需求并应用到业务场景中；而且，由于客户和员工基数大，新推出的产品也更容易覆盖到行内外不同用户，能在短时间内收到反馈并不断优化。第三，试错承受力比不上大型银行。金融科技创新离不开试错，而试错需要承受力，大型银行在这方面无疑得天独厚，如通过大数据建模开展线上信贷业务时，能够拿出符合测试样本要求的信贷额度去尝试迭代产品，而不必顾虑模型偏差导致客户误判和出现不良。反观中小银行，由于这三方面的巨大差距，在金融科技方面显然无法跟上大型银行的步伐，难以复制其发展模式。

另一方面，中小银行受限多于互联网金融公司，很难复制其走过的路。第一，在监管政策偏紧的环境下，开展线上创新业务面临更高的限制和要求，较难快速适应市场变化和客户需求；第二，在技术能力层面，中小银行的数字化基础设施、数据分析能力、模型算法等较互联网金融公司存在较大差距，难以提供高效、智能、便捷的金融服务；第三，在组织文化层面，中小银行的组织架构、人才培养、激励机制、管理模式等较互联网金融公司缺乏足够的灵活性和敏捷性，难以培育数字化思维和创新精神；第四，在品牌经营层面，中小银行一般在本地市场占有率较高，但主要依赖线下客户和线下服务，且受到区域限制，在如今零售业务线上化程度越来越高的情况下，中小银行难以与面向全国、用户基础庞大、运营成本较低的互联网金融公司抗衡。

基本策略

既然中小银行在金融科技和数字化转型方面处于夹缝之中，那是不是利用科技赋能开展零售转型就没有空间了呢？幸运的是，大门并没有被关上。银行对于金融科技更多的是应用，不会有银行因为拥有某些技术而形成核心竞争优势，借此打败竞争对手；

而且，金融科技壁垒少，可获得性强，市场上三方公司众多，足以支持中小银行满足这方面的基本需求。中小银行零售数字化转型应遵循以下基本策略。

紧盯性价比

由于资源有限，中小银行在金融科技创新应用上，不可能同步大型银行，明智的选择是采取局部追随＋局部超前的战略。一方面，应根据自己的实际情况和目标，选择适合自己的技术，不宜追"新"、追"先"，特别是在基础设施建设中，在选择金融科技产品或服务时，应优先考虑性价比，尽量采用相对成熟与便宜的技术和设备，以满足基本需要为目标，注意控制投入产出比，避免过度投资或浪费资源。另一方面，在零售业务战略板块，如远程银行、社交银行等场景，可选定关键技术后进行深挖创新，结合自身业务特征和服务类型，在局部领域建成适度超前的特有竞争壁垒。

坚持效益优先

中小银行在应用金融科技时，应以提高业务效益为主要目标。中小银行的科技投入有限，需要根据零售转型战略，合理确定金融科技应用的重点领域和方向，同时充分考虑投入的当期产出，努力形成利用当期产出滚动投入的良性机制。为此，在金融科技项目排期中，应优先考虑能较快较多产生效益的项目，如增收明显的业务营销项目、节支可观的成本压降项目。在实践中，可以从以下几个方面考虑金融科技应用重点领域。一则用"小投入"

换来"大改观",如对内用科技手段优化统计、上报、考核模式,减轻员工事务性操作,提升员工的工作效能;对外利用金融科技提升客户体验,提供更便捷、更个性化、更智能的服务,增加客户满意度和忠诚度。二则用"小投入"引来"大增量",利用金融科技优化产品设计和营销策略,提高产品销售和客户转化率,从而增加收入和市场份额。三则用"小投入"防范"大风险",利用金融科技强化风险管理和合规能力,降低运营风险和成本,用"技防"代替"人防",从而提高资产质量和效率。

积极开放合作

中小银行应认识到自己在金融科技方面的局限性和不足,更加积极地与其他机构进行交流合作。可与第三方公司建立长期稳定的合作关系,在确保合规和安全的前提下,共享数据、技术、渠道等资源;也可与其他同类或异业机构进行联盟或联合创新,拓展业务范围和市场份额;还可针对金融科技创业公司进行投资或收购,引入新的技术或模式,提升自身的创新能力和竞争力。对于个人信贷、信用卡等业务领域比较成熟的金融科技应用,应积极寻求与市场上第三方科技公司尤其是头部公司合作,一方面能实现技术与业务模式的跨越式提升,迅速补齐短板,并确保客户体验和风险控制的可靠性;另一方面,能争取分润模式付费,减轻当期投入压力,并通过紧密捆绑的利益机制调动合作方的积极性。

主攻方向

中小银行在零售转型中，应围绕客户服务闭环，从目标客群画像、筛选、触达、营销，到产品与服务的唤起、审批、激活、交付，再到线上线下任务的部署、分派、衔接、互动，全流程、端到端地审视，利用金融科技加以优化或重构，形成高效获取与经营客户的新模式，提高客户体验和对银行的收入贡献。金融科技催生的零售新模式本身是高度一体化的，底层技术及技术应用层面都十分庞杂，且各种要素交织在一起，难以拆分，前文已做了比较系统的探讨，这里再从几个细分维度梳理相关层面重点。

客户层

金融科技大大拓展了银行目标客群的范围，尤其是将银行过去难以经营的大众长尾客群、非活跃沉默存量客群、村镇农民客群等变成可经营客群，还能依托开放银行概念和技术批量触达规模庞大的异业客群。为此，应细分目标客群，选择并围绕客户支付、收单等金融场景以及消费展业等非金融场景，构建金融与非金融服务一体化线上服务平台，激发和满足客户需求，达到拉新促活、留存转化客户的目的。在此基础上，结合自身客群特征与资源禀赋，聚焦健康、教育、养老、旅游等领域，打造若干对客户有较强吸引力的服务生态，培育差异化竞争优势。另外，立足客户全生命周期和持续经营，设计客户成长及相应权益体系，助推零售各条线客户向上输送和跨条线交叉销售。

渠道层

前文已讨论过利用金融科技升级物理网点、手机银行、远程银行等成熟渠道，此外值得关注和探索的渠道创新主要有以下几种。第一，线上线下渠道的协同，如一些标杆银行打造的 ATO 客户营销服务模式（A 代表人工智能、T 代表远程银行、O 代表物理网点），适应中小银行以物理网点为主渠道的现状，还能缓解管户客户经理不足的问题。第二，基于企业微信的社交银行，能将公域流量转化为私域流量，并能规范客户经理的营销行为，还能减少客户经理离职造成的客户流失。第三，统一的 MGM 营销平台，适用于所有零售业务条线，不仅能帮助客户经理获客，而且能面向社会开发有人脉资源的个人或有客户资源的平台，发展为营销合作伙伴。

产品层

数字化营销的关键在产品，零售转型需要加强数字化产品创新。与传统产品相比，数字化产品创新应突出以下要点。第一，客户体验，对标互联网公司的极致客户体验标准，运用先进管理理念、工具与方法，从客户旅程到用户界面（User Interface，简写为 UI）设计，精益求精，不断优化迭代。第二，风险控制，针对产品从开发到交付的全流程及其中的关键风险点，运用反欺诈、反洗钱等智能技术，建立客户筛选、准入、评估以及信用、操作、合规等风险防控的数字化模型，不断改善数据数量及质量，保证既定风险偏好与策略落地。第三，运营成本，量化分析产品所耗用的前中后台员工的作业成本及其他资源，运用金融科技加以优化或替代，最大限度降低产品成本，提高盈利水平。第四，快速迭代，建立基于业务需求的敏捷开发机制，组建产品敏捷开发小组，实现对市场需求的快速发掘、产品设计和开发，提升端到端的快速产品交付能力。

营销层

　　金融科技应用于零售业务营销的空间十分广阔，实践证明数字化营销能显著提高营销效率。但这并不是将线下业务迁移至线上那么简单，而是需要学习互联网营销的成功经验，对银行传统营销的理念、工具、方式、方法加以全方位革新，构建数字化营销平台。一方面，零售各业务条线基于各自营销管理需要，开发智慧营销系统，整合各业务产品、活动、权益，形成营销活动配置的资源库，便于总行产品运营人员依据不同客群在线上发起营销活动，灵活配置、下达、追踪营销目标任务。另一方面，面向总分支各级机构，整合打造统一的数据化营销平台，以客群为出发点，支持各机构跨条线、跨产品、跨岗位组织各客群的营销活动。

员工层

　　为提高员工产能，需要利用金融科技为一线营销员工赋能。具体体现在以下三个方面。第一，精准营销，基于客户画像及大数据模型，精选目标客户，匹配相应的营销策略、产品乃至话术，形成大数据用例，线上推送客户经理执行。第二，需求挖掘，借助数据分析平台，提升投资理财、子女教育、医疗养老、留学移民、财富传承、不动产等方面的潜在商机发掘能力，协助客户经理深入KYC，以此促进复杂产品的销售。第三，操作减负，将占用客户经理时间较多的日常操作性事务，如客户个性化信息整理、客户沟通情况记录、关键事件提醒、营销工作日志等，利用相关技术减少或替代人工操作，使客户经理聚焦于更有价值的营销动作。

第九章
队伍为本

水为生命之源，滋养万物生长。老子在《道德经》中写道："天下莫柔弱于水，而攻坚强者莫之能胜，以其无以易之。"树离不开水，其含水量达到70%~90%，没有了水，树就会枯萎；树通过根毛、木质部和蒸腾作用，从大地中吸收水分并输送到直至树叶的每个部位。树也会蒸发水分，这使得空气湿润，并能增加降雨，从而将取之大地的水还于大地。银行在零售转型中，队伍就如同水一样不可或缺，零售之树要茁壮成长，必须依靠队伍之水来浇灌。在当今银行业，尽管金融科技应用越来越广泛，并在诸多领域逐渐取代人力，但个性化、人性化的客户服务与体验，仍然是零售银行保持核心竞争力的关键所在，人在其中的主体作用很难被替代。队伍是最重要的资源和最宝贵的财富，零售转型应以队伍为本。

队伍为本的内涵

中小银行在零售转型之初,无论是营销队伍还是管理队伍,普遍面临数量不足、素质不高、士气不振的困境。只有锻造出数量充足、素质优良、士气高昂的营销与管理队伍,零售转型才能顺利推进并取得最终成功。零售转型以队伍为本,关键在于弥补队伍建设的以上三大短板。中小银行需要从自身实际出发,通过大胆改革创新,破解各种老大难问题。

队伍数量问题

银行业内有一个共识,即"精兵"做公司金融,"重兵"做零售金融。公司金融对人才素质的要求更高,所需人数却不用太多,因为公司客户的数量相对有限。而零售金融的客群庞大,需要的员工人数自然要多得多,若员工过少,则不仅业绩难以提升,而且士气也难以提振,形不成战斗力。因此,预算再紧不能紧队伍,人员再省不能省零售,在零售队伍上不增加投入,零售转型便无从谈起。

然而，许多中小银行对增加人员存有诸多顾虑，主要是人员总量偏多，较标杆银行多出1/4以上甚至接近一半，造成人员工资占比大，成本收入比居高不下，盈利水平低下；人员和人员工资刚性强，如再多增人员，将进一步加剧人员总数、工资总额、成本收入比、利润等主要经营指标不合理的状况。因此，不少银行不仅对总分支的零售管理人员，而且对零售营销人员，都严格加以控制。

优秀银行确实普遍严控人力和人力成本，但实行零售转型的中小银行不能照搬，否则，需要大量人员投入的零售转型将难以顺利推进，整体经营效率低的问题也得不到解决。应当看到，比人员总量大大超出合理水平更严重的问题，是一些中小银行的人员结构极不合理。前台营销人员占比才20%左右，而优秀银行占比超过40%，通俗地讲，就是"种地的人少很多，吃闲饭的人多很多"；同时，由于长期形成的习惯和来自各方面的压力，对那些不合格的员工，往往难以实施真正的淘汰机制，而将其转至营销岗位，能胜任的又不多，有些员工甚至会抱团散布负能量，因而，人员存量结构的调整空间十分有限。

怎么办？相对而言，更可行的路径，是借助零售转型的契机，大量增加一线零售营销人员及一定比例的营销管理人员，明显提升前台人员占比。为此，需要大胆改革过去僵化的人员招聘模式。招聘理念应更新，认识到人力资源市场早已成为卖方市场，招聘不再是权力，其职责是尽可能多招合适的人。招聘计划应放开，在建立并严格执行科学的产能管理和淘汰机制基础上，对营销人员的招聘数量不设限，反向给分行下达招聘任务，考核督导其完成。招聘权限应下放，改变总行大一统、效率低的管理方式，总行除组织校招等必要的集中招聘外，授权分行常态化招聘，鼓励内部员工推荐人才。招聘条件应放宽，在坚持管理人员尤其是总行管理人员高标准、部分紧缺人才可实行市场化薪酬外，对一线营销人员放松学历、年龄等限制，从业背景也不一定局限于金融、银行，将营销意愿与能力放在首位，不拘一格多渠道选拔营销人才。

大量增加人员究竟会不会造成不可承受的负担？吉林银行给出了初步答案。自2020年开展零售转型以来，零售营销与管理人员正式员工增加了1 183人，其中有数十名专业人才采用较高的市场化薪酬引进，每年增加薪酬约724万元，占全行工资总额的0.3%；外包人员增加了2 000人，人员成本每年增加约9 486万元，以费用方式支出，并未影响工资总额。从产出看，到2023年年末，零售营收34.28亿元，增长了53.7%，远远高于工资与费用投入，而且对改善全行前台人员占比和成本收入比开始产生正贡献。

队伍素质问题

中小银行零售队伍总体素质不高的问题比较突出，这与其出身相关。不少中小银行由城市或农村信用社组建而成，作为当时国有大行和人民银行的附属机构，相当多信用社就业岗位与发起行干部员工存在关系。当然，由于处在金融体系末端，即使面向社会公开招聘，信用社也难以招到学历及素质高的优秀人才。所以，与大型银行相比，不少中小银行零售队伍的年龄、学历结构差距都很大，而且几十年过去，相当多员工临近退休，身体状况不佳，还不乏工作意愿不强的"躺平者"、长期休假调养者、钻管理空子的无故旷工者。这些问题不解决，队伍素质不提高，零售转型将举步维艰。

中小银行在零售转型中，可以依靠引进合格的人才，逐步改变零售队伍的素质，但新人充其量占20%，对于整个队伍素质提升仍难起到决定性作用。因此，必须面对现实，不遗余力通过教育引导、考核督导、优胜劣汰、学习培训、文化熏陶等各种措施，促使整个队伍的观念、面貌、行为发生根本性转变。

以上举措前后文都有论及，这里重点讨论学习培训。中小银行在零售转型中，应注重培训生产力，实行学习培训的革命，打造人才生产线，形成源源不断培养合格与优秀人才的能力。应当看到，银行传统的培训沿用了灌输式教育的方式，往往学员不爱、效果不佳，管理者称之为"福利"，而员工视之为负担。因此，必须学习借鉴科学的培训理论和其他行业的成功经验，对学习培训来一场全方位的革命。例如，培训应由量化的价值创造目标牵引，培训班不应为省钱办大班大课，老师和课程应立足于本行的最佳实践案例，应充分利用线上方式开展知识类课程的培训，各种技能培训应将课堂学习演练与实战实操相结合，推动管理者训练辅导、师傅带徒弟、行动学习、双向挂职等岗位学习，管理者带头打造学习型组织，组织高校培训与同业跟班学习，等等。

实践出真知，成功的实践是最好的学习培训。在零售转型中，让干部员工多干并干成一件又一件新事、大事、难事，方能锻炼出出类拔萃的营销和管理队伍，并在此过程中沉淀培育优秀队伍的能力，后者更加难能可贵。招商银行堪称零售银行业的"黄埔军校"，大量输出人才，依然旗帜不倒，原因正在于此——拥有看不见的优秀人才流水生产线，保证了其人才队伍始终充足并活力不减。强大的队伍培育能力一旦形成，必将成为一家银行难以被复制和削弱的强大核心竞争力，这也是中小银行零售转型解决队伍素质不高问题的根本之道。

为大规模培养人才，中小银行可尝试人才库建设模式。合理区分人才层级，分别明确人才入库标准，按照自愿报名、组织审核的原则选拔入库人才，组成30人左右的固定小班。以3年为周期制订学习培训计划，具体方式包括高管授课、研修提升、外派学习、标杆参访、线上学习、书籍阅读、导师辅导、辅导他人、兼职授课、专题调研、以干代训、专项历练、轮岗交流、离岗测试、结业答辩等，对入库人员分层、分批、分阶段进行训、学、练、考、评全链条培养。对学员参训情况严格考评，每年对排名后5%者调整出库，允许下一年重新入库。由于入库学习需要占用大量的精力和业余时间，为保持学员的热情，应明确必须入库并结业，才有资格晋升。

队伍士气问题

士气是军队在战场上取胜的关键，在某些情景下，可以说是决定性因素。古今中外的军事家都十分强调军队的士气，古人曰："善用兵者，深达人情之理，驭之以术，发之以机，则人可用而地不困。"拿破仑说："一支军队的实力，四分之三是士气构成的。"中国人耳熟能详的许多格言或故事，如"狭路相逢勇者胜""骄兵必败""哀兵必胜""破釜沉舟"等，表达的也是同样的意思。

商场如战场。中小银行身处竞争激烈的零售银行市场，要在大型银行俯视的夹缝中推进零售转型，赢得生存发展空间，如果没有一支士气高涨的零售营销和管理队伍，显然是难以想象的。然而现实情况是，许多中小银行的零售队伍士气低落。由于零售业务在银行内的贡献不大，其受重视程度不如其他业务，零售业务人员的自豪感、自信心不如干其他业务的人员那么高；零售条线干部员工的薪酬待遇较低，晋升空间有限，普遍抱着为一份薪水而非为一番事业的心态工作，干劲明显不足。

提振队伍士气的关键是培育和激励奋斗者。如果分别以劳动和报酬作为横轴与纵轴，一个团队的成员可以划分为四个象限：第一象限多劳多得，为奋斗者；第二象限少劳多得，为享乐者；第三象限少劳少得，为清闲者；第四象限多劳少得，为奉献者。一支队伍究竟优秀还是平庸，其分水岭在于以第一象限的奋斗者为主，还是以第三象限的清闲者为主，因为第二象限的享乐者、第四象限的奉献者一般都是极少数，银行不可能养很多懒人，也不太可能出太多的"活雷锋"。对照分析，不少中小银行零售队伍士气不高，正是陷入了清闲者陷阱，即干部员工少劳少得——工作压力不大，收入也不高。其中的主要原因与考核激励有关，这些银行对零售营销与管理人员缺乏明确严格的考核，赏罚不分明，薪酬分配与个人业绩不挂钩或挂钩的比例很小，因而薪酬水平不高且差距不大，造成事实上的低水平"大锅饭"。在职业生涯与荣誉激励上，同样差别不大，干好干坏一个样，以致出现劣币驱逐良币的现象，奋斗者得不到足够的奖赏，清闲者得不到应有的惩罚，奋斗者必然向清闲者靠拢。

零售转型的重要任务或者说重要保障，就是建立多劳多得的考核激励机制，让奋斗者名利双收、脱颖而出，清闲者要么转变、要么出局，最终使零售营销和管理队伍成为以奋斗者为主的队伍。这需要对人力资源管理做出制度性改革。

薪酬能高能低

调整薪酬结构，打破"大锅饭"，拉大薪酬分配差距，这是培育奋斗者队伍的根本。由于营销人员的个人业绩比较量化，更容易衡量和统计，可率先从营销队伍开始，建立直接与个人业绩挂钩的包括固定薪酬与绩效薪酬在内的薪酬分配制度，激励营销人员创造更多业绩、得到更多收入。管理人员和管理干部的薪酬，同样应体现多劳多得的原则，可通过等级行、战略绩效等考核工具，基于业绩贡献进行分配。薪酬在当地市场的竞争力，关系到对人才的吸引力及其工作动力，进而决定零售转型成败，因此，中小银行在改革薪酬制度的基础上，应对标当地银行的薪酬水平，随着业绩增长而逐步提升，争取赶超国有银行和地方银行，向股份制银行中上水平靠拢。

干部能上能下

在干部选用中，应真正践行以业绩论英雄的理念，变相马为赛马。遇有空缺岗位，先从平级干部中择优使用，如无合适的可用，则通过公开选拔方式提拔优秀人才；无论哪种方式，都需要改变各级一把手个人"点将"的惯例，最大程度尊重业务条线分管行长及用人单位负责人的意见。同时，开通与行政职务序列并列和打通的专业技术职务序列，解决行政职务有限的瓶颈，让努力干、干得好的人都有职务与薪酬上升机会。最重要也最困难的是畅通"干部下"的通道，关键是要在严格考核的基础上，下决心让干得不好的干部下来，具体考核方式包括后文将论及的强制分布、红黄牌等。

员工能进能出

中小银行在零售转型中，应排除万难建立员工优胜劣汰机制，解决人员能进不能出的老大难问题。对于新人，实行新办法，比照大行的市场化机制，对不合格的员工坚决解除合同，在招聘、面试与入职时即清楚告知。对于老人，如果不能辞退，可在总分行建立人力资源池，对营销队伍员工主要根据产能考核结果、对管理队伍员工根据绩效考核结果。对排名靠后的员工（比例掌握在10%以内）入池管理，经过绩效面谈、素质培训、跟岗实习、岗位双选等过程后，出池调整至新的岗位；如长期达不到出池标准或多次入池，则应考虑解除合同，对于其中患病及临近退休的员工，可依据最低工资标准执行弹性工作制。

开拓型专业营销队伍

零售转型各项目标的实现，归根结底都要靠客户营销，因此，营销队伍是零售转型的根本保障，应当将加强营销队伍建设作为零售转型的首要任务。营销队伍建设的标准，可以概括为开拓型与专业两方面。所谓开拓型，就是具有强烈的营销欲望与意识，以及坚定的营销意志与韧性，在压力和挑战面前百折不挠，不达目的不罢休；所谓专业，就是能够准确挖掘和理解客户的需求，深入了解银行的产品与服务，给客户提供合适的解决方案。开拓型与专业同等重要，但首先要激发和培养开拓能力，一支没有开拓能力的队伍，即使再专业，也难取得优异的业绩。营销队伍的建设需要以产能管理为核心，抓好六个关键环节。

队伍组建

不少中小银行都在探索全能型客户经理队伍模式，这是否能节省人力，更好地营销获客？在业务量和客户数很小的网点，这样的思路或许可行。但零售转型的目的是要扩大业务和客户规模，一旦规模足够大，通过专业化分工减少重复劳动，降低单位成本，整体效能会更高。因此，所谓的全能型客户经理队伍，更像一个美丽的梦，如果坚持这样的理念并机械执行，零售转型可能会出现偏差。总体上应当按照专业化原则，组建个人信贷、信用卡、财富管理、大堂、外拓等营销队伍，朝着专岗专人的目标努力。

循序渐进

对于零售转型尚处于起步阶段的网点，客户经理可能需要负责多种零售业务，甚至包括公司业务的营销，此时，全能型客户经理可作为过渡期的有力支撑。一旦某个专业的业务量接近平均产能水平，则应配备专职的营销人员。为降低成本和减轻编制压力，信用卡、大堂、外拓、个人信贷等营销或辅助营销队伍，可全部或部分采用外包用工方式。外包员工底薪低，收入主要靠业绩，自驱力强得多，并且自带优胜劣汰机制，能起到很好的"鲇鱼效应"，有利于纠治正式员工队伍中"躺赢""躺平"的通病。

人岗匹配

营销，在某种意义上说人人都可以做，但不是人人都能做好，在组建营销队伍时，必须把好进人关。应由具有丰富营销及营销管理经验的管理者负责招聘，综合考量岗位要求和候选人的个性、能力等，选择适合做营销的人才。此外，采用基层营销团队负责人招募熟人，或团队成员介绍熟人的方法，有利于招对人、多招人。

摒弃偏见

营销岗位的实践性极强，招聘营销人员除了看应聘者的学历和专业背景，更重要的是看实战经验与营销成功经历。实践证明，将优秀的外包员工转正，作为零售一线营销队伍主要来源，是更好的招聘方式。这些员工在艰难的营销岗位上摸爬滚打多年，业绩能力表现一目了然，品行个性也知根知底，将综合排名前20%甚至30%的人转为正式员工继续干营销，成功率远远高于传统的简历筛选和简短面试的选拔方式。然而，不少中小银行在这方面观念陈旧，片面看重学历与资源，乃至唯学历论、唯资源论。这些银行的管理层首先需要转变观念，放下这"两论"。须知，学历背景好的人，不一定适合做营销，因为放不下身段和面子；有资源的人，资源耗尽之后，如果自身缺乏营销能力，可能先进变后进。

产能管理

产能是营销队伍的生命线，产能管理是营销队伍管理的核心。我们强调中小银行营销队伍敞开招人，前提是队伍的产能必须达标并持续提升，如果不抓好产能，增加营销人员无异于增加成本负担，这是不可接受的。

制定合理的产能标准

尽量用收入口径衡量产能，以直接推动队伍价值创造，如财富管理队伍可用财富中间业务收入作为产能标准。但是在更多的业务领域，比如个人信贷领域的按揭贷款与消费贷款，不同城市的单笔贷款金额及收入差距巨大，再如大堂经理及市场外拓队伍开卡、信用卡发卡等业务不直接创造收入，很难仅用收入来评价产能。因此，在制定产能标准时，应考虑到不同业务类型的特点，综合考虑多种因素，选择与收入相关的先导性指标设计积分，如业务量、客户满意度、服务质量、业务复杂度等；同时，还应考虑到不同区域之间的差异，使得指标及其权重与目标值尽量公平合理，不至于出现高者恒高、低者恒低，导致产能管理失效的状况。但无论如何，产能标准都不能过于复杂，必须让客户经理易懂易记。

分梯队管理产能

针对每支营销队伍，确定3~5个进阶产能标准，据此将客户经理分成几个梯队，按季动态调整。对每个梯队实行分类管理，匹配不同的业绩目标、训练、激励、荣誉等管理策略，从而使每个客户经理都关注产能，并向上一梯队不断努力。对于最后一个梯队中的客户经理，应逐一评估，如发现营销意愿不强或潜力有限者，则应坚决调岗，营销队伍每年保持5%左右的淘汰率是健康有益的。

加强产能考核

将分支行的每支营销队伍的人均产能及各梯队人员占比，作为零售综合及各专业考核的重要指标。对客户经理个人的产能及所在梯队，作为其定级考核的重要指标，并可作为计价积分的调节系数，如产能高者上浮5%~30%，产能低者下浮5%~30%。

考核定级

针对营销人员综合表现的考核机制，对队伍长期成长起牵引作用，应全面考量。总的原则是，综合考核决定客户经理定级，定级决定固定薪酬。首先应设计职级与薪酬体系，每支营销队伍合理分级分档，一般以层级5个左右、档次10个左右为宜；各级各档尤其各级之间，薪酬差异不宜过小，否则，客户经理不在意档级升降，难以充分发挥考核定级的激励作用。

遵从逻辑

为确保考核的公平性和有效性，考核指标及权重应基于业务逻辑设计，突出客户群体与收入增长以及业务规模与质量等结果指标，并辅以客户触达、联系频次、交叉销售、售后服务、MGM等过程指标。考核指标体系应在全行范围内保持一致，并保持基本稳定，以引领客户经理按照正确路径持续进步。通过这样的考核指标体系，客户经理可以更加清晰地了解自己的工作职责和目标，从而更好地为客户服务，实现个人和团队的绩效目标。

因地制宜

中小银行在不同地区的分行，其资源禀赋不完全相同，特别是在市场地位、发展潜力、配置资源、计划任务等方面差异较大，在对客户经理进行考核定级时，应予以充分考虑。否则，高等级客户经理评定结果将过于集中在某些分行，不利于整支队伍的进步。为此，考核指标的目标值可由各分行自行确定，总行只需审核分行下达给客户经理的任务汇总后是否与总行下达给分行的任务一致；各级各档的名额按大致相同比例分配到分行，根据考核结果在各分行内部排名，而不是在全行范围内排名。

留住人才

优秀的客户经理十分难得，但他们可能不会长期安心于现岗位，希望有升迁机会，并时常由于机不可失时不再来的心态，选择跨专业调离。大量优秀客户经理跨专业调离对于零售转型是不利的，因此，需要打通客户经理专业通道与行政通道，明确一定职级以上的专业级别对应相应的行政级别，待遇也基本接近。这样，可以鼓励客户经理走专业化道路，让他们心无旁骛地做好营销。

多元激励

与客户经理营销业绩直接挂钩的激励方式，对促进业绩增长立竿见影，应率先变革，建立一套科学的绩效奖金分配机制。在零售转型初期，绩效奖金占比应适当提高，占客户经理全部收入的70%左右，并且将全部或绝大部分设计成基于业绩的销售计价。

规则清晰

按年确定每项产品的计价标准，并进行广泛宣导，使客户经理人人知晓。为防止某些业务可能超常增长而突破薪酬预算，各项计价宜采用积分制，不宜直接对应奖金，1个积分正常情况下对应1块钱，出现异常情况时则略微下调比例，这样既能不超预算，又不影响团队积极性。产品计价标准原则上应逐年小幅下调，以改善投入产出比，这需要对团队进行反复宣导：初期业务量小，计价标准高一点儿，银行能承受，而一旦业务量呈几倍、十几倍增长，如不适当下调，银行就不可能持续投入；虽然单价有所降低，但随着客户增多及营销技能提升，客户经理将步入"薄利多销"的正常轨道，奖金反而会上升，收入增长是有保障的。

结果透明

营销人员的业绩积分应该公开透明，并且能及时查询，最好能实现当天乃至实时查询。比较棘手的是需要切分的业绩，若分配不公，将打击团队士气，破坏协同营销。应赋予网点领导、团队负责人等现场"指挥员"分配权限，分类制定和落实基本的分配原则，并建立上级督查及向上申诉制度。业绩计算涉及大量员工、客户、业务，加之各种联合营销场景，IT系统的支持必不可少，应优先开发。事实上，许多银行都曾将建设高效、准确的绩效系统列为零售转型的首要任务之一。

兑现及时

  按照规则该给员工的奖金，早给或晚给的效果有天壤之别，给得太晚不仅起不到正面激励作用，反而招致员工抱怨。银行不缺现金流，有条件按时给，但不少中小银行常犯这样的基础错误，出于各种原因不及时兑现奖励，让员工失去工作动力和信任感，甚至导致失望和不满。应坚持做到当月兑现上月绩效奖金，让员工形成稳定预期。绩效奖金难免需要调整，可按季度或年度进行清算，而不能作为推迟给付的借口。

  对于营销队伍，除了"定好级""分好钱"，还应重视不花钱的激励方式。花钱的激励，具有边际效应递减的趋势，仅通过金钱奖励，往往难以长期维持团队的斗志。根据马斯洛的需求层次理论，人的心理需求包括生存、安全、归属、尊重与自我实现多个层次，越是优秀的队伍，越需要多元化激励。这里，管理者特别是现场管理者扮演着关键角色，其领导力比金钱更有价值。以下一些不花钱或少花钱的激励方式，值得管理者关注和实践：

- 愿望激励，即了解并满足员工的愿望，即使是一些小事，如推心置腹谈一次话、送一个心仪的小礼物、批准临时请假处理个人急事，这些比发奖金更能激励员工努力工作。

- 荣誉激励，即建立荣誉体系，隆重授予员工荣誉，比如在微信群里公布业绩排行榜、进行案例分享等，能有效激发员工争先恐后的工作激情。
- 成长激励，即员工在岗位上不断学到新的知识与技能，明显感到自己在进步，逐渐有了一技之长，成为某领域专家，这能激发其强大的工作动力，年轻员工尤其如此。
- 归属激励，即如果员工感到所属团队就像一个小家庭，大家相互关心与帮助，轻松融洽相处，齐心协力奋斗，工作虽累但心情愉快，一定能积极工作。
- 目标激励，即树立有挑战性的高远目标，让员工认同并有信心，通过不断接受挑战、征服挑战，激发其潜力、增强其血性，养成不达目标不罢休的习惯。

有效训练

优秀的营销队伍不是天生的，而是科学训练出来的。中小银行在零售转型中，需要学习借鉴保险等行业的先进理念与经验，有效训练队伍。

一方面，要围绕培训规划、师课建设、办培训班等重点环节，对传统培训实行革命，对不同层次的员工开展针对性、互动式、实战化培训。

在培训规划上，应结合各支营销队伍的特点，深入研究员工成长规律，区分新手、熟手、高手等层级，按照至少一年的期限，规划学习培训路径；按月或按季细分学习时段，明确各时段需要学习的主要知识、技能及相应的课程,并制定量化业绩目标,作为考核培训效果的主要依据。

在师课建设中,初期可以外聘老师授课为主,但应尽快转向以内部老师和课程为主,3年内内训占比提高到70%左右。应要求各层级管理者亲自开发课程授课,选拔各营销领域最佳实践的主角,建立内训师队伍,让干得好的人而不是仅仅讲得好的人当老师。对可付诸实践的外部课程,应组织业务营销专家内化,结合本行实际,整理营销逻辑与话术,组织员工学以致用。

在办培训班时,应认识到人数众多的大班大课看上去节省授课费,其实得不偿失。应将一个班的学员控制在30人左右,知识技能水平相当,并调动学员学习意愿,严明纪律、严格考评,确保学员专心学习。对不同类型课程采取合适的培训方法,理念类知识应组织开放式研讨,让学员通过坦诚交流提高认识;技能类知识应认真演练通关,让学员掌握流程话术等要点;知识观念类课程应尽量安排线上授课,实行课后考试。

另一方面,队伍训练远不止于培训,许多功夫在培训之外,不可或缺,应尝试各种行之有效的训练方式。

在岗训练。客户经理知识技能提升更多取决于在岗学习,脱产培训缺乏在岗学习衔接,效果必定不佳。应让一线管理者当好老师,对员工一对一耐心讲授辅导、密切督促检查。建立师傅带徒弟机制,明确对师傅的考评激励,制订落实学习计划与要求;分支行应通过会议、面谈、竞赛、考试等方式,督导员工日常学习,组建学习交流群,营造浓厚的学习氛围。应充分利用队伍微信群，组织每天一个知识点之类的学习，让员工在耳濡目染、日积月累中提升自我。为增加年轻员工学习兴趣，多用短视频或音频课件，不局限于文字材料。

实战训练。学习和培训的成果要得到转化，必须依靠实战，仅仅进行课堂演练是不够的。有的营销技能，比如电话营销，可进行集中封闭式训练，员工使用真实的客户名单拨打电话，专家全流程跟进指导，事后再进行复盘提升。不适合集中封闭式训练的，可派专家到网点观察客户经理的真实营销行为，诊断问题，帮助改进。这需要大量的专家支持，初期可以考虑外聘，但应同步培养内部专家。

战役训练。营销队伍需要在战斗中成长，打赢几次硬仗大仗，士气和能力就能跃上新台阶，因此，需要通过一个又一个营销战役训练队伍。在组织营销战役时，应确保首战必胜，慎重选择相对有把握的业务试水，并做好充分的准备和过程管控。应设定每次战役必保目标与梦想目标，明确目标客群、营销策略、奖惩机制，匹配相应的资源、流程与工具。应注重萃取复制最佳实践案例，及时通报相关数据与信息，表扬先进，鞭策后进。

文化塑造

人需要有点精神，营销队伍更需要有强大的精神力量为伴，这样才能行稳致远。一支能够持续打硬仗、打胜仗的营销队伍，离不开文化塑造带来的无穷精神动力。零售转型应重视营销队伍的文化培育，以优秀的文化塑造优秀的队伍。

明确任务

零售营销队伍的文化塑造，最主要的任务是使干部员工了解和适应零售银行的特点——"苦累细慢"。干银行零售，尤其是干零售营销，如果不了解、不适应零售"苦累细慢"的特点，肯定干不久、干不好。正如同战士不能不冒着枪林弹雨冲锋，医生不能不连续十几个小时站在手术台上，交警不能不顶风冒雪指挥交通……零售人不能不甘于干苦活、累活、细活、慢活，零售转型必须造就这样一群人，这样一种氛围。

把握核心

企业文化的内涵，概而言之就是"志同道合"四个字，"志同"即共同的愿景，"道合"即坚守共同的价值观。愿景和价值观应真正为员工所认同，而不应是领导者的"个人独唱"或"奇思妙想"。为此，愿景需反映员工的诉求，包括物质利益和精神追求，在零售转型的过程中，激励员工一起成长，一起分享零售转型的成果，不断提升他们的专业能力，优化薪酬待遇，并规划更广阔的职业生涯路径；价值观则应针对营销队伍中普遍存在并亟待解决的问题，推动员工改变那些与零售转型要求不相适应的思想观念和行为习惯，核心是始终坚持以客户为中心，把为客户提供最优质的服务、创造最大化的价值作为根本。

形成体系

文化塑造必须体系化推进，靠零散、临时的招数是远远不够的。应结合零售转型的成功经验与面临的挑战和困难，不断总结迭代需要全行达成共识并自觉付诸行动的目标、策略、理念、作风，推出员工喜闻乐见的象征、故事、人物、活动，形成一套接地气的文化体系。同时，在文化体系的传播上面下功夫，通过内部培训、文化建设、开展宣传等各种途径，向内向外传递文化信息，增强员工和客户的认同感，营造共同培育优秀文化的氛围。管理者应身体力行文化价值观，并将文化宣导融入日常管理，抓住典型的人与事，剖析思想文化根源，明确破旧立新的要求。应设立奖惩激励机制，督促引导员工了解、理解、遵循银行倡导的文化理念，做零售转型文化的积极参与者和自觉创建者。

管理队伍去官僚化

中小银行的零售管理队伍普遍存在官僚化弊病，各级管理者或多或少显现出不适应专业化管理要求的惯性思维与行为。比较典型的画像，如"官老爷""月宫嫦娥""算盘珠子""生产队长"等，这些官僚作风的特征在前言中已提到。官僚化是零售转型的大敌，零售转型首先要让管理队伍去官僚化。

思想作风

打造一支去官僚化的零售管理队伍，是确保零售转型战略顺利推进的决定性因素。为此，关键岗位，主要集中在总行业务部门管理者，需要引进一些来自标杆银行的专业人才，但这样的需求毕竟是少数，重点还得转变占绝大多数的原有管理者。针对常见的官僚化痼疾，要求零售条线总分支各层级管理者，首先是总行层级管理者，对标标杆银行的优秀零售管理者，向如下思想作风转变。

三个极度

三个极度即"极度执行、极度效率、极度敬业"。对于优秀的管理者和管理团队，极高的执行力、效率与敬业度是共同的特征，也是最基本的条件。应向所有管理者明确提出这"三个极度"的要求，并督促其率先垂范，带动下属切实改变过去办事拖拖拉拉、许多事不了了之、踩着点上下班的工作状态。快速见效的一个办法是在办公自动化（Office Automation，简写为OA）平台上开发督办系统，将重要任务分发给相关部门负责人，明确完成时限和交付方式，定期通报考核。当督办系统中数百项重要任务绝大多数都能按时完成的时候，一定意味着管理队伍执行力与效率的明显提升，加班加点也自然在所难免。这些改变是银行在零售转型之初最容易也最应该争取的变化，一时可能体现不到业绩上，但持之以恒，必有回响。值得注意的是，要宣导"低效的勤奋还不如懒惰"的理念，督促各管理团队上班时间提高工作效率，加班时间做有意义的事，防止有的管理者将加班变成"加班秀"，不重实效，搞怨声载道的疲劳战。

三个导向

三个导向即"结果导向、问题导向、一线导向"。对每项业务、每个任务、每次会商，都要求管理者重点报告结果、问题及一线声音，纠正数字笼而统之、情况大而化之、报喜不报忧的通病。这个转变也不容易，一开始需要上级尤其是总行管理层的具体指导、认真督导，然后逐渐形成新的习惯。另外，可尝试建立常态化机制，如要求各级管理者与本职相关的30名左右各层级干部员工建立微信联系，将其中10名左右能干事且有想法的同事发展为能说真话的诤友，通过他们了解一线真实的心声、问题与进展，为管理决策和管理改进提供可靠依据。

三个本性

三个本性即"主动性、积极性、创造性"。要求管理者必须对分管工作负起全面责任，主动调研、精心谋划并抓好落实，克服满足于现状不求进步的惯性；必须保持积极思维，多用"是的/但是"思维面对新事、大事、难事，克服"不/因为"的消极思维惯性；必须激发自身和团队的创造活力，增强创新意识，争取更多的大创新和微创新成果，克服跳不出舒适区而出现管理疲劳的惯性。人人都有主动性、积极性、创造性，这是零售转型最值得挖掘的资源，激发管理者这些人性的优点至为重要。

"三最实践"

在零售转型过程中组建起来的营销队伍，需要经过较长时间的训练和实战，不太可能一开始就具备强大战斗力。因此，管理者为营销队伍赋能就显得十分重要，尤其是新产品、新业务，总分行仅仅按照传统的套路培训督导是远远不够的。以下三个阶段相连的"三最实践"方法值得尝试。

阶段一，最初实践

新业务、新产品要提高营销效率与效果，就应当变过去主要靠营销队伍自己摸索，为管理者主动赋能。新业务、新产品正式上市前，各级管理团队，首先是总行管理部门，应该选择部分最基层的作战团队一起探讨作战方案，分析市场需求、竞争对手、客户特点等因素，制定合理的目标、策略、计划和措施。这样可以改变管理者凭主观判断发号施令、营销机构和队伍各自为战的状况，避免上下脱节、信息不对称、资源浪费等问题，同时也可以增强一线员工的参与感和归属感，提振其信心和士气。管理者，尤其是总行管理者，这样直达火线共同作战，是贯彻以市场为导向的营销原则的有效方式，无论是对管理的优化，还是对营销的改进，都有明显的作用。虽然不能说一定成功，但至少比遥控指挥胜算大得多。

阶段二，最佳实践

市场营销全面展开一段时间后，各级管理团队应及时发掘实战中出现的最佳实践案例，总结经验、分析原因，萃取可复制的关键成功要素并加以复制推广。让案例主角利用会议、培训等场合现身说法，督促更多的员工学习模仿，通过向先进靠拢，改进营销动机、态度、知识、技能与习惯，提高营销成功率。不仅需要关注成功的案例，也需要关注失败的案例，正反面结合反思复盘，提出改善产品、业务、营销、管理的举措，努力达成预期的营销目标。

阶段三，最广实践

在总结足够多的最佳实践经验之后，应组织编制营销手册，将营销过程中的关键步骤、要点、技巧等规范化、标准化、流程化，为一线营销人员提供可操作的指引。营销手册不能太深奥复杂，正如会使用专业相机的人很少，而人人都能用手机拍照一样，只有简单得如同手机拍照的营销手册，才能广为人学、广为人用，否则，只会曲高和寡，做无用功。营销手册的内容应融入营销队伍的培训和日常管理中，在潜移默化中增强队伍的营销能力，特别是使新手缩短入门时间，尽快成长为熟手。

绩效提升

管理的最终目的是提升绩效，各级零售管理者都应当始终牢记这一点，如饥似渴地学习相关知识和成功经验，积极探索绩效提升的途径。

选用业务专家

零售转型应当遵循内行领导的原则，外行领导是行不通的。应下决心"请走"那些不懂零售业务而靠关系或资历上位的"南郭先生"，转而选拔一批有丰富零售业务实战经验的专家充当各级管理者，至于其管理能力，可以在岗位上训练和培养。当然，确有少数干业务行而干管理不行的偏才，应仔细甄别，不宜拔苗助长，避免人岗不适。对管理者应按先进理念与方法持续开展培训，督促其养成自觉学习的习惯，打造学习型团队。同时，有计划地开展轮岗锻炼，零售业务系统性强、各专业关联度大，管理者具备多专业岗位经历，有利于拓宽管理视野，提高解决复杂问题的能力。

发挥集体力量

各级管理者，特别是总行中高层管理者，都应践行"工作向下、思想向上"的理念，手把手地培育下属尽可能多地接过自己手中的常规工作，而自己要去抓更多的新事、大事、难事。应树立"人人都是总经理"的观念，选择一些重要的专项工作，组建相关人员参与的敏捷小组，授权普通干部或员工负全责，自主做决策与抓落实，管理者则充当教练角色，不越俎代庖，以此锻炼队伍管理能力。如果各级管理者的工作都向上兼容，员工能干管理者的活，下级管理者能干上级管理者的活，那管理的效率和水平就会大幅提高，并达到人才辈出的境界。反之，如果一个管理者年复一年总是干同样的事情，那意味着他本人及他所带的团队没有多大进步，更糟糕的是遏制了人才的成长。这里，管理者转变官僚观念与做派是前提条件，若还是像过去一样凡事都要自己说了算，自己全程掌控，要求下属永远打下手，只能唯个人之命是从，不允许其主事和越级汇报，那以上这些先进的理念是不可能落地的，必然影响管理队伍的进步。

注重流程穿越

零售转型的成功离不开强有力的执行，各种管理举措只有真正落地，才能保证和促进绩效提升。为此，有必要针对重大管理措施，由各级管理者开展流程穿越，推动落实与改善。例如对于理财客户经理每天打多少通电话、邀约多少个客户、面见几个客户的管理要求，各营销队伍产能标准、梯队管理、优胜劣汰的制度，大堂经理的营销服务目标、流程、考核政策等，总行相关管理者都应通过查询文件或会议记录、访谈当事人等方式，梳理总行何时以何种方式发布和传导至分行的，分行何时以何种方式传递至支行的，支行何时以何种方式宣导至相关员工的，最终是否得到了执行、效果如何。经过认真细致的流程穿越，就能发现总行或分行的重大管理要求、政策、制度、举措，在执行中存在问题的环节或者需要修改的地方，这对于提高总行管理的有效性和营销效果无疑是有利的。

善用科学方法

提升绩效有一个方法问题，吉尔伯特绩效工程模型是最值得运用的方法之一。该模型揭示，与人们通常的认识不同，提高营销队伍绩效的重点不在于改进营销人员的态度、知识、技能和习惯等个体因素，75%甚至更高的影响权重在于改变个体面临的环境因素。这些因素可以划分为三个层面：第一层为信息、数据与反馈；第二层为流程、资源与工具；第三层为激励、奖励与后果。事实上，不少管理者一直在有意或无意地运用其中的部分要素，尤其是第三层的内容。现在需要的是完整地理解和应用整个模型，查找管理中的短板，例如信息、数据与反馈是否完整、准确、及时，流程、资源与工具是否匹配、足够、易用，激励、奖励与后果是否全面、及时、有效，进而有针对性地加以改进。这样遵循科学方式去迭代管理，将显著提升营销绩效。

领导力

中小银行零售转型需要一批有卓越领导力的管理者，培养和提升管理者的领导力是中小银行零售转型的应有之义。组织领导力的学习培训必不可少，需要注意的是，领导力理论众说纷纭，尽管开卷有益，多了解并无害处，但如果没有一定主张，很可能课上头头是道，课后百无一用。因此，总行高管层应事先做些研讨，对于倡导什么类型的领导力达成基本共识。

观察成功的企业和企业家，确实不同类型的领导力都有成功的案例，如威权型、授权型、事务型、变革型、交易型、服务型、教练型、情感型、真诚型等。对中小银行而言，比较可行的是，在零售转型中践行真诚领导的理念。管理者应将管理出发点建立在"人性本善"之上，靠真诚做人做事实现目标，而不是基于"人性本恶"，靠一些看上去聪明的手段或权术操控下属。一方面，真诚对人，像家长、像老师、像朋友，愿他好、为他好、帮他好，把员工的成长进步视为自己的责任、成绩乃至幸福，花时间和精力了解指导其工作、生活和思想。另一方面，真诚对事，一心为了把工作做好，淡泊个人名权利，带领团队探求本职工作所蕴含的社会意义、人生意义，树立远大目标，追求卓越。

领导力的提升归根结底靠管理者自我修炼，努力做到终身学习、以身作则、言行一致、知行合一。在日常管理中，"管人"应力戒亲疏远近、个人好恶，"理事"应力戒主观武断、意气用事。

之所以强调管理者"管人"应力戒亲疏远近、个人好恶，是因为几乎所有的管理者因为机缘或性格使然，都难免对下属有亲疏远近、个人好恶的倾向。既然如此，就更应该注意避免因此产生偏爱或偏见，不能偏爱与自己关系亲近或者个性合拍的下属，而对关系疏远或个性不合的下属存有偏见。尤其是在对下属的培养、使用、考核、激励等涉及切身利益的事情上，特别需要排除偏爱或偏见的干扰。要做到这一点，关键是要改变不少管理者秘而不宣的一个信条，即"自己人"才可靠，靠"自己人"才能干事和心安。殊不知，当一个管理者把少数人当成自己人的时候，其实是在让多数人成为非自己人——大家迟早会明白他倚重的只是"小圈子"，而一旦明白之后，就很难同心同德了。所以，一个管理者不应狭隘地去培植自己人，如心结难解，不妨把所有下属都当作自己人。这样才能最大限度地团结人，最大限度地调动人，最大限度地发展追随者，而这是做成事尤其是做成大事的前提条件，零售转型特别需要这种类型的管理者。

之所以强调管理者"理事"应力戒主观武断、意气用事，是因为不少管理者听不进不同意见，甚至听不得不同意见，一听就不耐烦，越是高层的管理者，越是容易犯这些毛病。零售转型没有可以照搬照抄的模板，需要创造性地运用标杆银行的经验，所以，管理者必须实事求是。如果过于主观、意气，必定堵塞言路、听不到真话，很难做到集思广益，从而导致零售转型容易受管理者个人意志左右而误入歧途。一个有领导力的管理者会清醒地认识到，个人的能力是有限的，即使能力超群，精力也总是有限，必须发挥集体智慧和力量，才能取得零售转型的成功；而且，自己是人不是神，不可能每个想法都对，所以要勇于随时承认并纠正自己的错误。

第十章
战略为基

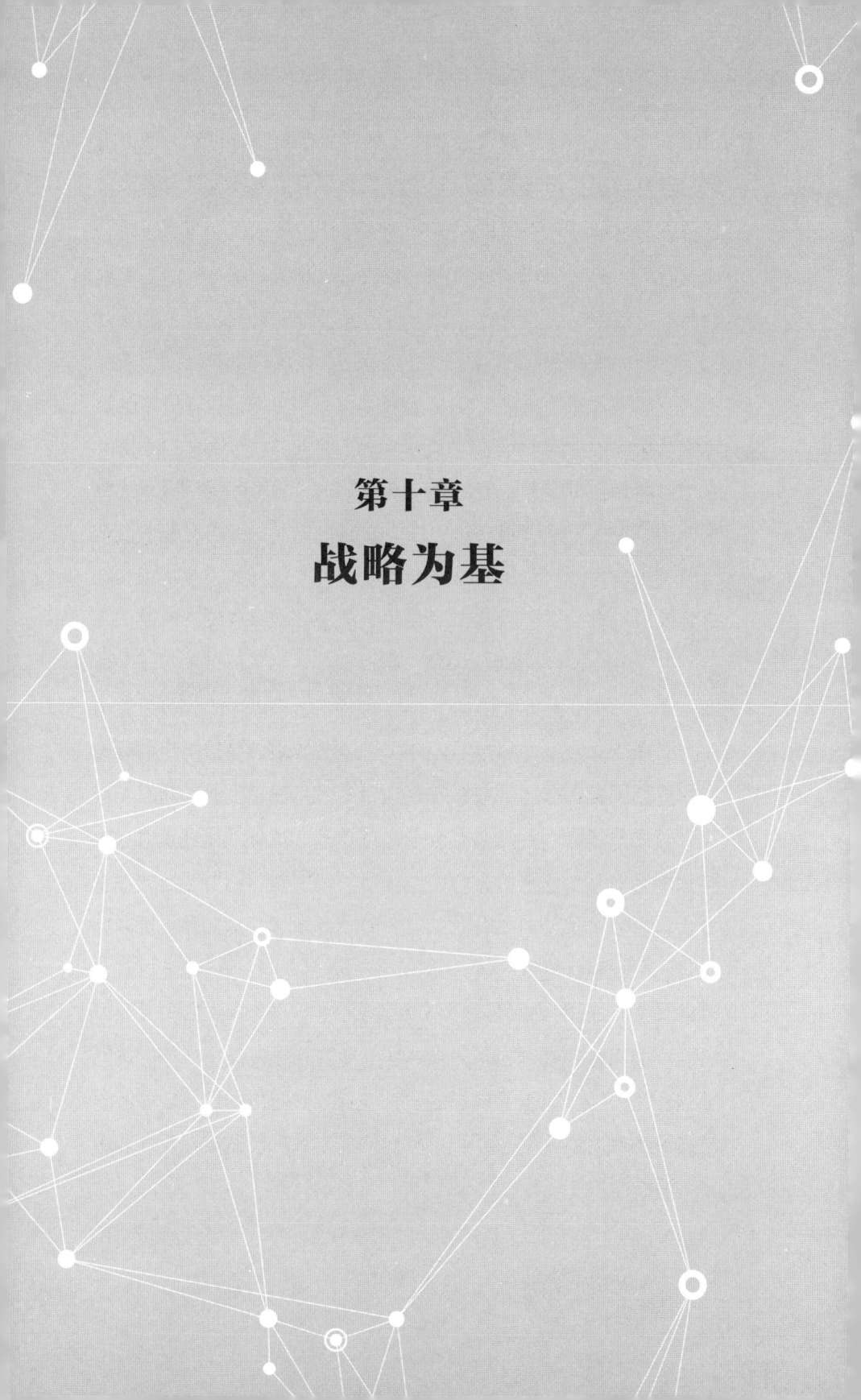

大地无私，孕育万物；岁寒松柏，由此腾达。在我国古代思想家庄子的眼中，是大地的无私和慷慨，给予万物生命和成长的机会。从破土到参天，是土壤承载着树木的生机和生长，成为其生命的源泉和根基。大树扎根大地，与大地融为一体，给地球带来绿荫、森林、氧气、水分，默默守护人类繁衍生息。对于零售转型来说，战略如同土壤，只有根植于战略的土壤，用科学的战略引领，零售转型才有了根基，才能到达胜利的彼岸。战略是零售银行经营成功的基石，零售转型应以战略为基。

战略为基的内涵

零售转型包含两个层面的任务。一个层面是零售业务本身的转型，即银行的经营管理从存款导向的传统模式，向盈利导向的现代模式转变。这需要零售业务经营管理的全方位升级，涉及商业模式、营销策略、业务流程、人员培养、技术支持等方面的改革和创新。另一个层面是银行业务的整体转型，即零售业务规模和盈利在全行中的占比逐步攀升，成为整个银行主要乃至最大的支柱。这意味着银行在发展愿景、经营理念、战略规划、组织架构、管理模式等方面都必须有比较大的调整和改变。显然，这样重大而庞杂的转型任务不可能凭零售条线一己之力完成，必须上升到银行最高战略层级，作为"一把手工程"组织实施。具有远见卓识和强大驾驭能力的一把手及管理层，遵循科学方法而非主观武断的战略管理，这是零售转型得以成功的基本条件。

学习创造

中小银行的零售转型战略从规划到执行的战略管理全过程，

需要遵循一个重要原则：既要学习，又要创造。只有通过学习加创造，将标杆银行的经验和本行实际有机地结合起来，才能取得零售转型的成功。

具体而言，一方面，零售转型的弯路和坑不少，陌生者容易走弯路、掉坑里，这也是少有银行转型成功的原因所在。标杆银行在零售转型的漫漫长路上摸爬滚打十余年，锻炼出识别、应对各种坎坷的意识和能力，中小银行应当学习借鉴，以降低不必要的试错成本，并力争后发优势。如果自以为能、闭门造车，不去从同业的经验教训中吸取智慧和力量，十有八九会重蹈覆辙。另一方面，中小银行零售转型面临的环境条件、资源禀赋、市场格局等与过去大不相同，照搬照抄标杆银行原先的经验肯定行不通，必须遵循标杆银行在零售转型过程中所遵循的基本规律与逻辑，结合自身实际制定合适的战略目标，创造性地提出可行的战略举措。如果不从自己的实际出发，不开动自己的脑筋，盲目照搬标杆银行的方法，往往很难落地见效，零售转型将陷入磕磕碰碰的僵局。

以吉林银行零售转型为例。我们一开始就确立了"吉林第一零售银行"的目标及"吉林版招商银行"的路径，并一直在认认真真学招商银行，但没有盲从招商银行。我们认识到，在客户尤其是中高端客户的数量与质量、产品的丰富性与系列化、品牌声誉及公众的信任度、队伍的年龄学历与专业素质、组织架构与管理体制机制、金融科技的支撑保障、可用的人财物资源、企业文化与工作氛围等方面，吉林银行难以望招商银行项背，很难直接模仿招商银行的做法，如果硬要复制，只能是形似神不似，逃脱不了东施效颦的命运。即使依葫芦画瓢学会了几招几式，可能在局部环节取得一些成效，但零售转型是系统性工作，靠零星的招数很难在全局范围内取得显著效果。许多银行从招商银行引进大量人才，按理说再正宗不过，可零售转型的成果却与预期相距甚远，原因就在于没有构建完整的体系，这些人才的作用即使得到充分发挥，也难以改变全局，何况基础不同、水土不服使得其作用发挥有限。还有，招商银行在零售转型的道路上已经走过了近20年的历程，其经营管理举措一直在创新，外部经营环境也发生了巨大变化，学现在的招商银行阶段不同，学过去的招商银行则时过境迁。

基于以上认识，我们提出"招行经验，吉行实际"的指导思想，明确学招商银行不在于具体的招数，而在于基本的逻辑，必须从招商银行零售转型的历程中梳理清楚：零售转型的初衷到底是什么，要达到什么目标，分哪些阶段与步骤达成，我们该怎么办？零售转型到底要干哪些大事要事，为什么，我们该怎么办？零售转型的大事要事在不同的阶段是怎么干的，为什么，我们该怎么办？三年多过去了，吉林银行零售转型的"道"源自招商银行的经验，"术"来自本行的实际，具体举措可以说几乎没有一项与招商银行一样。正是这样学习与创造并举，吉林银行的零售转型才走到了今天：零售业务规模逐一超越当地大型银行，构建了完整的零售经营管理体系，基本实现了"吉林第一零售银行"的愿景。

践行学习创造的原则，需要同时避免教条主义和经验主义，但主要是经验主义，即片面强调本行与标杆银行的差异，不去了解和学习标杆银行零售转型的最佳实践，仍然基于自己脱胎于落后实践的固有经验开展零售转型。中小银行在零售转型中，如果不能自觉克服狭隘的个人经验主义，必然走向失败。

正确调研

没有调查就没有发言权，零售转型的一切战略战术、政策制度、策略举措，尤其零售转型战略规划层面的顶层设计，都离不开深入的调查和细致的研究。需要注意的是，调研工作涉及一个正确与否的问题。这是因为调研的重点和难点在于那些真相错综复杂、看法众说纷纭、办法零零散散的问题，而不在于那些情况明了、观点一致、措施清晰的问题，因为后者比较容易找到可靠的解决方案，前者则容易得出错误的结论，需要利用正确的方式方法调研才可能得到正确的结论。打一个比方，人们对于纯黑色与纯白色一眼就能分辨出来，所谓黑白分明；而对于同时包含黑白元素的灰色，黑白之间的界限却不易区分。

零售转型顶层设计需要进行调研的重大问题，往往不是纯色而是灰色类型。这对管理者不无挑战，因为一般人都容易以偏概全、非黑即白。参与调研的人把灰色的东西说成是黑色的或白色的，其实并没有刻意说谎，因为其中确有黑色的成分和白色的成分，但偏离了真相。这时就考验管理者能不能正确调研以尽量接近事实，如果不能，那决策就建立在错误基础之上，零售转型的顶层设计就容易出现偏差。管理者要做到正确调研，最重要的是要有兼容并蓄、一分为二的思维，不能偏听偏信、主观臆断，要认识到复杂事物往往有多种成分，包括截然相反的成分，并以科学的精神与态度弄清楚各种成分的具体含量，尽量做到准确量化，对于无法准确量化的，也要分清轻重。越是高层的管理者，越需要如此，这就是华为强调的"灰度"思维，招商银行强调的"既要、又要、还要"思维。

开展正确调研需要改变官僚式做法，如按官僚等级安排参会人员、会议程序刻板、发言照稿念、互动提问少，去现场则走马观花、了解情况大而化之、与人交流浅尝辄止等。应针对零售营销与管理的主要岗位，每个岗位选择有代表性的10人左右，分别进行聊天式座谈交流，在交流中确保气氛轻松活泼，问题接二连三，情况刨根究底，时间宽松自由。对于重要的"灰色"问题，不轻易做判断，多方求证，力求分辨黑白比重，以此准确掌握真实情况。

创意择优

世界最大对冲基金——桥水基金创始人瑞·达利欧曾在接受《纽约时报》采访时，把桥水的成功归结为创意择优这种决策模式，即在公司的重要决策中，允许人们看到一切、说出一切，收集经过深思熟虑的不同意见，反复思考、公开讨论，在相互学习中转变想法、达成共识，如果仍然存在分歧，建立一个相互认同的解决分歧的决策方法。这是一种值得学习的现代企业决策管理的科学方法，超越了常见的少数官阶大的人独断专行的"专制"方式和一群自以为是的人争论不休的"民主"方式。达利欧不仅提出了先进理念，而且在实践中发展了一套行动方案，包括创意讨论会、创意邮箱、创意试验项目、创意奖励机制、决策点评会、思想市场等。

据达利欧回忆,他之所以推崇创意择优,是总结一次损失惨重的失败投资的结果。这笔业务的操办团队当时是不同意的,但上司想做,于是单独找达利欧游说并获准。痛定思痛,达利欧决定重大决策要让尽可能多的相关人员尤其是基层管理人员与普通员工参与,平等讨论,根据创意本身做结论,而不是看谁提的创意。由于参加人员多,泄密在所难免,曾引发不少反对声音,但达利欧认为得远大于失,仍坚持如此选择。

创意择优原则对于制定零售转型战略规划十分必要,应在正确调研基础上,照此议决零售转型重大策略举措。具体方式可以多样化,如组织创意研讨会、专家建言献策、全行征求创意等。最根本的是要求决策者:第一,不官僚,抛弃等级观念,营造从高管到员工平等交流的氛围,所有人都积极表达自己的看法,敢于质疑上司。第二,不主观,基于客观事实数据和基本逻辑思考,意识到个人的印象、经验、立场不一定都正确,对于他人的意见愿意倾听,耐心寻找合理之处。第三,不固执,抱着不是个人而是大家共同寻求最优解或次优解的目的,持开放心态,善于吸收他人的正确意见,即使与自己观点相左,绝不为了面子或权威而坚持己见。只有这样,才能做好零售转型的顶层设计,传统的官僚决策模式是做不到的。

零售转型战略规划基本成型后,在总行管理层中充分沟通很有必要,这也是创意择优的重要环节。要逐一与总行高管层成员花足够多的时间面对面研讨,就零售转型的背景与原因、总体目标与阶段性目标、重要策略与举措、可能遇到的风险与阻力、需要的资源与政策等，深入坦诚互动，尽可能取得理解和共识。可以先安排与一把手面谈，定下大政方针，这样有利于与其他高管交流。

一流执行

执行力在更大程度上决定零售转型的成败，必须靠一流的执行力保证零售转型战略规划的落地。执行力涉及多方面要素，关于执行力的理论汗牛充栋。拉里·博西迪和拉姆·查兰合著的《执行》一书提供了一些值得借鉴的观点：领导层必须亲自参与战略执行，而不是甩手给下属。负责执行的领导者要避免沉溺于日常管理的细节，做到全面深入地了解企业和员工、实事求是、设定明确目标并排出优先顺序、持续跟进直至达成目标、赏罚分明尤其重奖业绩优秀人员、通过教练辅导提高下属能力，以及展现勇敢、决断、务实的性格等"七项基本行为"。要进行企业文化变革，形成行动导向、奖励与业绩挂钩、良好的互动沟通、坦诚开放对话、领导者以身作则等积极文化。要知人善用，选育执行力强的人。

为确保零售转型战略得到有效执行，首先应将其作为总分行"一把手工程"来推动，而不仅仅是让零售分管行长负责，一把手要亲自动员部署，密切了解和定期评估进展，及时发现和解决存在的问题，对关键环节赴现场督导，树立正反两方面典型等。总行应一竿子插到底，直接、全面主导转型行动，对每一项重大措施实施闭环跟进，确保一切尽在掌控中，不能总行分行支行层层转手了事，以避免进度缓慢、质量参差不齐。先选择基础较好、意愿较强、较有把握的分支行进行试点，总行管理层，至少是零售分管行长及各零售部门负责人，应分别联系一家机构，弯下腰、沉下心、直奔现场、逐项督导，确保转型举措不走样。对试点情况，在最初几个月至少按周复盘，及时发现偏差并迅速纠偏，待基本达到预期后再在其他分行全面推开。

总行管理层应一年一度对零售转型战略执行情况进行全面回检，所有高管成员及计财、人力、风险、科技等相关部门负责人参会，客观总结成绩，提振信心，不断强化对零售转型的共识，同时坚持问题导向，基于数字和事实剖析存在的问题，实事求是滚动调整三年战略目标与路径，明确需要给予的资源与政策支持以及相关部门配合协同事项。

战略支撑保障

任何战略从制定到执行都离不开多方面的支撑与保障，零售转型也不例外，否则，就会沦为空谈。零售转型最重要的战略支撑保障在于战略投入、组织架构和机构考核三个方面。

战略投入

零售转型的投入具有鲜明的战略性特点，人财物需求巨大且持续，而产出至少需要三年以上才能明显见效，即业务规模与收入盈利开始加速增长。最初几年，零售转型的投入产出不匹配，进而带动整个银行的成本收入比大幅拉高。许多中小银行零售转型难以成功，其中一个很重要的原因就是不遵循零售转型投入产出规律，不愿意从战略高度多投入，或者投入后急功近利，由于资源不匹配导致动作变形，最终半途而废。因此，中小银行管理层决定启动零售转型之时，就必须做好战略性投入的准备，并愿意承担由此带来的成本收入比高企的压力。零售转型战略投入主要涵盖以下方面。

人力投入

"在生产力的各要素中，人是最积极、最活跃的因素。"在零售转型战略投入中，人力资源投入首当其冲。在总行层面，应采取市场化薪酬机制，引进一批优秀的管理和专业人才，并根据新的组织架构和岗位设置，按最低要求配备人员。在分支行层面，应结合当地实际，根据业务需求和战略规划，组建或补充各营销队伍，包括财富管理、零售信贷、大堂经理、市场外拓、信用卡DS等队伍，为减轻正式员工编制压力，有的队伍可考虑采用外包方式。随着人员的增多，薪酬总额的增加不可避免，应说服主管部门与董事会专门核增零售转型的人员编制及相应薪酬预算。当然，要高度重视薪酬效率，打破平均主义惯性思维，建立多劳多得的市场化激励机制，后文将对此具体讨论。此外，零售转型必须大大加强人员培训，相应费用投入需要大幅增加，应至少用满按规定比例提取的额度。节省培训费，实际上是舍本逐末。

营销投入

零售转型必须加大营销力度和营销效果，同样需要相应增加费用投入。中小银行一般比较注重员工销售激励，通常通过产品计价给予奖励，这种方式能直接调动员工营销积极性，推动业务实现快速增长，零售转型初期应当根据业务拓展计划与重点，适当扩大计价范围与金额。需要注意的是，许多银行与客户营销相关的费用投入主要是在网点给客户赠送粮、油、日用品等礼品，而在产品创新、数据引流、营销活动、广告宣传、客户权益以及客户经营生态圈的培育等方面投入严重不足。应增加面向客户端的营销费用投入，特别是加大中高端客户增值服务体系和线上客户数据与客户拉新促活费用支持力度。另外，银行拥有比较丰富的客户、网点、人员等资源，有条件吸引一些合作伙伴结成异业联盟营销，从而少花钱甚至不花钱，这是值得探索的方式，应安排专人负责谋划和执行。客户营销投入一般比较容易衡量效果，应建立量化评估机制并认真落实，不断提高产出。

渠道投入

一方面，合理布局物理网点。应根据市场需求和竞争格局，在分析和确定区域发展策略的基础上，制定符合实际的网点发展规划，在空白区适当增设网点，同时逐一评估现有物理网点的现实效益和潜在产能，对于效益不高、潜力不足的网点进行整合和撤并，尽量在控制网点建设总费用的前提下，通过存量结构调整满足新建网点投入需求。在需要大量新建网点的区域，可考虑"综合旗舰店（面积在800平方米以内，全功能网点）＋零售专业网点（面积在400平方米以内，不开办公司业务和个人信贷业务）＋轻型卫星网点（面积在200平方米以内，员工不超过3人，主要用自助设备办业务）"的模式。另一方面，弥补线上渠道短板。中小银行的线上渠道普遍比较落后，难以适应客户需求和市场竞争的需要，在零售转型中应重点弥补。线上渠道建设投入大，中小银行不可能也不应当盲目跟风，而应集中资源保重点，主要保证手机银行、远程银行、微信银行及时迭代更新，使之能提供客户体验更好的便捷、安全、高效的线上服务，力争客户满意度、活跃度、贡献度尽快达到行业中等以上水平。

零售转型需要创新探索的领域很多，往往都离不开钱，所以，有必要在正常费用预算之外，每年预留一定额度（如3 000万元以上）的专项费用，授权零售条线灵活调剂使用。实践证明，不增加投入，没有一点活钱，费用预算与控制不区别对待，和对其他业务一样严苛，零售转型推动起来会很困难。当然，越是多投入，越要精打细算，拿出"一分钱掰成两半儿花"的劲头，反复权衡和优化花钱方案，把钱花在合理的地方，力求效果最大化。如果加大投入后大手大脚，不仅零售转型难以顺利展开，而且将养成奢侈浪费的恶习，甚至滋生道德风险。

组织架构

"现代管理学之父"彼得·德鲁克曾说："没有良好的组织架构，企业的任何战略都是无从谈起的。"零售转型战略的实施，同样需要组织架构作支撑保障。发达国家银行的事业部制以及国内一些零售标杆银行的准事业部制，权责利比较统一，相对容易在零售条线形成全行一盘棋的格局，更有利于推动零售业务加快发展。但对中小银行来说，实践中很难做到，也不一定合适。这是因为中小银行的体量较小、资源有限，条块之间的权责利切割难度大，硬去拆分，可能边界模糊、造成混乱，不仅不利于充分调动管理人员的积极性，而且各条线之间的协调和合作将变得更加困难，尤其难以形成公私联动和全员营销获客的合力，在零售条线自身获客能力弱的转型初期，这无疑是十分有害的。因此，中小银行组织架构调整不宜过于激进，而应从自身实际出发，参照标杆银行的模式进行改革。当然，也不能过于僵化保守，机械控制机构设置和人员编制，偏离企业组织架构是为战略服务的基本原则，具体可从如下方面入手。

减少管理层级

许多中小银行实行总行、分行、一级支行（管辖支行）、二级支行（网点）的四级组织架构，在一定程度上影响零售转型战略的高效执行，至少应考虑在一些业务和网点规模较小的分行进行扁平化改革，即分行直接管理网点，去掉一级支行这个层级。这样可以缩短决策链条，降低管理成本，更好地适应零售业务的变革和发展。

强总分行"大脑"

传统零售业务以储蓄为中心，主要靠"四肢"发达，即一线营销能力强即可，"大脑"即总分行管理部门可以简单。但如今的零售业务复杂程度及竞争激烈程度与过去不可同日而语，必须"大脑"足够发达，即总分行零售管理机构需要健全而强大，这是零售转型的关键成功要素之一。在总行层面，应分设个人金融部、财富管理部、个人信贷部、信用卡部等一级部门；在分行层面，视业务规模和管理跨度适当增设对应总行的部门或岗位。

统一分管行长

零售业务整体性强，管理部门越细分，越需要加强协同。因此，在总分行应由一位班子成员分管，而不应由多人分管。否则，将增加管理成本、降低管理效率，不利于零售转型。鉴于财富管理对资管理财的联动要求高，网点服务与运营的关联度大，至少在零售转型初期应将资产管理部、运营管理部由零售行长一并分管。

案例 10-1

如何实施组织架构改革？

招商银行为适应零售转型要求，在 2010 年前后开始酝酿借鉴发达国家银行事业部模式改革组织架构，并聘请国际知名咨询公司设计方案，经多方面权衡，于 2014 年开始实施。改革的主要内容是将支行的公司业务上收到分行，成立若干个公司部，而后派驻至部分支行，原先的支行行长变成分行公司部总经理；支行全部变成零售支行，在分行建立零售事业部，垂直管理零售条线，人财物相对独立。

A 分行总体上按总行的要求改革，但还保留了一批综合性支行，以加强公私联动，支持零售获客，为零售转型创造条件。这些支行仍由支行行长负责。在总行层面，职称为公司部总经理，在分行和监管层面，职称还是支行行长。由于零售业务由分行零售事业部直管，支行行长还是感到被削了权，积极性不高。为此，分行列出支行行长过去的权力清单，以及各项权力使用情况。做好功课后，给他们讲道理：现在虽然改革了，支行的人财物由分行零售事业部管理，但可以保证你们的权力一点儿都不会少，过去你们权限内的每件事，在审批单上都增加一栏你们的意见，相信绝大部分事项，你们的意见和分行零售事业部的意见是一致的，对于少部分不一致的，以你们的意见为准，你们不同意的，分行不批准；另外，就过去行使权力的记录来看，很多你们现在在乎的事，过去根本都没有过问，现在以你们签字为准，实际上你们行使的权力比过去还要大。

用事实说话，做通了支行行长包括二级分行行长的思想工作，A分行的公私联动和全员营销获客工程，得以顺利推进，从而保证了零售转型的成功。从后来其他分行事业部制改革实施情况看，在改革的前几年，公私联动确实不同程度受到影响。如果当初A分行也机械执行总行指令，零售转型的进程肯定会放慢。

更具体的改革举措，以个人贷款业务为例。

第一，明确个人贷款业务由分行个人贷款部按事业部模式管理，人财物资源统一调配；强化分行个人贷款部力量，增设业务室和岗位，增配精兵强将，首先让"大脑"发达起来。

第二，支行的个人贷款部上收分行个人贷款部直接管辖，对弱小者加以合并，派驻至有客户资源和市场潜力的支行驻点展业；房贷成立分行直营团队，实行个人贷款营销的细分和专业化。

第三，进行流程再造，切分前中后台，将审批、贷后、清收、保全、合规、考核、绩效等中后台业务集中到分行，前台聚焦营销；由于前台职责简化，风险由中后台把控，前台人员得以大量使用外包人员。

第四，为调动支行营销个人贷款的积极性，建立比较有效的考核激励机制。事实上，个人贷款作为银行甲方业务，比较容易营销，获客效果明显，即使没有考核激励，支行迫于获客高指标任务，也会不遗余力拓展。

通过组织架构改革及其他系统举措，A分行的零售转型取得了显著的成效，按照总行的要求和先进分行的做法健全了零售经营管理体系，零售业务规模、效益、质量加速发展，在总行的考核排名从垫底跃升至优秀分行之列，并将经验在全行范围进行分享。

机构考核

考核是指挥棒，也是"世界难题"。在零售转型过程中，构建科学合理的考核机制，是一项不可逾越的巨大挑战。考核主要分机构和个人两个维度，前者为对总行零售管理部门以及对分行、支行、网点零售业务的考核，后者为对各机构干部员工个人的考核。应当说，无论是机构考核，还是个人考核，都起到支撑战略实施的作用，但机构考核的影响更大、更直接，具有决定性意义。所以，这里集中探讨机构考核，个人考核在相关部分再论及。

考核原则

设计纷繁复杂的零售转型考核体系，需要把握一些基本原则，才能少走弯路，以下"四性"值得重点关注。

第一，完整性。在制定考核指标时，应立足零售转型的基本逻辑，全面考虑客群、盈利、规模、质量、队伍、管理等要素，确保考核指标的完整性和准确性，不能因为担心指标众多、重点难点不突出而简化考核。从一定意义上说，考核越简单，导向越鲜明，效果越明显，但零售转型复杂程度高且体系性强，确实无法简化考核。如果聚焦少数指标，可能短期收效比较明显，但对于实现零售转型全局性、长期性的目标是不够的，单兵独进还可能带来负面作用。

第二，一致性。考核体系一旦定下来就不宜频繁更改考核指标或考核标准，应该连续几年基本保持不变。特别是分行对支行或网点的考核框架，需要与总行对分行的考核框架保持一致，以便总、分、支考核上下连贯，全面覆盖。当然，具体的考核指标值即目标任务，可由分行自行确定，一般分行为增加达成把握，会有所加码，这是应该允许的，总行不能规定太死，不然容易不切实际。

第三，可比性。考虑到不同地区的特点和规模体量的大小，不同分行、支行及网点之间普遍存在差异，考核时应当分类分组，同类同组有较强的可比性，以确保考核的公正。需要考虑大行小行差别，兼顾贡献度、达成率、市场份额等因素，以确保考核结果能同时调动大行小行的积极性，防止"躺赢""躺平"。对于支行、网点的考核不宜全行打通排名，否则分行在确定目标值时，将面临定高了影响支行网点得分，定低了影响分行任务完成的两难境地，不利于分行有效管理。

第四，激励性。考核是为了激励，再好的考核体系，如果不严格运用考核结果，都达不到激励机构执行零售转型战略的初衷。结果的运用自然首先要体现在绩效奖金等物质激励上，同时还要体现在荣誉等精神激励上，使得考核激励作用最大化。诺贝尔经济学奖得主理查德·塞勒（Richard Thaler）提出的"心理账户"理论揭示，负面激励的效果一般比正面激励还要明显，但往往容易被忽视或弱化，零售转型的考核激励应当在强化正面激励的同时，注重负面激励的设计与落地。

考核方式

考核的方式方法与理论工具众多，如平衡计分卡、关键绩效指标（KPI）、目标与关键成果法（Objectives and Key Results，简写为OKR）、360度考核法等。平衡计分卡作为战略绩效管理工具，对于零售转型机构考核比较适合，可围绕零售转型战略规划的主要目标任务及重大策略举措，按财务、客户、流程与学习成长四个维度分解，设计好具体指标、权重、目标值、计分规则等，形成比较科学的考核方案。值得强调的是，应慎重考虑封顶分与加减分：对于一些亟须发展而难度较大的指标，如客群、营收、复杂中间业务收入（代销保险、基金、信托等复杂产品产生的中间业务收入）等，超额完成得分可以上浮，但幅度不宜超过20%，且允许上浮的指标不宜太多，否则，难以扭转一些机构"偏科"，不去全面夯实零售业务基础的行为。根据阶段性管理需要，对诸如市场份额、合规管理、资产质量等一些重点事项，可以加减分，一般控制在10%以内。在以平衡计分卡考核为主体的基础上，以下考核激励方式也值得尝试。

第一，红黄牌。依据零售业务平衡计分卡考核结果，按季度对排名前 10%～20% 的分行、支行和网点赋予金牌，对排名后 10%～20% 的赋予黄牌，一年内得两张以上黄牌者赋予红牌。为鼓励得黄牌者奋力追赶，可以设定豁免机制，如全年考核得分实行百分制，达到 80 分的可免一张黄牌、达到 85 分的可免两张、达到 90 分以上的可免三张。

第二，战略绩效。平衡计分卡考核作为总体考核需要遵守监管规则，偏重风险合规，对于零售转型发展的牵引作用力度有些薄弱，可以通过战略绩效考核弥补。所谓战略绩效，即根据零售转型战略发展方向，选取客群、收入、AUM、资产等重点指标，对总分支行及网点四级机构进行考核，并配套相应的增量绩效奖金。

第三，等级行。将分行、支行与网点划分成等级，如 5 等 15 级（每等 3 级），每等每级分别与机构管理人员（若薪酬总额允许可扩大至全员）的目标绩效奖金挂钩，从而激励各机构努力拓展业务，以升等晋级。具体可选取零售业务的基础指标，以存量积分定等，以增量积分定级。由于等级尤其是等的提升比较艰难，为避免多数机构畏难放弃，可设置一些特殊规则，如大比例超额完成营收或盈利任务、市场份额大幅提高，可以跳等跳级。

考核实施

考核涉及面广且关系重大，既关系到荣誉，更关系到利害，做好了正面作用大，做不好负面作用也大。因此，在零售转型中应花足够的时间与精力确保考核体系落地见效。具体可从以下方面入手。

第一，不断优化分支行考核设计。对零售条线和总行零售部门的考核比较简单，以零售转型新逻辑为指引，以年初确定的预算为基础，以平衡计分卡为工具，科学确定考核指标和考核规则。总行对分行的考核及分行对支行、网点的考核要复杂得多，既应有整个零售的综合考核，还应有个人金融、财富管理、个人贷款、信用卡等专业考核，责任人分别为分支行零售分管行长、分支行相关部门负责人，权重可占其个人考核得分的70%，尽量争取零售综合考核挂钩分支行行长个人考核30%权重。综合或专业考核一般按季度进行，辅之以按月通报，并且按年迭代，在保持总体稳定的基础上，每年趋利避害做适当调整。

第二，强化考核结果的反馈与运用。要下力气改变对考核排名不太在意的氛围，依据综合与专业考核结果赋予金牌、黄牌、红牌后，第一时间张榜公布，大张旗鼓宣传，大会小会点评分享，营造争先恐后的浓厚氛围；对红黄牌机构负责人，进行绩效面谈，建立降薪、降职、岗位调整机制并严格执行。等级行考核直接与管理者绩效薪酬挂钩，规则公开透明，事前充分宣导，事后在遵守薪酬保密原则的前提下，对结果加以通报，激发管理者争取更高等级。战略绩效除了面向分支机构经营班子，还可面向总分支行零售管理干部员工分配，管理人员的绩效薪酬如果整体上低于营销人员，是不利于零售转型的，应当通过战略绩效调节，但必须打破平均主义，拉开差距，向一线、前台、奋斗者倾斜；总行依据事先明确的规则核定各分行的战略绩效总包，连同每个专业的人均及总额情况一并提供给分行，再由分行根据实际情况进行二次分配。

第三，重视管理机制与系统支持。零售转型考核与全行整体考核密不可分，牵涉的管理部门比较多，应明确相应职责机制。考核多涉及绩效薪酬与干部调整，但不宜由人力资源部门牵头，总的牵头部门以总行计划财务部门为宜，以便于与预算衔接，客观评价投入产出，并与全行总体考核及各条线考核统筹推进。当然，牵头并非包办，相关考核方案，计划财务部门应与主管部门充分沟通，具体实施由主管部门负责。考核需要以庞大、准确的数据为依据，因此信息科技的支撑必不可少，要调配科技与业务专家，集中力量优先开发绩效考核系统。

科学管理变革

零售转型是关乎整个银行的一项重大变革，而不仅仅是零售条线自身的改革创新，变革需要科学管理。关于变革管理的理论很多，比较有影响、值得借鉴的也有不少，如约翰·科特（John P. Kotter）的8步变革模型，即建立变革的紧迫感、组建强有力的变革领导小组、制定变革愿景、计划并创造短期收益、授权团队成员实施愿景、沟通变革愿景、巩固变革成果并持续变革、形成新的管理制度；麦肯锡公司的"7S"模型，即策略（Strategy）、结构（Structure）、系统（Systems）、共享价值观（Shared Values）、技能（Skills）、工作流程（Style）、员工（Staff）。在零售转型中，应重视运用变革管理的理论和方法，以顺利推进转型，提高成功率。

关注"三力"

零售转型的成功有赖于调动一切可以调动的积极性，争取一切可以争取的资源。为此，需要掌握各群体的心声与诉求，有针对性地采取有效措施，以排除阻力、形成合力、保持定力。

排除阻力

零售转型不得不打破既有的一些利益与权力格局，难免会遇到阻力。最大的阻力往往来自总分行的中高层管理者，其中不少既得利益者十分希望保持自己待遇不菲而工作轻松的现状，害怕变革转型增加工作压力，更害怕职位不保，因而极力反对和排斥零售转型；一旦出现业务波动、风险暴露、员工非议等零售转型中难免的问题，这些人就会小题大做，四处串通和传播负能量。因此，在变革伊始，有必要召开声势浩大的启动会并通过各种方式，由一把手和管理层旗帜鲜明地表达转型的坚定决心，反复动员干部员工拥护和参与其中，把大多数人的变革热情点燃起来。管理层特别是一把手，必须敢于亮剑，对阻碍零售转型的既得利益者严肃批评，对拒不转变者调整其岗位；多用、重用思想能力能跟上零售转型的干部，尤其是关键管理岗位干部不能迁就。对于必然出现的问题，正确评判、正面解释，给干事者撑腰。提前预判并密切关注反对的声音与人物，有针对性地提醒、诫勉，及时制止负面评价与负面情绪蔓延。

形成合力

零售转型需要全行参与,做到全行一盘棋,广泛形成合力,管理层包括一把手,是最重要的"黏合剂"。应梳理并明确跨部门、跨条线的重要工作事项,并建立相应的协调配合机制。对于那些比较复杂且经常性的工作,可以设立敏捷小组,指定专人高效研究解决具体问题。在开展全员营销、公私联动获客等重大工程时,管理层应以身作则,带动全行积极行动。应注意发现和总结零售转型中的正面与反面典型,认真分析其行为表现、思想根源、利弊影响,利用会议、培训等多种方式反复宣导,教育和动员越来越多的干部员工积极拥抱转型。当零售转型取得成绩时,应及时"论功行赏",不仅要表扬鼓励零售条线,更要表扬鼓励其他条线,同时督促零售部门自发真诚表达感激之情,以此促进跨条线、跨部门协同。

保持定力

零售转型只能久久为功,务必保持战略定力。转型失败案例大多与战略定力不够有关,即战略与战略实施不能一以贯之、坚持到底。战略定力不是一句口号,在战略目标、战略举措及干部使用等方面应当坚定不移、不摇摆折腾,特别是总行一把手和零售分管行长更换后,不能另起炉灶、另搞一套。当然,切合实际的调整优化也是必要的。战略定力需要在关键时刻经受考验,当零售转型遇到困难和挫折、当质疑和非议声渐起、当投入产出不匹配持续几年、当成本收入比压力增大……一把手和管理层是否还能坚守转型的初心、策略与举措?招商银行作为最早开展零售转型的银行，在战略定力方面经历过很大的挑战。在 2005 年开始转型之初，该行每年投入近万人、几百个网点，成本收入比在股份制银行中最高，一度超过 50%，各方面反对声音越来越多。但管理层咬定青山不放松，按零售转型的基本规律与既定战略，坚持投入和变革，终于在 2008 年迎来了零售业务收入与盈利的跨越式增长。如今零售转型的难度大大高于招商银行当年，更是不可能一蹴而就，应至少以五年为期，努力争取"一年小成、三年大成、五年功成"。

"管理特区"

银行的管理工作通常比较烦琐，尤其中后台部门、规章制度众多。零售转型是战略性、革命性、颠覆性的重大变革创新，要求打破既有的许多条框。对于零售转型中拟采取的变革创新举措，如果不约束中后台部门，任由其按过去的观念、制度管理，零售转型将寸步难行，甚至难逃夭折的命运。一把手对此应高度重视，可行的解决办法就是类似改革开放之初划出特区一样，设立零售转型的"管理特区"，要求并明确中后台管理部门改变过去的强势做法，以充分配合零售转型战略、满足零售转型需要为原则，绝不能为零售转型套上层层枷锁，不断升级约束和管控。

可建立由零售分管行长负责的跨部门零售业务管理委员会，最大程度授权。零售业务管理委员会做出关于零售转型的重大决策后，中后台部门要制定或修订相关的制度来保证落实，削自己的"足"，适零售转型的"履"，而不是相反。特别是人力资源、计划财务、风险管理等中后台管理部门对零售转型的支持至关重要，更应该多开"绿灯"，按"管理特区"思维对相关事项予以支持：人力资源部门应支持市场化引进人才、外包形式用工、队伍薪酬切包等；计划财务部门应支持增加相关费用投入及阶段性提高成本收入比等；风险管理部门应支持个人贷款、信用卡与资管业务选择新的客群与市场创新产品，等等。只有中后台管理部门多开"绿灯"，零售转型才能驶入正确轨道，否则，让零售转型削足适履，必定走向失败。一把手应关注零售转型中需要跨部门协同的重大政策举措，以点带面了解"管理特区"的运转，及时校正偏差。

在"管理特区"中，一把手和管理层还要注意营造创新氛围与培育创新文化，为此，需践行逆向思维、限额试点、充分授权、双向激励等理念。

逆向思维

管理层尤其是一把手在事关创新事项的决策中，应有意识地倡导逆向思维，即清醒地认识到：创新一定是离现有的想法和做法越远越好，如果按照惯性思维决策，就会将创新扼杀在摇篮中。对于初听"离经叛道"的意见，不应不假思索地否定，而应冷静耐心地理解其可取之处，倾向于鼓励支持，没有充分把握不轻易否决。提出问题比解决问题更重要，在创新决策的前置环节——创新议程的设置中，管理层应"喜新厌旧"，筛选并确定有价值的创新课题。

限额试点

创新都会面临风险，越是投入大、涉及面广的创新，风险越大，管理层越纠结。一个行之有效的解决办法就是设定风险限额进行试点，即使试点失败，创新带来的损失也能承受。改革开放是我国历史上具有深远影响的创新工程，之所以成功，最大方法论正是试点。银行作为经营风险的行业，创新的风险性特征更为明显，试点则可以有效消除因为害怕风险而不敢创新的顾虑。需要强调的是，试点也要十分用心，精心设计试点项目与对象，选择有创新能力的骨干挂帅，定期调整、跟踪、复盘，过程管理和结果管理都要到位。

充分授权

若管理者或管理部门把着权力不放，创新是无法真正开展起来的，所以，充分授权至关重要。相关管理部门对试点应尽量少管，最好不管。当然，不是完全甩手、漠不关心，而是站在旁边看，对有问题、有疑虑，但没十足把握的尽量不提，较有把握的也商量着提，并明确意见和建议仅供参考。在授权范围内，鼓励试点单位短平快决策及实施，高效、灵活推进相关创意与举措落地，并及时复盘改进。

双向激励

一方面，创新难免失败，必须容错，能不能容错事关干部员工的创新积极性。对创新失败者，需要足够宽容与鼓励，管理层对此不仅要公开承诺，还要信守承诺。另一方面，对于给银行带来巨大价值的创新，应当给予重奖，物质激励和精神激励都要到位。无论是容错与重奖，都应当抓住典型，广泛宣传，以激发更多干部员工的创新活力。

攻坚克难

过去几年以及未来较长一段时期，受经营环境和竞争格局变化的影响，中小银行零售转型的难度比过去标杆银行转型时要大得多。就践行"客户为王"的逻辑而言，现在大多数客户已经在多家银行开户开卡，各种获客方式均面临激烈的市场竞争，与此同时，各家银行都在健全客户经营体系，而且大同小异，导致获取与经营客户的效果大幅下降。就践行"AUM为纲"的逻辑而言，由于受理财"破净潮"等因素影响，客户理财存款化、存款定期化的趋势十分明显，理财产品因为"资产荒"，收益与风险都难达预期，保险、基金、信托等复杂产品的销售受到市场与监管政策的约束，不可能像过去一样大干快上。就践行"资产为先"的逻辑而言，随着居民收入水平的下降和消费意愿的减弱，零售信贷包括信用卡资产业务面临风险上升、定价下滑、市场萎缩的困境，过去以房贷上量压舱、小微与消费贷提价增收的量价齐涨的发展模式难以为继。就践行"队伍为本"的逻辑而言，虽然就业形势严峻，但愿意和适合零售岗位的人才越来越难招聘，且新生代员工有新时代属性，管理上不可同日而语。

凡此种种，中小银行如今开展零售转型可以说到处是难点，对管理层的勇气和智慧提出了更大的考验。然而，中小银行零售转型的必要性与紧迫性并没有因此改变，如果说有改变的话，那也是变得更加必要、更加紧迫了。因此，必须在按照零售转型新逻辑完成零售经营管理的基本布局后，梳理出关键性的制约转型的难点，集中力量攻坚克难。

究竟如何攻坚克难？国内外许多优秀企业家都可以作为榜样。以马斯克为例，他创造了特斯拉、SpaceX等世界奇迹，展示出让人敬仰的精神与力量。马斯克之所以能够攻克常人难以想象的世界难题，取得常人难以企及的伟大成就，关键在于五个方面。第一，盯得远，即树立远大目标，追求远到火星、大到一般人不敢想也不会想的宏伟事业。第二，盯得牢，即无论设想的目标在别人看来多么疯狂，都全力以赴，即使经历很多次失败，也屡败屡战。第三，盯得实，即不仅务求实效，更重要的是实事求是，运用第一性原理与五步工作法，质疑一切，打破一切，通过大创新实现大突破。第四，盯得细，即关注关键细节，从一个零部件、一种材料到一个工艺、一笔花费，亲自上阵精心打磨，造就一个又一个超出对手的杰作。第五，盯得紧，即做一名忠实的现场管理者，在生产线旁办公，在办公桌底下睡觉，带头夜以继日地工作，完成一个又一个不可能的任务。如果我们能够做到马斯克的十分之一二，零售转型就无所谓难点了。

在零售转型中以马斯克为榜样攻坚克难，可由不限于零售分管行长的总行管理层成员各自牵头，分别选取一个迫切需要攻克的难题，成立"马斯克小组"，学习上述"五盯"精神与方法。小组组建打破官僚等级观念，秉承专业化原则，选择总分支行有专业见解并有创新思维的相关管理人员或普通员工作为成员，并根据其参与程度和贡献进行动态调整，确保小组成为该业务领域的"最强大脑"。小组采取分头调研、集中会商的方式开展工作，会商时坚决摒弃官僚式会议惯例，真正做到平等讨论、头脑风暴，会商周期最初按周，一段时间后可按双周、按月，但高管成员必须每周至少一次组织小范围研讨。小组首先需要对负责的难题依靠集体智慧形成系统化的解决思路，不遗漏关键要素，而后每次聚焦其中的关键举措制订有效的行动方案，快速决策、落地与复盘。